本书受教育部人文社会科学研究规划基金项目"互联网＋"时代外语学习信息素养研究(项目编号:18YJA740064)的资助,为该项目的研究成果。

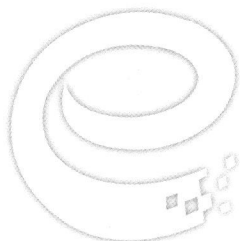

"互联网＋"时代

外语学习信息素养

尹晓琴　著

中国海洋大学出版社

·青岛·

图书在版编目(CIP)数据

"互联网＋"时代外语学习信息素养 / 尹晓琴著. —
青岛:中国海洋大学出版社,2022.9
ISBN 978-7-5670-3258-3

Ⅰ.①互… Ⅱ.①尹… Ⅲ.①外语－语言学习－信息
素养－研究 Ⅳ.①H09

中国版本图书馆 CIP 数据核字(2022)第 165362 号

HULIANWANG+ SHIDAI WAIYU XUEXI XINXI SUYANG

书　　名	"互联网＋"时代外语学习信息素养		
出版发行	中国海洋大学出版社		
社　　址	青岛市香港东路 23 号	邮政编码	266071
出 版 人	刘文菁		
网　　址	http://pub.ouc.edu.cn		
电子信箱	oucpublishwx@163.com		
订购电话	0532－82032573(传真)		
责任编辑	王　晓	电　　话	0532－85901092
印　　制	青岛国彩印刷股份有限公司		
版　　次	2022 年 9 月第 1 版		
印　　次	2022 年 9 月第 1 次印刷		
成品尺寸	165 mm×240 mm		
印　　张	15.5		
字　　数	271 千		
印　　数	1—1000		
定　　价	52.00 元		

发现印装质量问题,请致电 0532－58700166,由印刷厂负责调换。

前言

当今时代正在发生以人工智能、大数据、云计算等为代表的科技变革,科学技术与教育方法充分融合,大学教育迈入教育 4.0 时代。教育信息化是教育系统性变革的内生力量,信息技术与网络的高度发达和广泛应用使外语信息环境发生了根本变化。在"互联网+"背景下,大学生英语学习环境发生了根本变化。能否合理有效地利用信息资源成为影响英语学习的重要因素,这对学习者的信息素养提出更高要求,因为信息素养支撑着信息环境下学生的学习行为,贯穿于英语学习的全过程。教育 4.0 的目标与外语学习信息素养教育要求高度吻合,因此,提高大学生外语学习信息素养不但是高校教育与学生学习的内在需要,也是时代的必然要求。

本书回顾了国内外信息素养的研究历程,概括了信息素养的定义及内涵演变,对国内外的信息素养标准研究做了较为全面的梳理。本书以最新的理论和实践研究为基础,探讨了"互联网+"时代信息技术对外语学习的深刻影响。同时,本书构建了外语学习信息素养指标体系,并且从定量研究和定性研究两个方面对我国大学生英语学习信息素养现状进行了分析。本书不仅介绍了外语学习信息素养的理论溯源及发展前景,而且对大学生外语学习信息素养提升途径做出了阐释,给予了明确的、具体的实践指导。本书可作为高校外语教学教师及信息素养研究人员提升自身理论水平及实践能力的参考书。

本书共分为以下七章:第一章,信息素养的内涵与发展;第二章,外语学习现状;第三章,外语学习信息素养研究的理论基础;第四章,外语学习信息素养指标体系框架;第五章,外语学习信息素养定量研究;第六章,外语学习信息素养定性研究;第七章,外语学习信息素养提升途径。

　　本书在撰写和出版过程中得到了众多支持和帮助,其中,教育部人文社会科学研究规划基金项目给予了全方位的资助;"互联网+"时代外语学习信息素养研究课题组的老师在本书的资料收集方面提供了大力支持;参与调研的全国 17 所高等院校的师生给予了倾心指导、热忱帮助;中国海洋大学出版社的编辑老师为本书的出版提出了宝贵的意见和建议,对于以上老师和同学的辛勤付出和鼎力支持,在此一并表示衷心的感谢。此外,本书在撰写过程中,参考引用了本学科国内外文献中的相关内容,在此谨向有关单位和学者致以诚挚的谢意。由于时间所限,本书难免有不足和疏漏之处,敬请各位读者不吝赐教。

尹晓琴

2022 年 6 月

目录

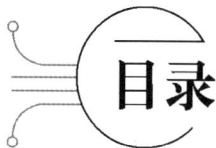

第一章
信息素养的内涵与发展

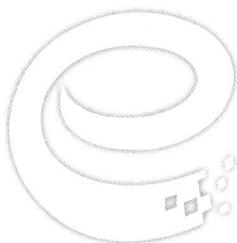

"互联网＋"时代，信息技术发展日新月异，使信息的产生与传播大众化。信息技术与网络的高度发达和广泛应用使信息环境发生了根本变化，信息量猛增、信息搜索便捷、信息分享普及，深刻地影响着社会生活的各个方面。社交媒体、在线社区、开放教育资源以及移动终端设备冲破了传统的地缘政治、经济、文化的概念，使人们的学习、工作、生活、交流等更加方便快捷。为适应"互联网＋"时代复杂的信息环境，应对全球信息化的挑战，人们必须具备必要的信息素养，才能满足时代要求。信息素养被称为"进入信息社会的通行证"，是信息社会每个人赖以生存、生活、学习的基本能力（索兴梅，2018）。

第一节　信息素养的内涵

信息素养随着信息技术的出现而出现，逐渐形成、发展和加强，成为 21 世纪的关键素养。1974 年，美国信息产业协会主席 Paul Zurkowski 在给国家图书馆和信息科学委员会（the National Commission on Libraries and Information Science）写的报告《信息情报服务环境、关系与顺序》中首次将其定义为"具有信息素养的人是指能够在工作中应用信息资源的人。他们经过培训，能够广泛应用多种信息工具和信息源获取信息，形成解决问题的方案"（Zurkowski，1974）。

随着社会进步及技术发展，信息素养的概念发展也与时俱进。美国学者是最早对信息素养展开研究的。1989 年，《信息素养委员会主席总报告》的发表标志着美国信息素养研究的正式启动。美国图书馆协会（American Library Association，ALA）于 1989 年将其定义为"当需要信息的时候，能够认识信息，有效地发现、评价、利用信息的能力"（ALA，1989）。1997 年，纽约州立大学（State University of New York，SUNY）图书馆馆长理事会将信息素养定义为"能认识到什么时候需要信息、获取信息、评价信息以及有效利用和交流各种信息的能力"（SUNY，1997）。2003 年，联合国教科文组织（United Nations Educational，Scientific and Cultural Organization，UNESCO）与美国图书情报学委员会（National Commission on Libraries and Information Science，NCLIS）组织来自世界 23 个国家的 40 位代表联合发布《布拉格宣言：走向信息素质社会》（*The Prague Declaration：Towards an Information Literate Society*），将信息素养定义为"一种能够确定、查找、评估、组织信息，以及有效生产、使用和交流信息的能力"（UNESCO、NCLIS，2003）。国际图书馆协会和机构联合会（International Federation of Library Associations and Institutions，IFLA）设立了信息素养分会，这一分会成为非常活跃的分会之一。2005 年 11 月，联合国教科文组织（UNESCO）、国际图书馆联合会（International Federation of

Library Associations, IFLA)与美国全国信息素养论坛(National Forum on Information Literacy, NFIL)联合召开的"国际高级信息素养和中心学习研讨会"发布了《亚历山大信息素养和终身学习宣言》(*Beacons of the Information Society：The Alexandria Proclamation on Information Literacy and Lifelong Learning*, *High-Level International Colloquium Information Literacy and Lifelong Learning*)，明确指出，"信息素养是终身学习的核心。信息素养要求具备必要的信息能力，以识别信息需求，并在确定的文化和社会背景下定位、评估、应用和创造信息，以实现他们的个人、社会、职业和教育目标。这是数字世界的一项基本人权，促进所有国家的社会包容"(UNESCO、IFLA、NFIL，2005)。它将批判性思维与创造信息的能力纳入其中，进一步深化了对于信息素养的认识。2013年，联合国教科文组织(UNESCO)发布《媒体与信息素养政策和战略指南》，明确提出"媒体与信息素养"的复合型概念，并对其进行定义。与单纯信息素养不同，"媒体与信息素养"强调：在获取与利用信息的同时，对媒体内容"以批判的、道德的和有效的方式进行获取、使用、创造和分享"(UNESCO，2013)。

此外，一些学者提出了信息素养的概念图，如1997年澳大利亚学者Christine Bruce在《信息素养七个层面》(*Seven Faces of Information Literacy in Higher Education*)一书中提出具备信息素养的人的工作能力的7个层面：信息技术、信息源、信息过程、信息控制、知识构建、知识扩展、智慧(Bruce，1997)。2014年，Lau等人描绘了信息素养的概念图，提出了信息素养包含信息技能的发展、信息熟练性、信息使用者的教育、信息使用者的培训、文献目录指导、图书馆定位、信息能力以及其他技能(Lau et al.，2014)。2015年2月，美国大学与研究图书馆协会(Association of College and Research Libraries，ACRL)发布《高等教育信息素养框架》(*Framework for Information Literacy for Higher Education*)(以下称《框架》)。2015年5月，ACRL授权清华大学图书馆翻译发布中文版，提出信息素养的扩展定义：信息素养是指包括对信息的反思性发现，对信息如何产生和评价的理解，以及利用信息创造新知识并合理参与学习团体的综合能力(韩丽风等，2015)。英国信息素养组织(Chartered Institute of Library and Information Professionals，CILIP)于2018年4月更新了信息素养的定义：信息素养是对我们发现和使用的任何信息进行批判性思考和做出平衡判断的能力(CILIP,2018)。

我国学者对信息素养理论的研究始于20世纪90年代,多数是对国外相关研究的深化和完善。马海群(1997)提出,"信息素养可以广义地理解为个体成员在信息化社会中所具有的各种信息品质,由信息智慧(包括信息知识与技能)、信息道德、信息意识、信息觉悟、信息观念、信息潜能、信息心理等组成"。王吉庆(2002)提出,"信息素养是一种可以通过教育来培养的,在信息社会中获得信息、利用信息、开发信息方面的修养与能力,它包含了信息意识与情感、信息伦理道德、信息常识以及信息能力多个方面"。钟志贤(2013)提出信息素养的构成或结构模型,模型主要由"信息意识、信息能力和信息伦理"组成。信息素养结构是一个整体,信息意识是先导,信息能力既是基础又是核心,信息伦理是保证。符绍宏(2016)指出,信息素养"既包括对信息的查找、评估、理解与获取能力,也包括对信息的使用、整合、生产与共享的能力,帮助学习者树立在信息消费、信息生产、信息共享等活动中的正确态度、责任和行为操守,培养其在各种参与式信息环境中共享信息并开展合作的能力,其中又以培养面向信息活动的批判性思维为核心"。彭立伟等(2020)提出第一代信息素养和第二代信息素养的概念,第二代信息素养是一个超越的、综合性的素养谱系,借鉴并包含数字素养、媒介素养、视觉素养、数据素养、元素养、批判信息素养等概念,是含知识获取、生产、利用、共享、交流和反思的有机整体。孙旭等(2022)提出数字劳动信息素养的概念,信息意识、信息能力、信息知识和信息道德构成数字劳动的核心素养。

梳理国内外研究机构和学者对信息素养的定义可以发现:信息素养的内涵与外延随着信息社会的发展不断深化更新,信息素养从早期仅指应用多种信息工具和信息源获取信息的能力,逐渐发展到确定、查找、评估、组织信息,以及有效生产、使用和交流信息的能力的有机整体。信息素养要求人们既要共享与合作,又要有批判精神。随着信息技术的发展,信息素养细化到媒体素养、数字素养等方面,上升到终身学习、基本人权的高度,成为信息社会中人们的基本素养。信息素养不但是信息社会对人们的基本要求,也成为信息社会中人们的基本诉求。国民信息素养水平已经上升至国家竞争力的战略高度(任友群等,2014;韦怡彤,2018)。因此,信息素养的概念正随着社会发展不断演变,具有鲜明的时代特征。

第二节　国外信息素养标准

　　信息素养标准是衡量个人的信息素养应该达到什么要求的尺度(马艳霞,2010)。因此,学界除了对信息素养定义、内涵等基本理论开展研究外,也越来越关注对信息素养标准的研究。随着国内外信息素养研究的发展,信息素养标准逐渐分为通用层次信息素养标准以及学科层次信息素养标准。目前,已有许多国家根据自身实际制定了各自的通用层次信息素养标准,而学科层次的信息素养标准也逐渐成为研究发展方向。

一、国外通用层次的信息素养标准

(一)美国

1. 美国高等教育信息素养能力标准

　　2000年,美国大学与研究图书馆协会(ACRL)采用并发布了《高等教育信息素养能力标准》,成为最具权威性的美国高校学生信息素养的评价标准。该标准分为三个板块:标准、执行指标和效果,对应每一个标准,都制定了性能指标和达到效果,共有5大标准、22项执行指标和若干个子项(ACRL,2000)。

　　《高等教育信息素养能力标准》体现出美国把对学生信息素养能力的培养提高到信息社会对人才培养与发展的战略高度来认识。信息素养能力是人才培养的核心。从某种意义上说,美国在搭建学生信息素养标准的理论框架时,是从宏观着眼、微观着手,强调理论与实践的结合,强调公共道德和法律意识的培养,突出创新能力的培养,侧重于绩效的评估而不是对某些信息技术和知识的掌握,强调传统媒体与信息技术的综合利用,强调信息技术以人为本的方法论和创新意识,定位明确,具有较好的操作性、科学性、前瞻性和普及性(何高大,2002;王莹,2008)。基于以上特征,《高等教育信息素养能力标准》成为最具权威性的美国高校学生信息素养的评价标准,也成为世界各国制定信息素养标准的重要参考依据。

表 1-1　美国高等教育信息素养能力标准①

标准	要求
一	能决定所需要的信息性质和范围
二	能有效而又高效地获取所需要的信息
三	能批判性地评价信息及其来源,并能把所遴选出的信息整合到自己的知识库和价值体系
四	无论个人还是团体的一员,都能有效地利用信息达到某一特定的目的
五	懂得有关信息技术的使用所产生的经济、法律和社会问题,并能在获取和使用信息时遵守公德和法律

2. 学生学习的信息素养标准

1998 年,美国学校图书馆协会(American Association of School Librarians, AASL)和教育传播与技术协会(Association for Educational Communications and Technology,AECT)在《信息能力:创建学习的伙伴》中提出了《学生学习的信息素养标准》(AASL & AECT,1998)。该标准包括 3 个部分、9 项标准、29 项具体指标。"信息素养"范畴的 3 个标准及 13 项指标,是核心学习成果。另外两个类别——"自主学习"的 3 个标准和 7 个指标以及"社会责任"的 3 个标准和 9 个指标——是以信息素养为基础的,但描述了学生学习的更普遍的方面(AASL & AECT,1998)。综合起来,这些标准和指标描述了与信息相关的内容和过程,学生必须掌握这些信息才能被认为具有信息素养。这些标准和指标是在一般水平上编写的,以便根据各地差异予以调整,以满足当地的需要。教育者可以根据学生的发展、文化和学习需求来应用。该标准为描述学生信息素养提供了指导方针、概念框架和支持材料,明确了信息素养在技能、态度、品德等方面的要求。

---

① Association of College & Research Libraries (ACRL). Information Literacy Competency Standards for Higher Education[EB/OL]. [2000-01-18]. http://www.ala.org/ala/acrl/acrlstandards/informationliteracycompetenly.html.2000.

表 1-2　学生学习的信息素养标准①

类别	标准
信息素养	能够有效地、高效地获取信息
	能够批判性地评估信息
	能够准确和创造性地使用信息
自主学习	能够独立学习,探寻与个人兴趣有关的信息
	能够理解、欣赏和享受各种形式的创造性作品
	在信息获取和知识创新方面追求卓越
社会责任	为学习社区和社会做出积极贡献,认识到信息对社会的重要性
	能履行与信息和信息技术相关的符合伦理道德的行为规范
	能有效地参与团体以便共同探求和创建信息

3. 高等教育信息素养框架

2015 年 2 月,ACRL 发布《高等教育信息素养框架》(以下称《框架》),同年 5 月授权清华大学图书馆翻译发布中文版。《框架》是一个指引高等教育机构信息素养课程发展的文件,对普通教育及学科学习中与信息相关的关键概念进行了探讨(韩丽风等,2015)。《框架》按 6 个框架要素编排,每一个要素包括一个信息素养的核心概念、一组知识技能、一组行为方式。代表这些要素的 6 个概念如下:①权威的构建性与情境性(Authority Is Constructed and Contextual),②信息创建的过程性(Information Creation as a Process),③信息的价值属性(Information Has Value),④探究式研究(Research as Inquiry),⑤对话式学术研究(Scholarship as Conversation),⑥战略探索式检索(Searching as Strategic Exploration)(ACRL,2015)。

《框架》采纳了元素养(Metaliteracy)的概念。元素养要求从行为上、情感上、认知上以及元认知上参与到信息生态系统中。《框架》为图书馆员、教师和其他机构合作者在以下几方面开辟了新路径:重新设计培训指导、作业、课程

① American Association of School Librarians and the Association for Educational Communications and Technology. *Information literacy standards for student learning*[M]. Chicago and London：ALA editions of American Library Association,1998.

甚至教学计划;将信息素养与学生成功的创新举措结合起来;在教学研究中协同合作,并使学生参与到教学研究中来;在学生学习或更大范围的学习评估等方面,开展更广泛的对话(韩丽风等,2015)。《框架》挖掘信息素养的巨大潜能,使其成为更有深度、更加系统完整的学习项目,涉及学生在校期间的专业技术课、本科研究、团体学习以及课程辅助学习等各个方面。《框架》非常强调合作的重要性及其在增强学生对知识创造和学术研究过程理解上的潜能,同时强调学生的参与度与创造力等因素的重要作用(韩丽风等,2015)。

(二)英国

1998 年,英国联合信息系统委员会(Joint Information Systems Committee, JISM)发布信息素养指标框架,突出了信息媒体技能、信息通讯技能、学习思辨技能等技能在 4 个发展阶段的特征。另外,利兹大学图书馆和曼彻斯特城市大学图书馆的馆员组成 The Big Blue 项目组,在联合信息系统委员会的资助下开展高校信息素养研究。2002 年,项目组发布《英国高校信息素质能力指标体系》,该体系包含 8 个一级指标和 22 个二级指标。1999 年,英国国家与高校图书馆协会(Society of Colleges, National and University Libraries, SCONUL)制定了"英国高等教育信息素质能力标准",包含了高等教育中信息素养的 7 个要素标准(the Seven Pillars of Information Literacy),并按照由低到高分为新手、进阶初学者、能胜任者、熟练者以及专家 5 个等级,成为世界上最具影响力的标准之一。在 2011 年,SCONUL 推出了最新版本的 7 个信息要素标准(Bent, M. & Stubbings R.,2011),阐释了高等教育信息素养发展的核心技能、态度和行为,更新和扩展了信息素养的内涵,更加准确地反映了信息时代的特征(杨鹤林,2013)。

(三)澳大利亚

澳大利亚的澳大利亚大学图书馆员协会(Council of Australian University Librarians, CAUL)于 2001 年发布了《澳大利亚高等教育信息素养标准框架》,该框架旨在帮助学生建立一个"学会学习"的框架,确保每个学生都能够批判性地思考。同年,澳大利亚与新西兰高校信息素养联合工作组(Australian and New Zealand Institute for Information Literacy, ANZIIL)发布了《澳大利亚与新西兰信息素养框架:原则、标准和实践》(*Australian and New Zealand Information Literacy Framework: Principles, Standards and Practice*),

2004年发布第二版,以此作为各高校开展信息素养教育的指导性文件。本标准由6个标准、19个成果指标、67个范例指标组成(Bundy,2004)。

《澳大利亚与新西兰信息素养框架:原则、标准和实践》有以下特点,第一是时代性,随着时代的不断发展,人们对信息素养的理解也在更新。第二是广泛性,提供了支持所有教育部门信息素养教育的原则、标准和实践。第三是明确性,结合每个标准和结果,提供了示例,予以举例说明,清晰明确,易于操作。第四是深入性,信息素养不仅包含对信息技术的熟练运用,更重要的是通过批判性的辨别和推理,完成认识信息需求、理解信息、发现信息、评估信息和使用信息的过程,通过可能使用技术但最终独立于技术之外的能力来启动、维持和扩展终身学习(Bundy,2004)。要厘清信息素养、自主学习、终身学习的关系,需明确信息素养被视为独立学习的一部分,而独立学习又是终身学习的一部分。第五是社会性,具有信息素养的人能够依据信息需求,识别、定位、评估、组织信息,并有效地使用信息来帮助解决个人的、与工作相关的或更广泛的社会问题。强调信息素养在职场学习、终身学习和公民参与中的重要性,在一定意义上说,强调信息素养在推动国家和全球的文化、经济、民主蓬勃发展的支撑作用(Bundy,2004)。

(四)日本

在继美国、英国和澳大利亚等国家相继颁布国家层次的信息素养标准之后,亚洲国家和地区也展开了积极的探索。2014年7月,日本国立大学图书馆协会和教育学习支援检讨特别委员会联合公布了日本的《高等教育信息素养标准》。该标准就信息素养的概念,高等教育中信息素养应该掌握的知识、技能以及实践过程做出了规定,以《高等教育信息素养标准》为基础,制定了具体明确、易于操作的高等教育体系表。其突出特点为:把学生信息素养划分初级、中级和高级三个等次,"初级指能够对所指定的主题和信息进行文章的写作;中级指能够对所指定的课题亲自设定主题,借鉴先前事例,写作和发表包含自己意见的文章;高级指能够自己设定调查、研究的主题,进行学术论文的写作和发表"(梁正华、张国臣,2015)。每个层次分为6个阶段,每个阶段都有具体要求,以利于教师评价以及学生自查。学生找到自己的努力发展区,做到深基础探索,追求超越结合,调动自身积极性。老师的指导也更有针对性,能够提升教学效果。

21 世纪以来,信息素养越来越引起重视,为了使信息素养更为有效地进入系统的教育计划之中,世界各国纷纷制定了信息素养标准、指标体系等。这些标准对大学生信息素养能力的培养有着重要的指导意义,对我国信息素养标准的研究及实践也有着借鉴意义。国外通用层次信息素养标准大多基于《美国高等教育信息素养能力标准》(ACRL,2000)制定适合本国国情的信息素养标准。这些标准由国家或权威机构发布,辐射面大,具有较大的影响力及较强的指导意义。标准的内容不断丰富完善,从最初的获取信息及评价信息的能力,逐步扩展到信息意识、信息安全,以及提升批判性思维能力等高阶信息能力,上升到终身学习这一层面的能力。

Allison Erlinger 对近年来有关信息素养评估理论和方法的专业文献进行了综述,综述中囊括的文献及文献中所包括的项目是通过数据库检索、文献挖掘和已知项目的纳入来收集的。研究利用 EBSCOhost 搜索界面,在图书馆与信息科学技术文摘库(Library, Information Science & Technology Abstracts, LISTA)和图书馆文献数据库中进行了 6 次搜索。检索内容包括信息素养相关术语的所有可能组合,分别代表信息素养(教育)的概念和成果评估。所包含的项目被归类为附录 A 理论和附录 A 实用。其中,在理论文献的 43 篇文章中,有 29 篇的研究主题涉及信息素养评估;在实践文献中的 59 篇文章中,有 23 篇的研究主题涉及信息素养评估。由此可见,信息素养的评估仍然是国外信息素养研究的热点(Erlinger,2018)。

二、国外学科层次的信息素养标准

为了推动美国信息素养的进一步发展,ACRL 从 2006 年起将工作重心转向学科领域信息素养标准的研究和制定,倡导各协会参与,并陆续出台一系列学科信息素养标准(邓灵斌、余玲,2015),如《科学与工程技术领域信息素养标准》(2006)、《英语文学专业研究能力指南》(2006)、《政治学专业研究能力指南》(2008)、《人类学与社会学专业信息素养标准》(2008)、《心理学信息素养标准》(2010)、《新闻专业学生和专业人员的信息素养能力标准》(2011)、《师范教育信息素养标准》(2011)、《护理学信息素养能力标准》(2013)。2015 年 2 月,ACRL 发布的《高等教育信息素养框架》(以下称《框架》)针对教师提出学科方面的使用建议:"从您的学科入手,调研阈概念,从而从学科角度理解《框架》中所提到的举措。您的学科中,学生需要掌握哪些专业信息技能,如使用第一手资料(历史)或获取并管理大数据集(科学)?"(韩丽风,2015)"让学生将自己看作既独立又相互合作的信息制造者。在您的课程中,学生如何通过多样化的形式和方法进行有效的互动、评价、制造和分享信息?"(ACRL,2015)《框架》深化了信息素养的内涵,拓展了信息素养的外延。

在实践方面,美国圣何塞州立大学将《高等教育信息素质能力标准》(2000)纳入了专业课程的教学培养目标中,根据各自专业的情况对其进行了具体化阐述。加州州立大学的信息能力项目组把信息能力分为基础信息能力和学科信息能力,制定了农学、建筑学、经济学、工程技术、科学等 5 个学科的信息能力标准(陆敏、刘霞,2008)。学科的具体信息能力标准,大部分是在《高等教育信息素养能力标准》(2000)的指导下,根据各自专业性质与培养目标而修订,从信息确立、获取、利用、评价和法规等方面为不同专业的学生制定了不同的信息素养标准,通过详细的描述、情境举例与分析,层层深入与具体化,体现了学科专指性和特殊性(曾粤亮、谈大军,2015),学科性、系统性与可操作性较强。对信息素养的研究需要汲取不同的学科思维和理论,多进行跨学科的交流合作(吴丹等,2020)。

表 1-3 科学与工程技术领域信息素养标准[①]

标准	要求	执行指标
一	决定所需信息的性质和范围	1. 定义并阐明对信息的需求 2. 识别各种类型和格式的潜在信息源 3. 了解正式与非正式科学技术及相关信息是怎样产生、组织和传播的 4. 确定信息的可用性

---

① Association of College and Research Libraries (ACRL). Information literacy standards for science and engineering/technology [EB/OL]. [2006-06]. http://www.ala.org/acrl/standards/infolitscitech.

（续表）

标准	要求	执行指标
二	能有效而又高效地获取信息	1. 选择最合适的调查方法或信息检索系统来访问所需的信息 2. 制定与调查方法相匹配的研究计划 3. 使用各种方法检索信息 4. 及时完善检索策略 5. 提取、记录、传输和管理信息及其来源
三	批判性地评估信息及其来源，并决定是否修改最初的查询或寻求其他来源，以及是否开展新的研究过程	1. 从收集的信息中提取主要思想 2. 通过阐明和应用的标准评价信息及其来源来选择信息 3. 综合主要思想来构建新的概念 4. 对新旧知识进行对比，确认所增加的价值、矛盾性或其他别具一格的信息特点 5. 通过与他人、团队、主题领域专家和实践者的对话，确认对信息的理解和解释 6. 确定是否应修改初始查询 7. 评估获取的信息和整个信息获取过程
四	作为个人或团体的一员，懂得信息及技术使用所产生的经济、伦理、法律和社会问题，遵守公德和法律，有效地使用信息以达到特定的目的	1. 了解许多围绕信息和信息技术的伦理、法律和社会经济问题 2. 获取和使用信息资源时，遵守相关的法律、法规、制度政策和礼仪 3. 承认在沟通产品或性能时使用的信息来源 4. 创造性地使用特定产品或性能的信息 5. 评估最终产品或性能，并在必要时修改开发过程 6. 与他人有效沟通产品或性能
五	理解信息素养是一个持续的过程，是终身学习的一个重要组成部分，并认识到需要关注所研究领域的最新发展	1. 认识到持续吸收和保存该领域知识的价值 2. 使用各种方法和新兴技术来保持本领域领先

表1-4　英语文学专业研究能力指南①

标准	要求	要点
一	理解文学研究领域内的信息结构	1. 区分一手资料和二手资料 2. 了解文学学术研究产生和传播的各种形式 3. 学习不同类型的文档的重要特征 4. 区分文学作品评论和文学批评 5. 了解同行评议信息来源的概念和意义 6. 了解文学文本多种版本的权威性差异 7. 了解文学作品的著作权、制作、传播或可用性
二	识别并使用关键的文献研究工具来定位相关信息	1. 有效地使用图书馆目录 2. 区分不同类型的参考资源 3. 识别、定位、评估、使用与作者、评论家和理论家相关的参考文献和其他适当的信息来源 4. 使用主观材料和客观材料确定作者的相对重要性和具体工作的相关性 5. 利用参考资料和其他适当的信息资源来提供背景信息 6. 了解实体和虚拟的存储位置，并知道如何成功地找到它们 7. 了解所有可用的目录和服务的用法
三	制定有效的搜索策略，并根据需要修改搜索策略	1. 确定最佳索引和数据库 2. 使用适当的命令搜索数据库 3. 当初始搜索结果很少时，调整检索范围和检索词 4. 识别和使用MLA国际书目和其他专门索引和书目中主题词 5. 识别和使用国会图书馆的文献和作者主题词
四	在研究过程中认识并适当使用图书馆服务	1. 在研究过程中识别图书馆员和使用参考服务 2. 使用馆际互借和文献传递来获得资料 3. 使用数字资源服务中心阅读和创作各种数字形式的文学和批评作品

---

① Association of College and Research Libraries（ACRL）. Research competency guidelines for literatures in English ［EB/OL］. ［2006-09-15］. http://www. ala. org/acrl/standards/researchcompetenciesles.

(续表)

标准	要求	要点
五	知晓更权威的信息来源,使用批判性思维进行研究	1. 了解互联网资源,知道如何评价互联网资源的相关度和可信度 2. 区分互联网上免费和付费的电子资源 3. 制定和使用适当的标准评估印刷资源 4. 学会使用重要的参考书目作为评估资料的工具
六	知晓撰写研究论文所涉及的技术和伦理问题	1. 使用文献要合乎伦理标准 2. 使用 MLA 或其他适当的文件格式 3. 理解文学研究学科中已有知识和新知识产出之间的关系 4. 分析并合乎伦理标准地整合他人的工作来创造新知识
七	定位文学专业的信息资源	1. 获取电影研究、创意写作等相关领域的研究生课程和专业课程相关信息 2. 获取有关文学研究和相关领域的财政援助和奖学金的信息 3. 获取使用这些技能的文学研究和其他领域的职业信息 4. 获取专业协会的信息

表 1-5　政治学专业研究能力指南①

标准	要求	细则
一	了解和计划:决定所需信息的性质和范围	1. 定义并阐明对信息的需求 2. 识别各种类型和格式的潜在信息源 3. 考虑获取所需信息的成本和收益 4. 重新评估信息需求的性质和范围
二	获取:高效地访问所需的信息	1. 选择最合适的信息检索系统来获取所需的信息 2. 构建并实施有效的搜索策略 3. 能够使用各种方法在线上或线下检索信息 4. 必要时改进搜索策略 5. 提取、记录和管理信息及其来源

① Association of College and Research Libraries (ACRL). Political science research competency guidelines [EB/OL]. [2008-07-01]. http://www.ala.org/acrl/sites/ala.org.acrl/files/content/standards/PoliSciGuide.pdf.

（续表）

标准	要求	细则
三	评估： 批判性地评估信息及其来源，并将选定的信息整合到知识背景和评价系统中	1. 从所收集的信息中概括出中心思想 2. 能连通并运用原始的标准来评价信息及其来源 3. 综合主要思想来构建新的概念 4. 能对新旧知识进行对比，确认所增加的价值、矛盾性或其他别具一格的信息特点 5. 确定新知识是否对个人的价值体系产生影响，并采取措施调和差异 6. 通过与其他个人、领域专家和从业者的对话验证对信息的理解和解释 7. 能确定是否应该修改初始查询
四	应用： 有效利用信息达到特定目的	1. 将新、旧信息应用于特定产品或表现形式的规划和创建 2. 修改产品或表现形式的开发过程 3. 能把作品或表现形式与他人有效地交流
五	伦理： 懂得围绕信息使用的许多经济、法律和社会问题，并能在获取和使用信息中遵守公德和法律	1. 懂得许多围绕信息和信息技术的伦理、社会经济、法律和政治问题 2. 遵守法律、规章、团体制度和有关获取和使用信息资源的礼貌规范和网络行为规范 3. 能在交流作品或表现形式中引用信息来源

表 1-6　人类学和社会学专业信息素养标准①

标准	要求	执行指标
一	知道需要什么样的信息	1. 定义并阐明信息需求 2. 选择最合适的调查方法来研究课题 3. 确定人类学和社会学信息可能出现的各种形式和来源 4. 考虑获取所需信息的成本和收益

---

① Association of College and Research Libraries（ACRL）. Information literacy standards for anthropology and sociology students［EB/OL］.［2008-01-15］. https://www.ala.org/acrl/standards/anthro_soc_standards.

（续表）

标准	要求	执行指标
二	遵守信息道德要求,有效而高效地获取信息	1. 选择最合适的资源和数据库来访问和获取所需的信息 2. 构建、实施、优化搜索策略,使用各种方法来查找信息 3. 追踪信息及其来源
三	批判性地评估信息及其来源,并将选定的信息整合到知识背景和评价系统中	1. 从收集到的信息中总结出要提取的主要观点,并综合主要观点来构建新的概念 2. 应用适当的标准来评估信息及其来源 3. 能对新旧知识进行对比,确认所增加的价值、矛盾性或其他别具一格的信息特点,并采取措施协调差异。
四	遵守信息道德要求,有效地使用信息以达到特定的目的	1. 将新的信息和研究成果应用于特定项目、论文、报告的计划、创作和修订 2. 与他人有效地沟通项目、论文或展示

表 1-7　心理学信息素养标准①

标准	要求	执行指标
一	决定所需信息的性质和范围	1. 定义并阐明对信息的需求 2. 了解心理学基本研究方法和学术交流模式,以便选择相关资源 3. 考虑获取所需信息的成本和收益
二	能有效而又高效地获取信息	1. 选择最合适的资源来获取所需的信息 2. 构建并实施有效的搜索策略 3. 有效地组织并正确引用信息资源
三	批判性地评估信息及其来源,并将选定的信息整合到知识背景和评价系统中	1. 从收集到的信息中总结出主要观点,并综合形成新的观点 2. 结合批判性思维和创造性思维,用科学方法解决与行为和心理相关的问题 3. 能对新旧知识进行对比,确认所增加的价值、矛盾性或其他别具一格的信息特点

---

① Association of College and Research Libraries（ACRL）. Psychology information literacy standards[EB/OL]. [2010-06]. https://www.ala.org/acrl/standards/psych_info_lit.

（续表）

标准	要求	执行指标
四	无论是个人还是作为群体的一员，都有效地利用信息来达到特定的目的	1. 将新旧信息应用于一个特定的项目，如论文、演示的规划和创建 2. 能与他人有效地交流作品

表1-8　新闻专业学生和专业人员的信息素养能力标准[①]

标准	要求	执行指标
一	计划：确定所需的资源及访问位置，并估计访问信息的时间和成本	1. 根据故事构思或研究问题定义信息需求 2. 识别各种信息来源，以满足信息需求 3. 考虑获得信息所需的财务成本和时间
二	发现：能有效而又高效地使用搜索策略开展研究	1. 构建并实施有效设计的研究策略 2. 利用各种方法在线或亲自检索信息 3. 改进调查方法和搜索策略 4. 记录和管理信息及其来源
三	评估：评估信息的准确性、平衡性和相关性	1. 能从所收集的信息中概括出中心思想 2. 评估所收集信息的可信度 3. 能综述中心思想，并具有新的创新理念 4. 能对新旧知识进行对比，确认所增加的价值、矛盾性或其他别具一格的信息特点 5. 通过与他人的对话验证信息的理解和解读 6. 决定是否应该修改最初的问题或报道想法
四	应用创建：通过整合收集到的信息创作报道	1. 将收集到的信息应用于报道或创作新的作品 2. 修改报道或作品的开发过程以满足于表现形式的需要 3. 以最佳形式将报道或研究项目呈现给预期观众

① Association of College and Research Libraries（ACRL）. Information literacy competency standards for journalism students and professionals[EB/OL]. ［2011-10］. https://www.ala.org/acrl/sites/ala.org.acrl/files/content/standards/il_journalism.pdf.

（续表）

标准	要求	执行指标
五	道德及法律标准：在整个研究过程中应用专业标准	1. 懂得与信息和信息技术有关的道德、法律和社会经济问题 2. 应用信息时，遵循法律、法规、制度政策和道德礼仪规范 3. 正确地引用他人的作品，在需要时寻求作者许可

表 1-9　师范教育信息素养标准①

标准	要求	执行指标
一	定义并阐明对信息的需求，选择策略和工具获取信息	1. 定义信息需求 2. 描述信息需求 3. 选择适当策略满足信息需求 4. 选择适当工具获取信息
二	基于特定信息需求和学生发展需求恰当定位和选择信息	1. 定位信息 2. 选择信息
三	在特定信息需求和发展听众适宜性情况下，组织和分析信息	1. 组织信息 2. 分析信息
四	以满足信息需求的方式，整合、加工、展示信息	1. 加工信息 2. 整合信息 3. 展示信息
五	不但评估获取的信息片段，而且评估整个信息获取过程	1. 评估信息片段 2. 评估信息获取过程
六	懂得在遵守信息道德的前提下如何使用和传播信息	在遵守信息道德的前提下，使用和传播信息

---

① Association of College and Research Libraries（ACRL）. Information literacy standards for teacher education［EB/OL］.［2011-5-11］. https://www.ala.org/acrl/sites/ala.org.acrl/files/content/standards/ilstandards_te.pdf.

表 1-10　护理学信息素养能力标准①

标准	要求	执行指标
一	决定所需信息的性质和范围	1. 定义并阐明对信息的需求 2. 识别各种类型和格式的潜在信息源 3. 了解护理相关领域文献的应用知识，以及它是如何产生的 4. 考虑获取所需信息的成本和收益 5. 重新评估信息需求的性质和范围
二	能有效而又高效地获取信息	1. 选择最合适的调查方法或信息检索系统来获取所需的信息 2. 构建并实施有效的搜索策略 3. 能够使用各种方法在线上或线下检索信息 4. 必要时改进搜索策略 5. 提取、记录和管理信息及其来源
三	批判性地评估信息及其来源，并决定是否修改最初的查询和寻求其他来源，以及是否开展新的研究过程	1. 从收集到的信息中概括出主要思想 2. 能连通并运用原始的标准来评价信息及其来源 3. 综合主要思想来构建新的概念 4. 能对新旧知识进行对比，确认所增加的价值、矛盾性或其他别具一格的信息特点 5. 通过与其他个人、学科领域专家或从业者的对话，验证对信息的理解和解释 6. 确定是否应该修改初始查询 7. 对获取的信息和整个过程进行评估
四	无论是个人还是群体成员，都能有效地利用信息来达到特定的目的	1. 将新旧信息应用于特定信息产品的规划和创建 2. 修改信息产品的开发过程 3. 能与他人有效交流信息产品

①　Association of College and Research Libraries (ACRL). Information literacy competency standards for nursing[EB/OL]. [2013-10]. https://www.ala.org/acrl/sites/ala.org.acrl/files/content/standards/ilscitech_chinese.pdf.

（续表）

标准	要求	执行指标
五	了解许多围绕信息使用的经济、法律和社会问题，遵守信息道德要求，获取和使用信息	1. 了解围绕信息和信息技术的许多伦理、法律和社会经济问题 2. 遵守与获取和使用信息资源相关的法律、法规、制度政策和礼仪 3. 在交流信息产品时承认信息来源的知识产权

综观国外学科层次信息素养标准，具有以下共同点。

第一，基于通用层次信息素养标准要素。ACRL信息素养能力标准文件定义了高等教育中的信息素养，并提出了广泛适用的指标和学生的学习成果，以上各个学科的信息素养标准都是基于《美国高等教育信息素养能力标准》（ACRL，2000）制定，是信息素养标准在特定学科中的应用（陆敏、刘霞，2008），将ACRL高等教育的一般信息素养能力标准应用到特定学科领域，因此都包含信息意识、信息知识、信息获取、信息评价、信息加工、信息重构、信息交流、信息利用、信息伦理等要素，见表1-11。

第二，学科特征明显。由于这些特定学科信息素养标准或能力指南和ACRL政策的独立发展，指南的格式和框架不再遵循当前的信息素养标准模式。各特定学科指南一级指标（标准）数量不等，在4～7个范围内；要求与执行标准也各不相同，但是都突出了各个学科信息需求的特征。

第三，操作性更强。所有学科信息素养标准的结构除了包含一级标准、执行标准、效果之外，都增加了结果示例。结果示例是以学科为基础，多数是从大量示例库中挑选出来，与本学科所对应的具体示例。示例使表达的意义更明确。标准在本学科中的意义具体化使管理者、图书管理员和学科教师能找到一种有用的方法，来定义、交流和评估广泛的学生研究技能。

第四，应用广泛。一是为大学生提供一个框架标准，明确所应具备的学科信息素养知识和技能的要求，在这些领域成为研究者需要做些什么，以及具备信息素养的学生所展示的关键行为；二是促进教师与学科图书馆员的合作，指导图书馆员和教师使用共同的语言来讨论学生信息查找技能，搭建有效的教学结构，指导学习活动和教学，设计课程教学内容，促进学生信息素养技能的发展提高;三是作为一种工具来评估并定义学生的学科信息技能,通过描述应被评估的能力,使对专业学生信息素养技能的评估成为可能;四是为管理和课程委员会提供对学生能力和需求的共同理解;五是为学生终身学习打下基础;六是推动学科发展,使之从简单地传授知识转向发展技能;七是以学生独立学习及研究、产品交流及开发技能的提升作为目标,为专业学生和专业人员提供更有竞争力的就业技能。

第五,开放性。学科信息素养标准是开放的,随着社会的发展以及学科、课程和职业的变化,学科信息素养标准也会不断被修订完善。

表 1-11　学科层次信息素养能力指标要素比较

指标要素	标准	文学	科学技术	人类与社会学	政治学	心理	师范	新闻	护理
信息意识	√	√	√	√	√	√	√	√	√
信息知识	√	√	√	√	√	√	√	√	√
信息获取	√	√	√	√	√	√	√	√	√
信息评价	√	√	√	√	√	√	√	√	√
信息加工	√	√	√	√	√	√	√	√	√
信息重构	√	√	√	√	√	√	√		√
信息交流	√		√	√	√	√	√	√	
信息利用	√	√	√	√	√	√	√	√	√
信息伦理	√	√	√	√	√	√	√	√	√
终身学习			√						

注:标准指"美国高等教育信息素养能力标准"(ACRL,2000)

第三节　国内信息素养标准

一、国内信息素养研究的历史进程

国内学术界对信息素养的研究始于 20 世纪 80 年代到 90 年代，2000 年以前处于酝酿起步阶段。本课题组通过对这 20 多年相关文献的梳理和分析，认为这一阶段学术研究的贡献在于：一是开始使用"信息素养"这一概念，并将其作为研究主题。金国庆 1995 年发表的《信息社会中信息素养教育概述》一文，较早地介绍了信息社会中信息素养这一概念的含义。二是一些研究者开始论及信息素养教育问题，如金国庆（1995）、邵小彬（1998）、钱佳平（1999）、宛玲（1999）、桑新民（2000）等人在其论文中都对信息化环境中信息素养教育的内容、教学模式进行了阐释。三是图书馆如何开展信息素养教育的研究成为关注焦点，主要包括网络环境下图书馆的发展对策、信息素养教育方式、存在的问题与创新途径等，宋芳（1997）、潘艳（1999）、郑凤萍（2000）、李静（2000）等在其论文中都有一定论述。四是教师信息素养受到关注，如吴燕丹在 1999 年发表的论文中谈到了高师院校体育教师信息素质的培养问题。五是信息素养标准受到关注，陈文勇等（2000）概述了国外信息素养标准研究成果，制定了最早的高等院校学生信息素养能力标准（草案），对信息素养评价的指标体系进行了初步设计。尽管如此，国内学术界对信息素养的研究尚未真正展开，突出表现为论著数量极为有限，20 多年中，相关研究成果不足 30 篇（部）。2000 年以后，相关研究成果才大量涌现，研究持续升温，论文数量呈井喷式增长。在中国知网上以"信息素养"为关键词查到 2001 年 1 月至 2021 年 3 月的相关论文题录达 14 000 条之多。这与前 20 年相比较，反差极为明显，具体情况见图 1-1。

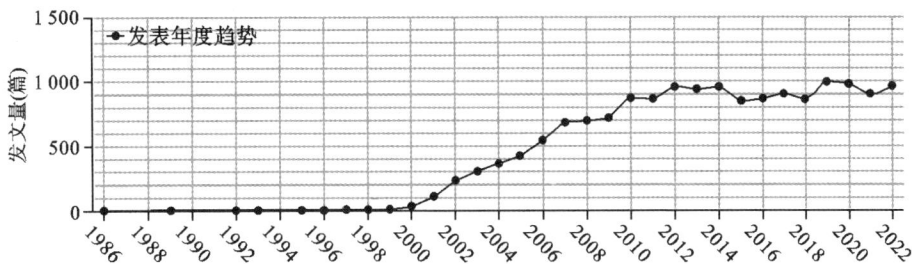

图 1-1　2001—2021 年信息素养相关论文

数据来源:文献数:14 332 篇;检索条件:((关键词＝'信息素养')AND(关键词＝'信息素养'));检索范围:中文文献。

二、国内信息素养研究围绕的重点问题

通过对以信息素养研究为对象的论文的研读,我们可以发现,学术界对信息素养的研究越来越热。我国近 20 年教育信息化研究的高频关键词中,信息素养位居第二(陈坚林、王静,2016)。学术界的相关研究主要围绕以下问题展开:第一是信息素养研究的背景与意义。关于问题提出的背景,学界从多方面进行了分析探讨,代表性学者是钟志贤。他认为,在数字化和终身学习、学习型社会时代,信息素养对于世界上任何一个国家和个人具有教育、文化、经济和政治等多方面的重要意义(钟志贤,2013)。第二是内涵与标准,主要包括信息素养的界定与内涵研究、信息素养构成的基本要素与指标体系构建研究、信息素养的历史演变与影响因素分析、信息素养教学环节设计或评估研究等。第三是现状与对策,包含全局性现状与对策问题研究;不同身份信息素养实证调查与提升策略研究,如教师、学生信息素养现状及提升策略研究;不同阶段信息素养研究,如小学、初中、高中、大学各阶段信息素养评价标准及提升策略研究;不同性质高校信息素养研究;某一地区或某一学校信息素养建设研究等。第四是国外理论与经验的介绍与借鉴,包含国外信息素养内涵及能力标准研究、国外高校加强信息素养建设的具体措施或具体办法、国外信息素养发展对我国提升学生信息素养的启示等。第五是信息素养教学,包含图书馆信息素养教学改革、信息时代图书馆的机遇与挑战、高校信息素养评价指标体系建构研究、基于批判性思维和创造力的大学生信息素养教育模式研究等。第六是高校信息素养教育课程建设与教学模式,包含高校图书馆信息素养教育

课程建设现状研究、高校信息素养课教学模式探索、新媒体时代高校信息素养教育策略、发现信息素养教育存在问题、提出信息素养提升途径等。上述研究领域日趋宽广,内容丰富,确立了高校信息素养研究的基本理论、研究视域、努力方向,奠定了未来学术发展的重要基础(贾友军、綦群高,2014)。

三、国内通用层次信息素养标准

相对而言,我国信息素养能力标准的研究还处于起步阶段,但是对于国内信息素养测评标准框架体系的制定十分重视。国家层面的大学生所应具备的信息素养标准虽然尚未颁布,但是有些已经初具雏形。从国家、政府和机构层面来看,1999 年,国家颁布了《中共中央国务院关于深化教育改革、全面推进素质教育的决定》,该决定提出要重视培养学生收集处理信息的能力,大力提高教育信息化的知识。2000 年,教育部颁布的《中小学信息技术课程指导纲要(试行)》中指出,培养学生良好的信息素养,必须把信息技术作为支撑终身学习与合作学习的重要手段。2003 年教育部颁布了《全日制普通高中信息技术课程标准》,但是对于高校大学生应当具备怎样的信息素养没有做出具体规定。2009 年,高校图工委信息素质教育工作组以《北京地区高校信息素质能力指标体系》为基础,修改提出了《高校大学生信息素质指标体系(讨论稿)》,其中一级标准包括能够对信息素养的时代性有正确的认识,能够界定信息问题的领域分类,能够准确地获取信息等要素。

2005 年,作为北京高校图书馆学会研究项目的"北京地区高校信息素质能力示范性框架研究"成果——《北京地区高等教育信息素质能力指标体系》出台,北京地区高校信息素质能力指标体系将高校学生毕业时应具有的信息素质能力科学化、具体化为一个指标集合(曾晓牧等,2006)。指标体系中的各个指标,在内容上既彼此联系,又有相对的独立性。该指标体系包含了 7 个一级指标、19 个二级指标、61 个三级指标,是我国相对成熟的信息素养衡量标准(曾晓牧等,2006),见表 1-12。

表 1-12　北京地区高校信息素质能力指标体系①

维度	要求	标准
一	能够了解信息以及信息素质能力在现代社会中的作用、价值与力量	1. 具有强烈的信息意识 2. 了解信息素质的内涵
二	能够确定所需信息的性质与范围	1. 识别不同的信息源并了解其特点 2. 能够明确地表达信息需求 3. 能够考虑到影响信息获取的因素
三	能够有效地获取所需要的信息	1. 能够了解多种信息检索系统,并使用最恰当的信息检索系统进行信息检索 2. 能够组织与实施有效的检索策略 3. 能够根据需要利用恰当的信息服务获取信息 4. 能够关注常用的信息源与信息检索系统的变化
四	能够正确地评价信息及其信息源,并且把选择的信息融入自身的知识体系中,重构新的知识体系	1. 能够应用评价标准评价信息及其信息源 2. 能够将选择的信息融入自身的知识体系中,重构新的知识体系
五	能够有效地管理、组织与交流信息	1. 能够有效地管理、组织信息 2. 能够有效地与他人交流信息
六	作为个人或群体的一员能够有效地利用信息来完成一项具体的任务	1. 能够制订一个独立或与他人合作完成具体任务的计划 2. 能够确定完成任务所需要的信息 3. 通过讨论、交流等方式,将获得的信息应用到解决任务的过程中 4. 提供某种形式的信息产品(如综述报告、学术论文、项目申请、项目汇报)
七	了解与信息检索、利用相关的法律、伦理和社会经济问题,能够合理、合法地检索和利用信息	1. 了解与信息相关的伦理、法律和社会经济问题 2. 能够遵循在获得、存储、交流、利用信息过程中的法律和道德规范

---

① 北京地区高校信息素质能力指标体系[EB/OL].[2005-12-11]. http://edu.lib.tsinghua.edu.cn/InformationLiteracy/informationliteracycompetencystandards.doc.2021-3-8.

四、国内学者对大学生信息素养标准的研究

2000 年之后,大学生信息素养标准研究引起了国内学者的关注,他们开展了相关研究。如陈文勇、杨晓光(2000)不仅在研究信息素养核心能力方面有所成就,还制定了《大学生信息素养能力标准》,作为评价大学生毕业时信息素养的指南,共有 10 项标准、40 项指标,为国内较早的大学生信息素养能力标准。马燕(2012)从信息意识、信息知识、信息能力和信息道德等方面对大学生信息素养评价标准进行了研究,并构建了包含 4 项标准、14 项指标的大学生信息素养评价标准。钟志贤(2013)提出信息素养结构模型主要由"信息意识、信息能力和信息伦理"三大要素组成,对信息素养的结构做了较为全面的总结,同时提出了信息素养的八大能力(见表 1-13),对信息素养能力做出了较为全面的阐释。

表 1-13 信息素养的八大能力[①]

运用工具	能熟练使用各种信息工具,特别是计算机和网络交流工具
获取信息	能根据问题或目标需求,有效地收集各种相关信息,能熟练地使用阅读、访问、讨论、参观、实验、检索等获取信息的方法
处理信息	能对所收集的信息进行评价、筛选、归纳、分类、存储、鉴别、分析综合、抽象概括和表达等
生成信息	能全面准确地概述、综合、融合或整合、改造和表述所需要的信息,不仅简洁流畅,富有个性,而且能使信息增值,即产生新的观念或想法
创造信息	在综合多种信息的基础上,通过系列理性思维、批判性思维和创造性思维,形成问题求解或决策方案,或使之成为新信息的生长点,创造新信息,达到搜寻信息的终极目的
发挥效益	善于运用相关信息解决学习、生活、工作等方面的问题或决策,提升生存和发展的质量,让信息发挥最大的社会和经济效益,为个人、群体和社会服务

---

① 钟志贤. 面向终身学习:信息素养的内涵、演进与标准[J]. 中国远程教育,2013(8):21-29.

信息协作	学习即形成联接或创建网络,能通过信息的发散和汇聚,充分实现信息的分享、分布式认知和协作,构建学习共同体和个人学习环境(PLE),使信息或信息工具成为延伸自我的有效中介
信息免疫	能恪守正确的信息伦理,自控、自律和自我调节能力强,能自觉地抵御消极信息的侵蚀

五、国内学科层次信息素养发展

基于以上梳理,可以发现,国内信息素养研究取得了一定成就,但就学科层次信息素养研究来说还存在以下突出问题:对学科信息素养的概念始终没有相对统一的权威解释,虽然从不同的角度对其进行表述,但概念模糊;通用层次信息素养指标体系研究较多,但学科层次信息素养的研究并不多见;对大学生外语学习信息素养的研究很少涉及,见图1-2。

图1-2 2001—2021年学科层次信息素养论文占大学生信息素养论文的比例

由上图看出,2001—2021年涉及学科层次信息素养相关论文占大学生信息素养相关论文比例仅为5%,可见相关研究的匮乏。2005年的《北京地区高等教育信息素质能力指标体系》将高校信息素质能力指标体系划分为通用层次和学科层次,但是仅完成通用层次的信息素质能力指标体系(曾晓牧等,2006),并未涉及学科层次的信息素质能力。涉及学科层次大学生信息素养的文献包括新闻传媒、体育、医药卫生、心理学、中国语言文字、军事、化学、数学等领域,多数为学习该专业的学生信息素养现状实证调查,没有系统的特定学科信息素养标准做指导。关于大学生信息素养的实证调查研究总体数量并不多,研究方向比较狭窄,大部分只是借鉴前人已有的理论成果进行比较验证。

而检索"外语类信息素养"方面的文献,仅发现涉及外语教师的文献;检索关于"外语类大学生信息素养"方面的文献,仅发现几篇关于培养专业大学生信息素养的课程设计、培养模式或教学设计方面的文献及尝试分析外语专业大学生信息素养方面的问题及其归因(彭斯伟等,2017)的文献,未涉及大学英语。

综上所述,第一,我国针对学生制定的信息素养标准还只是依据年级层次进行设计,缺乏学科性与专业针对性,没有涉及外语学习的信息素养标准。第二,目前关于信息素养的研究大多集中在理论层面,实证研究比较少且范围较小,局限在某所院校或某一个地区,针对大学生信息素养现状的研究还比较少,缺乏大规模调查研究。第三,信息素养教育是一个系统工程,各部分的联系还没有完全建立,有待完善。缺乏"互联网＋"时代适合国内高校发展目标和需求的信息素养评测指标体系,需要在大范围研究之后对相关问题进行研究。第四,从研究主体来看,最近几年关于教师信息素养研究有所增加,但是针对学生,尤其是大学生的研究成果并不多见;从学科门类来看,关于外语学科信息素养的研究成果近两年才开始出现(杨莉、张依兮,2022),已有研究也不够全面、系统,还有很大的研究空间。

小结

本章主要对信息素养的概念与内涵以及国内外信息素养标准研究进行了梳理和总结,详细阐述了信息素养概念的起源,介绍了关于信息素养概念界定的国内外的主要观点,对信息素养的内涵进行了剖析。信息素养的概念随着社会发展不断演变,以反映人们对信息素养的新理解。在信息素养标准的综述中,本章分别对国外、国内通用层次信息素养标准以及学科层次信息素养标准的研究进行了归纳概述,然后过渡到外语学习信息素养的研究空缺,提出了本书研究的基本问题。

第二章
外语学习现状研究

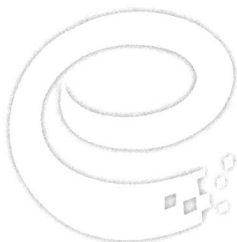

教育部《教育信息化十年发展规划(2011—2020 年)》指出"以资讯化引领教育理念和教育模式的创新,充分发挥教育信息化在教育改革和发展中的支撑与引领作用,努力为每一名学生和学习者提供个性化学习、终身学习的信息化环境和服务"(教育部,2012)。随着互联网的迅猛发展,信息技术的高度发达和广泛应用使外语信息环境发生了根本变化(冯霞、黄芳,2013),信息技术的发展推动外语教学在教学理念、教学方法、学习方式等方面的改革,网络学习资源极大丰富,微课、慕课等纷纷涌现。不可否认,这些新的教学形式确实推动了外语教学在教学方法、学习方式等方面的改革,然而这样的教学方式能否成为大学英语课程的主要授课形式? 在信息化时代如何科学、有效地利用信息技术,创建符合学情的多元教学与学习环境? 大学生英语学习的现状研究成为解决以上问题的突破口。因此,本课题组以大学生英语学习动机、满意度、自主学习能力及大学英语教学模式改革为主题展开了调查研究。

第一节　大学生外语学习动机

　　动机是语言学习成功的关键驱动因素之一（Dörnyei & Ushioda,2011），是二语习得研究的热点。近 20 年来,动机研究从最初关注动机的积极方面、探索动机提升途径,转向关注动机的另一面——动机减退（demotivation）（高越、刘宏刚,2015）。国内外学者围绕动机减退影响因素展开研究,但针对动机减退的影响因素以及重塑学生动机源的深度研究不多,"动机重建"（remotivation）方面的研究成果相对匮乏,可借鉴推广的动机重建的教学模式研究尚处于萌芽阶段（徐琳,2018）。因此,本书试图在动态系统理论指导下,在探索大学生二语学习动机减退的特征及影响因素的基础上,依托教育信息化资源,构建动机重建驱动下的混合式教学模式,以期对新时代大学英语教学改革产生积极影响。

一、研究背景

　　20 世纪 90 年代,有学者在归因研究中关注到语言学习的失败与动机减退的密切关系（Chambers,1993）,将动机减退引入二语习得领域。Dörnyei（2001）将动机减退定义为"某些造成行为或行为意向的动机基础削弱的外部力量",归纳出影响学习动机减退的 9 大因素。在此基础上,亚洲学者积极探索二语学习动机减退的影响因素（如 Falout & Maruyama,2004；Hasegawa,2004；Tsuchiya,2004；Falout et al.,2009 等）。国内也有学者分析了大学生英语学习动机减退的影响因素（周慈波、王文斌,2012；王勃然,2013；李琳,2013；孙云梅、雷蕾,2013）。上述研究为我们了解二语学习动机减退提供了重要的参考依据,但是纵深研究不够,对于动机减退影响因素在学习者个体差异变量（如性别、二语水平、家庭社会背景）中的比较研究尚需加强（刘宏刚,2014）。这种精细化研究有助于教师深入分析动机减退的原因,有的放矢地调整教学策略。

动机重建指"动机失去后的重建过程"(Falout,2012),是"建立在动机衰竭研究基础之上的进一步发展,是由负面研究走向正面研究的积极一步"(谢桂梅,2015)。国外有学者对此进行了专门研究,建议教师采取措施,帮助学生重建动机(转引自单岩,2015;Falout,2012)。国内相关研究成果缺乏,关于动机、动机减退含义及相关影响因素的理论研讨远多于动机重建的实证研究。针对目前大学英语学习普遍存在的动机减退的现状,能否"以资讯化引领教育理念和教育模式的创新,充分发挥教育信息化在教育改革和发展中的支撑与引领作用"(教育部,2012),以信息化的教学手段激发学生学习热情,重建学生学习动机值得深入探究。

动态系统理论(Dynamic System Theory,简称DST)源于自然科学领域。动态系统是指状态随时间而变化的系统,系统由多种变量构成,这些变量相互联系,并处在恒动之中。Larsen-Freeman(1997)首次将DST引入语言学领域,构建了DST理论框架,比较全面地阐述了语言作为复杂适应系统的特点。近年来,学界将DST用于指导二语动机研究,阐述"动机是一个包含若干子变量的多维结构,会随着个体的不断发展以及周边环境的不断变化等因素相互影响,从而处于不断的动态变化之中。二语学习动机具有时间性与情境性,是一个复杂的动态系统"(转引自李舰君,2017;Dörnyei & Ushioda,2011)。二语学习动机的"发展—减退—重建"是相互联系、动态发展的过程,二语学习动机的研究必须从互联的、动态的、历时的角度进行观察和探究。据此,本书从动态系统角度出发,探究不同二语水平学习者动机衰退的影响因素,探求重新激发动机的有效途径。

二、研究设计

本研究主要探究以下问题:(1)二语学习动机特征;(2)不同二语水平学习者学习动机减退状态;(3)导致不同二语水平学习者动机减退的因素及差异;(4)构建基于动机重建的大学英语混合式教学模式。受试为山东省某医学院2016级临床医学、运动康复、口腔医学、预防、医学影像学、影像技术、护理学、生物技术、心理学专业的本科生。在随机抽取的18个班中选取自愿参加本研究的435名学生为受试,当场回收434份,最终纳入分析的学生共424名,其中男生168人(39.6%),女生256人(60.4%)。在进行研究时,受试在该校完成了 3 个学期的大学英语学习,并在第三学期末参加了大学英语四级考试。本次调查的基本信息还包含家庭背景(城市或农村)、是否要考研、大学英语水平(大学英语四级成绩是否达到 425 分①),见表 2-1,旨在了解受试的上述信息是否与二语学习动机消退相关。

表 2-1 受试类型、大学英语水平

类型		人数	大学英语水平	
			均值	标准差
性别	男	168	1.54	.500
	女	256	1.70	.461
家乡	农村	237	1.58	.494
	城市	187	1.70	.462
是否要考研	是	348	1.66	.476
	否	70	1.51	.503

本研究使用的测量工具为"大学英语学习调查问卷",包含三部分:第一部分是学生基本情况;第二部分为动机减退影响因素,以 Falout's EFL Demotivational Questionnaire(Falout et al.,2009)为框架,参考 Dörnyei & Ushioda(2011)动机减退影响因素框架和动机减退模型(胡卫星、蔡金亭,2010),在开放性问卷基础上,归纳了近百个条目,进行教师访谈及专家咨询,依据分析结果删除、修改部分条目,最终保留 69 个条目;第三部分测量学生学习动机的强度。参考高一虹等(2003)动机量表,在不参与正式调查的学生中进行预调查,依据学生反馈意见,最终确定 20 个条目。问卷采用李克特 5 级量表形式(1="非常不同意"、2="不同意"、3="不确定"、4="同意"、5="非常同意"),受试的得分反映动机强度,得分越高,动机越强。问卷调查结束后,随机对部分学生进行半结构式访谈,访谈内容涉及英语学习客观影响因素及主观心理因素,定性分析之后对定量分析的结果进行补充和解释。所有数据采集在大学英语课课间完成,项目组人员在任课教师协助下,对受试进行现场培训,当场发放调查问卷,回收 434 份,检查后确认有效问卷为 424 份,问卷有效率为 97.4%。项目组采用 SPSS17.0 对量表的信度、效度进行检验。信度检

---

① 425 分被认为是大学英语四级考试的及格线。

验结果显示,问卷内在一致性良好(Cronbach's α 系数为 0.950)。效度检验结果显示,KMO 检验值为 0.891,Bartlett 球形检验显著($p=0.000$),说明问卷效度良好,数据适合进行因子分析。因子分析采用主成分分析法,提取了特征值大于 1 的因子,每个题项的因子负荷都在(0.5)以上,分别提取动机减退影响因素 10 个因子、动机强度 4 个因子。根据各个共同因子所涵盖的指标,将共同因子分别命名。动机减退影响因素分为内在因素和外在因素两个维度:内在因素包括学习兴趣、应试目的和个人发展 3 个因子;外在因素包括教学方法、教学态度、教学质量、教学手段、教学内容、课堂活动、策略训练 7 个因子。动机强度通过学习者客观要求与主观能动的学习行为表现出来:客观要求包含课堂表现和上课纪律;主观能动包含课外作业和自主学习。4 个维度的Cronbach's α 系数值分别为 0.910、0.925、0.798、0.813,显示信度良好,各因子赋值方式为所涵盖各变量得分的均值。

三、数据分析

(一)二语学习动机特征

依据因子分析结果,本书对二语学习动机强度在客观要求和主观能动两个维度所属因子进行了描述性分析,结果见表 2-2。总体看来,受试在客观要求维度的二语学习动机强度明显高于主观能动维度。4 个因子中,上课纪律得分最高(4.19),课堂表现(3.49)、自主学习(2.99)依次排后,课外作业最低(2.54)。

表 2-2 二语学习动机的描述性分析

维度	因子	均值	标准差	偏度	峰度
客观要求	课堂表现	3.49	0.90	−0.35	−0.04
	上课纪律	4.19	0.79	−1.26	2.53
主观能动	课外作业	2.54	0.88	0.63	0.31
	自主学习	2.99	0.88	0.48	−0.14

(二)二语学习者基本信息差异比较

本研究对受试的二语学习动机各因子的性别、家庭背景、考研、学业成绩进行差异性分析,独立样本 t 检验结果(见表 2-3)显示:二语学习动机各因子均值在性别、家庭背景、是否考研的组间差异均无显著性($p \geqslant 0.05$),性别不同、家庭背景不同、有无考研打算的学生在上课纪律、课堂表现、自主学习、课外作业等方面的二语学习动机强度没有显著性差异；二语学习动机各因子均值在大学英语四级考试成绩的组间差异均达到显著性（$p<0.05$），大学英语四级考试成绩高于425分学生的二语学习动机强度明显高于成绩低于425分学生的动机强度。

（三）不同二语水平学习者的动机减退状态

由于受试的二语学习动机只在学业成绩上有显著差异，因此以大学英语四级成绩425分为界分为低分组和高分组，通过灰色关联分析对不同组别学生的学习动机进行具体评价。首先构造参考序列、比较序列，采用离差标准化法对各比较序列进行标准化，计算各比较序列绝对差值及关联系数，通过关联度对各比较序列进行分析，等级划分为优、良、中、一般、差。数据分析结果（见表2-4）显示：（1）低分组对应"优、良、中、一般、差"等级的隶属度为0.31、0.32、0.32、0.37、0.29。按照"最大隶属度原则"可知：低分组学生的学习动机综合评价等级为"一般"；（2）高分组对应"优、良、中、一般、差"等级的隶属度为0.32、0.41、0.32、0.37、0.28。按照"最大隶属度原则"可知：高分组学生的学习动机综合评价等级为"良"。

（四）不同二语水平学习者动机减退影响因素分析

1. 高、低分组动机强度与影响因素各因子的 Pearson 相关性分析

分析显示，高分组动机影响因素中的7个因子（因子1、因子2、因子3、因子5、因子6、因子7、因子9）与学习动机强度之间存在显著正相关关系，其余3个因子（因子4、因子8、因子10）与学习动机强度的 p 值均未达到显著性水平，未能纳入回归分析。低分组动机影响因素中的8个因子（因子1、因子2、因子4、因子5、因子6、因子7、因子8、因子9）与学习动机强度之间存在显著正相关关系，其余2个因子（因子3与因子10）与学习动机强度的 p 值均未达到显著性水平，未能纳入回归分析。

2. 依据 Pearson 相关性分析结果，进行高、低分组多元线性回归分析

高、低分组多元线性回归分析满足误差呈正态分布及误差和预测变量不相关的前提假设，预测变量与因变量显著相关。强制回归结果（见表2-5）显示，高分组中7个变量对动机强度均有良好的预测作用，R^2 为0.899，即因子1、因子2、因子3、因子5、因子6、因子7、因子9构成的组合解释高分组89.9%

表 2-3　二语学习动机的性别、家庭背景、考研、学业成绩差异性分析

维度	因子	性别				家乡				是否考研				四级考试成绩			
		男	女	t 值	Sig.	农村	城市	t 值	Sig.	是	否	t 值	Sig.	<425	≥425	t 值	Sig.
客观要求	课堂表现	3.51	3.48	0.44	0.66	3.53	3.45	0.87	0.39	3.47	3.60	-1.10	0.26	3.32	3.59	3.01*	0.00
	上课纪律	4.14	4.22	-1.10	0.27	4.18	4.20	-0.26	0.79	4.20	4.10	0.69	0.49	4.04	4.27	-2.89*	0.00
主观能动	课外作业	2.56	2.55	0.26	0.79	2.50	2.59	-1.00	0.32	2.55	2.50	0.34	0.73	2.41	2.61	-2.20*	0.03
	自主学习	3.01	2.95	0.99	0.32	2.92	3.07	-1.86	0.06	2.96	3.10	-1.10	0.26	2.84	3.01	-2.53*	0.01

N=424　*p < 0.05

表 2-4　高、低分组关联系数

组别	等级	Q60	Q61	Q62	Q63	Q64	Q65	Q66	Q67	Q68	Q69	Q70	Q71	Q72	Q73	Q74	Q75	Q76	Q77	Q78	Q79	关联度
高分组	优	0.27	0.26	0.27	0.49	0.28	0.47	0.32	0.34	0.30	0.29	0.32	0.31	0.28	0.28	0.31	0.28	0.28	0.25	0.37	0.26	0.32
	良	0.34	0.31	0.31	0.49	0.48	0.49	0.47	0.41	0.49	0.43	0.40	0.49	0.40	0.40	0.47	0.35	0.37	0.29	0.38	0.38	0.41
	中	0.38	0.38	0.34	0.25	0.26	0.28	0.38	0.31	0.34	0.36	0.30	0.30	0.31	0.34	0.29	0.30	0.28	0.26	0.27	0.48	0.32
	一般	0.53	0.49	0.48	0.26	0.25	0.26	0.31	0.28	0.33	0.36	0.30	0.34	0.42	0.41	0.33	0.48	0.47	0.50	0.27	0.25	0.37
	差	0.30	0.30	0.28	0.25	0.25	0.25	0.26	0.26	0.26	0.27	0.26	0.26	0.28	0.26	0.26	0.27	0.27	0.48	0.25	0.36	0.28
低分组	优	0.26	0.26	0.26	0.46	0.48	0.42	0.31	0.34	0.29	0.28	0.29	0.30	0.27	0.28	0.31	0.27	0.28	0.25	0.35	0.26	0.31
	良	0.26	0.25	0.25	0.36	0.39	0.40	0.36	0.37	0.35	0.28	0.35	0.33	0.28	0.28	0.35	0.26	0.29	0.25	0.48	0.42	0.32
	中	0.32	0.33	0.35	0.26	0.26	0.28	0.31	0.34	0.33	0.33	0.37	0.33	0.32	0.31	0.29	0.35	0.32	0.25	0.26	0.48	0.32
	一般	0.50	0.48	0.49	0.28	0.26	0.27	0.41	0.28	0.36	0.41	0.33	0.33	0.45	0.43	0.33	0.47	0.42	0.48	0.27	0.25	0.37
	差	0.32	0.32	0.31	0.26	0.26	0.26	0.26	0.27	0.27	0.31	0.26	0.27	0.28	0.30	0.27	0.29	0.28	0.48	0.25	0.33	0.29

表2-5 高、低分组多元线性回归汇总表

	变量	R	R^2	调整R^2	F(8,147)	Beta	$t(147)$	容差	VIF
高分组	因变量 动机强度	0.948	0.899	0.897	330.825***				
	自变量 学习兴趣					.375	15.597	0.673***	1.487
	应试目的					.171	6.528	0.567***	.765
	个人发展					.098	3.600	0.521***	1.918
	教学态度					.200	8.226	0.659***	1.517
	教学质量					.179	5.984	0.436***	2.294
	教学手段					.136	4.832	0.491***	2.039
	课堂活动					.205	7.371	0.504***	1.984
低分组	因变量 动机强度	0.994	0.987	0.986	1407.099***				
	自变量 学习兴趣					.374	37.824	0.895***	1.117
	应试目的					.172	15.143	0.678***	1.475
	教学方法					.283	23.300	0.596***	1.679
	教学态度					.170	12.051	0.438***	2.282
	教学质量					.162	11.312	0.430***	2.327
	教学手段					.132	9.521	0.459***	2.180
	教学内容					.169	15.449	0.735***	1.361
	课堂活动					.101	8.404	0.608***	1.646

$N_{总}=268$ $N_{低}=156$ * $p<0.05$ ** $p<0.01$ *** $p<0.001$

的变异。7个变量中"学习兴趣"(Beta＝0.375)和"课堂活动"(Beta＝0.205)的标准化回归系数分别列第一位和第二位。标准化回归方程为：动机强度＝0.375×学习兴趣＋0.205×课堂活动＋0.200×教学态度＋0.179×教学质量＋0.171×应试目的＋0.136×教学手段＋0.098×个人发展。低分组中8个变量对动机强度均有良好的预测作用，R^2为0.987，即因子1、因子2、因子4、因子5、因子6、因子7、因子8、因子9构成的组合解释高分组98.7%的变异。8个变量中"学习兴趣"(Beta＝0.374)和"教学方法"(Beta＝0.283)的标准化回归系数分别列第一位和第二位。标准化回归方程为：动机强度＝0.374×学习兴趣＋0.283×教学方法＋0.172×应试目的＋0.170×教学态度＋0.169×教学内容＋0.162×教学质量＋0.132×教学手段＋0.101×课堂活动。

四、研究结果

(一)二语学习动机特征

受试在客观要求维度的二语学习动机强度明显高于主观能动维度。4个因子动机强度由大到小依次排序为上课纪律、课堂表现、自主学习、课外作业。说明受试长期以来重视教师课堂授课，严格遵守课堂纪律，具有良好的自律性，而在自主学习、课外作业以及与同学交流英语学习方面表现不积极，动机减退明显。访谈中，学生说道："课后很少阅读英文书籍、报纸、杂志，因为老师上课不检查。""课后同学之间很少练习口语，除非准备下次课的课堂展示。""课前不预习课文，上课对答案的练习题才做。"以上结果体现了课堂教学的严肃性，在信息化时代课上课下、线上线下相结合的混合式教学模式中，课堂教学的主导作用不可忽视。在提高学生学习主体地位的同时，应该培养学生自主学习意识，提高学生自主学习能力。

(二)二语学习者基本信息差异比较

在本研究中，动机强度在性别方面的差异不具有显著性，女生仅在上课纪律上的均值高于男生，其他方面基本持平，性别对动机强度的影响不明显，这与高一虹等(2003)的研究结果基本一致。受试的动机强度在家庭背景、考研组间的差异均未达到显著性，但在学业成绩方面，低分组的动机强度明显低于高分组，这一结果支持了国内大多数相关研究，如高一虹等(2003)对2 000多名本科生的抽样发现，英语水平对动机强度有显著影响，动机强度与英语水平呈正相关。

（三）不同二语水平学习者的动机减退状态

高、低二语水平组灰色关联分析结果显示,高分组学生的学习动机等级为"良",这说明动机与学业成就正相关。动机具有加强学习的作用,高动机水平的学生,其学业成就也高,这与 Gardner(2001)、Dörnyei & Ushioda(2011)、Doiz(2014)的研究结论相一致,但隶属度为 0.32、0.41、0.32、0.37、0.28,与低分组学生的学习动机的隶属度差距不大,动机处于一般水平,具有下滑迹象,需要在探索动机减退影响因素的基础上进行动机提升干预。

（四）不同二语水平学习者动机减退影响因素分析

高、低分组回归分析结果显示,首先,二语学习者动机减退是内部因素和外部因素共同作用的结果,内部因素比外部因素更易导致学习者的动机减退。这支持了以往的研究(如周慈波、王文斌,2012;Larsen-Freeman,2013 等)。学习兴趣缺失是动机减退的首要内部因素,访谈中学生说:"医学专业课太多,导致英语学习时间被压缩,且英语学习氛围不浓厚,完全提不起兴趣。""还是希望可以调动同学对英语学习的兴趣,老师的讲课风格很重要。""课堂不活跃,积极性不高,要让学生讲、提问,让学生有兴趣学英语。"若学生的个性化学习需求无法得到满足,会导致学生学习兴趣降低、学习动机减退,缺乏学习主动性和积极性。学生访谈也印证了激发兴趣、落实学习主体地位的愿望。其次,高、低二语水平组学习者均可能因为学习兴趣、教学态度、教学质量、教学手段及学习目的而对英语学习产生消极态度;高二语水平学习者倾向于以课堂活动促进自己的动机行为,而课堂活动对低二语水平学习者动机并无显著影响;低二语水平学习者更容易受教学方法、教学内容等因素影响而导致动机减退;高、低二语水平组学习者对英语学习目的相关因素的态度相似。

（五）动机重建

学习动机减退是"一个长期、动态且受各种因素影响、不断变化的过程,学习者在学习过程中可能会出现动机增长、减退、重建和再次减退等情况"(周迪、张红,2018)。因此,在深入剖析大学生二语学习动机减退的现状、影响因素的基础上,应该整合相关信息技术,将新媒体技术应用到课前的自主学习、课中的交互式教学、课后的精准教学评价之中,积极开展线上、线下相融合的教育教学改革实践,构建大学英语混合式教学模式(见图 2-1),以此激发学生主动学习的兴趣和热情。

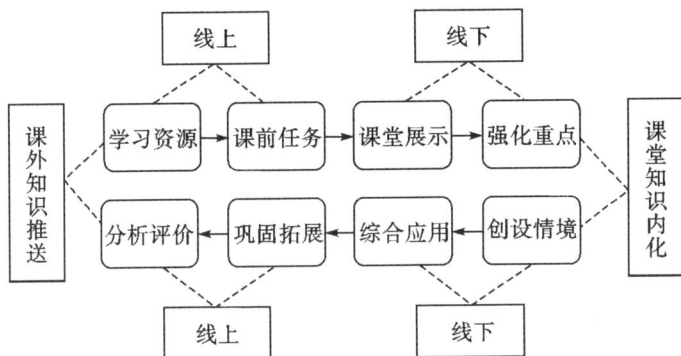

图 2-1 大学英语混合式教学模式

　　针对学习兴趣缺失、动机减退的首要内部因素,混合式教学模式着力于激发学生兴趣,用多种教学手段调动学习者的积极性和主动性来参与教学互动,将新的教学工具与传统的课堂教学相结合,利用雨课堂、对分易等教学 App 完成学生分组、课程资源推送、在线练习、互动讨论、扫码签到、答疑解惑、成绩统计、问卷调查等教学及评价任务。大学英语混合式教学模式由课外自主学习和课堂互动学习组成。在课外,教师将微课视频、MOOC、SPOC 的相关链接、预习课件、习题等资料推送给学生,让学生在课前观看视频、相互交流、完成指定学习任务、一键上传,实现客观题的自动批改;教师在手机移动终端可以随时随地打开学生作业,批阅主观题,进行即时反馈,以答疑和讨论为主的生生之间和师生之间的交流互动在课外得以实现。课前个性化学习方式灵活迅捷,易于操作,有利于激发学生兴趣。在课上,首先由学生展示课前任务成果,展示内容与课文主题相关,由小组成员在课前延伸性阅读基础上协作完成,随后同学提问,实现话语磋商,最后教师点评进行引导评价,整个环节在小组协作、师生互动、生生互动中完成。其次,教师依据课前学习反馈结果,强化重、难点知识,教师讲授与学生讨论在课堂中交互进行,以教师为主导、学生为主体。课堂上学生可以查看当前播放的课件,在微信端点击"收藏"和"不懂"。教师可以利用雨课堂提前在课件中插入习题页面,设计灵活多样的题型。学生课堂上实时答题、弹幕互动,教师随时检测学生的学习状态。课堂上也可插播慕课片段或其他图片、音频等,创设情境,巩固练习,提高学生的语用能力。

在完善与内化知识的同时，充分满足学生对灵活多样的课堂活动的需求。课后教师导出"课前—课堂—课后"的完整教学数据报表，将课前预习、课堂参与、课后任务完成情况、学生自评互评等作为形成性评价的参考。大学英语混合式教学模式丰富了教学资源，扩大了学生的知识面和视野，实现了互动协作教学和因材施教，较好地满足了高、低二语水平组学生对教学方法、教学内容的个性化学习需求。混合式教学模式的实现打破了传统课堂的时空限制，手机终端的应用便于学生利用碎片化时间复习回顾教学内容，完成学习任务。网络资源、共享平台、手机终端的应用解决了教学手段单一、教学方法呆板的问题，有效减少了教学手段、教学方法对学生学习动机减退的影响；微课、MOOC、SPOC中的轻松活泼教学视频，课上、课下师生良性互动，高效的小组协作推动学生参与到教学的各个环节，由被动到主动，获得学习任务完成的成就感、个性化学习的满足感，减少学习焦虑，激发学习兴趣，重建学习动机，形成良性循环。在新的教学模式中，教师仍处于教学主导地位，面对挑战，必须改进教学方法，以积极的教学态度完成资源分享、任务推送、师生互动、作业批改，挖掘网络数据记录的学生学习信息，分析学习行为，探寻学习难点，打磨教学内容，及时做出评价反馈，为学生提供更好的服务与支持。

本研究以二语学习动机减退现象为切入点，探讨了二语学习动机特征、不同二语水平学习者动机减退状态以及动机减退主、客观影响因素，研究结果显示不同二语水平学习者都存在动机减退现象，但影响因素不同，学习兴趣缺失是首要因素。依托现代信息技术，构建大学英语混合式教学模式，激发学生学习兴趣，满足不同二语水平学习者个性化学习需求，成为动机重建的有效途径。本研究尚有局限之处，如受试样本数据来自横断面调查，未进行纵向历时跟踪研究，且受试专业分布有局限性，有待后续相关研究；此外，未深入探讨动机变量之间以及动机减退各影响因素与二语水平之间相互作用的路径和路径系数，后期可运用结构方程模型进行相关研究。

第二节　大学生外语学习满意度

国内外学者对学习满意度的定义有不同见解(Tough,1982;Domer,1983;李建霖,2010;李康弟等,2015),但是基本都在心理学范畴。Tough认为"学习满意度是一种对学习活动的感觉或态度",而形成的原因则是在学习活动中学习者喜欢参与或者内心的期望和要求得到满足。近年来,国内研究更注重从教师、学生和学校环境三个方面去考虑学生的满意程度(文静、史秋衡,2013)。护理专业本科生绝大多数学生对英语学习期望很高,将英语作为应具备的核心能力之一,希望通过较强的语言能力,来满足求职就业、对外交流、继续深造等方面的需要(陈勤,2005)。因此,英语作为一门公共基础课,贯穿于护理专业学生专科、本科、研究生等各个教育阶段,课时多,时间长,那么学生的学习满意度如何?影响护理专业学生满意度的因素有哪些?本研究对地方医学院校的护理学院本科生展开问卷调查,旨在探求影响护理本科生英语学习满意度的相关因素,以期提高教学质量,更好地满足学生的学习需求,切实提高学生的英语实用能力,助力学生将来的专业发展。

一、研究设计

选择山东省某高校护理学院本科学生,采用分层抽样和整群抽样相结合的办法,分别在大一、大二共435名学生中开展问卷调查。男女比例为1∶9.3,年龄17~23岁。本研究的研究工具为"英语教学满意度调查问卷"。问卷分两大部分,第一部分包括受试者的性别、年龄、系别、家乡和英语水平等个人信息。第二部分92个条目分别由教学目标、教学活动、教师、上课环境、教学手段、学习行为、内在动机等组成,条目多数来源于张正厚(2016)提出的课程教学效果调查问卷,少部分在学生访谈,专家咨询的基础上,依据课程特点修改增减,采用Likert 5等级量表格式(a. 非常不同意,b. 不同意,c. 不确定,d. 同意,e. 非常同意),在对不参与正式调查的30名护理学专业本科学生进行预调查、信效度分析后,逐步完善形成。问卷发放时,调查人员在任课教师的协助下,对随机抽样抽取的学生进行培训,说明填写要求,现场完成,当场回收。发放调查问卷,回收 434 份,检查后确认有效问卷 424 份,回收合格率为 97.4%。

二、统计分析

问卷收集后采用双人双份的方式完成数据录入,所有分析运用 SPSS17.0 软件完成,通过因子分析中的主成分法对实测原始数据测量、检验数据效度和降维。采用方差最大正交旋转,按照特征值超过 1 抽取,对其进行 KMO 和 Bartlett 球形检验。然后对降维后的变量进行单样本 K-S 正态性检验,而不服从正态分布的数值则用 Kruskal-Wallis H 进行检验。对筛选的变量进行 Spearman 相关性检验,采用基于 wald 统计量的后退完成 logistic 回归分析。

(一)主成分—因子分析

研究团队用因子分析中的主成分法把所有题项进行因素分析适合性检验,最后得到 KMO 检验值为.885(结果见表 2-6),较接近于 1,非常理想,意味着变量间的相关性很强。Bartlett 球体检验近似卡方为 25 075.118,$p = 0.000$,相关性具有统计学意义,说明数据为非独立单位矩阵,所以样本适合做因子分析。

表 2-6　KMO 和 Bartlett 的检验

取样足够度的 Kaiser-Meyer-Olkin 度量		0.885
Bartlett 的球形度检验	近似卡方	25 075.118
	df	4 371
	Sig.	0

因子数目的确定采用在常见的特征根值大于 1 和碎石图检验。对各影响因素做因子分析,采用主成分抽取的方法,进行主成分萃取。共提取了特征根值大于 1 的 21 个公共因子,其累计解释总方差为 68.161%,可以解释变量的大部分差异(结果见表 2-7)。从因子分析结果碎石图看,明显的拐点为 22,由于因子 22 与后面因子的特征值之差较小,因此选取前 21 个因子比较合适。该结果说明量表中的条目能较有效反映护理专业学生英语学习效果满意度。

据此参与数据建模的变量个数从 96 减少到易于操作的 21 个,有效降低变量维数,同时保证最少的信息丢失。

表 2-7　解释的总方差

成份	初始特征值			提取平方和载入			旋转平方和载入		
	合计	方差的%	累积%	合计	方差的%	累积%	合计	方差的%	累积%
1	18.514	19.696	19.696	18.514	19.696	19.696	6.458	6.870	6.870
2	6.763	7.195	26.891	6.763	7.195	26.891	6.151	6.543	13.413
3	5.748	6.115	33.006	5.748	6.115	33.006	5.964	6.345	19.759
4	4.417	4.699	37.705	4.417	4.699	37.705	4.934	5.249	25.008
5	3.442	3.661	41.366	3.442	3.661	41.366	4.175	4.441	29.449
6	2.653	2.823	44.189	2.653	2.823	44.189	4.141	4.406	33.855
7	2.227	2.369	46.558	2.227	2.369	46.558	3.622	3.853	37.707
8	2.154	2.291	48.849	2.154	2.291	48.849	3.294	3.505	41.212
9	2.036	2.166	51.016	2.036	2.166	51.016	3.176	3.379	44.590
10	1.709	1.818	52.833	1.709	1.818	52.833	2.961	3.151	47.741
11	1.687	1.795	54.628	1.687	1.795	54.628	2.605	2.771	50.512
12	1.570	1.670	56.298	1.570	1.670	56.298	2.329	2.477	52.989
13	1.450	1.542	57.840	1.450	1.542	57.840	2.066	2.198	55.187
14	1.419	1.510	59.350	1.419	1.510	59.350	2.033	2.163	57.350
15	1.374	1.462	60.811	1.374	1.462	60.811	1.656	1.762	59.112
16	1.266	1.347	62.158	1.266	1.347	62.158	1.590	1.692	60.803
17	1.208	1.285	63.443	1.208	1.285	63.443	1.422	1.513	62.316
18	1.154	1.227	64.670	1.154	1.227	64.670	1.399	1.488	63.804
19	1.127	1.199	65.869	1.127	1.199	65.869	1.377	1.464	65.269
20	1.096	1.166	67.035	1.096	1.166	67.035	1.362	1.449	66.717
21	1.059	1.126	68.161	1.059	1.126	68.161	1.357	1.444	68.161

由于在原始因子载荷的成分矩阵中,各大因子含义模糊,为确定各因子的实际意义,研究团队在每一组合因子中选取其中对因子呈现较强相关的条目,即在同一因子上有较大载荷的变量,以便对因子进行命名,对因子进行具有

Kaiser 标准化的方差最大正交旋转(Varimax),旋转在 18 次迭代后收敛,得到旋转后的成分矩阵。依据旋转成分矩阵,选取各因子载荷量最大的条目构成参与数据建模的变量。影响护理专业学生英语学习满意度的因素可以概括为 21 个,影响程度各有不同,据此为各因素重新命名,依次为 F1 您认为英语学习很枯燥、看到新词就烦;F2 课堂上没必要做小组活动、两两讨论;F3 教师高冷不易接近,不幽默;F4 您不愿学习是受其他同学的影响,气氛不活跃;F5 结对讨论、小组活动质量不高;F6 您认为大学英语课无助于四级考试、六级考试、考研;F7 您课后很少练习口语、听力,除非准备口语考试;F8 教师没必要讲解英语词汇、背景知识;F9 教师使用音视频、板书质量不高;F10 您课后很少复习课文,做课后练习题;F11 您经常上课迟到、睡觉;F12 您经常上课走神;F13 您不愿学习是受其他同学的影响,气氛不活跃;F14 您报了与四、六级无关的英语辅导班(网课或面授);F15 大学英语课程开设 2～3 学期;F16 经济状况;F17 教师讲课不清晰易懂,只用英语;F18 您以后会报考研英语辅导班(网课或面授);F19 专业;F20 您上课只因该课程是一门必修课;F21 是否要考研。加上因变量 F22 对英语教学的总体满意度,共 22 项。除 F22 外,其他变量分为 4 个维度,F19、F16 为背景因素,F15、F4、F8、F2、F17、F3、F13、F5、F9 为教学因素,F10、F11、F12、F7、F14、F18 为学习行为,F20、F21、F6、F1 为内在动机。

(二)K-S 正态分布检验与 Kruskal-Wallis H 检验

先对变量进行单样本 K-S 正态性检验(许珂、卢海,2014),所有变量的 $p=0.000$,说明都不服从正态分布(结果见表 2-8)。因此所有变量进入 Kruskal-Wallis H 检验进行非参数性测试,以此获取各变量在满意组与不满意组中的差异性,结果显示:F2、F17、F3、F20、F13、F5、F9、F6、F1 的 $p<0.05$,组间差异有统计学意义(结果见表 2-9)。

表 2-8 变量正态性检验汇总表

变量	K-S	p	服从正态分布	变量	K-S	p	服从正态分布	变量	K-S	p	服从正态分布
F1	5.580	0	否	F8	6.372	0	否	F15	6.566	0	否
F2	5.522	0	否	F9	5.521	0	否	F16	6.530	0	否
F3	6.432	0	否	F10	4.622	0	否	F17	5.925	0	否

（续表）

变量	K-S	p	服从正态分布	变量	K-S	p	服从正态分布	变量	K-S	p	服从正态分布
F4	6.610	0	否	F11	6.183	0	否	F18	2.291	0	否
F5	3.908	0	否	F12	4.439	0	否	F19	6.062	0	否
F6	6.502	0	否	F13	3.591	0	否	F20	9.181	0	否
F7	5.238	0	否	F14	5.578	0	否	F21	4.514	0	否

表 2-9　Kruskal-Wallis H 检验汇总表

变量	X^2	p	组间差异	变量	X^2	p	组间差异	变量	X^2	p	组间差异
F1	26.020	0.000	不一样	F8	3.083	0.079	一样	F15	0.245	0.620	一样
F2	17.039	0.000	不一样	F9	9.247	0.002	不一样	F16	0.256	0.613	一样
F3	8.679	0.003	不一样	F10	3.584	0.058	一样	F17	14.016	0.000	不一样
F4	3.283	0.070	一样	F11	2.773	0.096	一样	F18	0.274	0.600	一样
F5	14.629	0.000	不一样	F12	0.343	0.588	一样	F19	0.749	0.387	一样
F6	6.545	0.011	不一样	F13	18.835	0.000	不一样	F20	5.180	0.023	不一样
F7	1.054	0.305	一样	F14	1.298	0.255	一样	F21	0.207	0.694	一样

对初步选择的变量进行相关性检验，Spearman 相关分析结果显示，F2、F17、F3、F20、F13、F5、F9、F6、F1 存在显著的正相关关系（$p < 0.05$），全部是显著相关，指标全部纳入分析。

（三）logistic 回归分析

将 F22 作为因变量，F2、F17、F3、F20、F13、F5、F9、F6、F1 作为协变量，代入 logistic 回归模型，采用基于 wald 统计量的后退法进行分析。模型检验的统计量卡方值为 40.786，$p = 0.000$，在 0.01 水平下，模型具有统计学意义。经过 3 次变量筛选后，F17、F20、F5 通过，被引入方程，且其回归系数的 wald 检验的 p 值均小于 0.10，对累积 logistic 模型的贡献具有统计学意义，最终保留在模型中（结果见表 2-10）。

表 2-10　满意度 logistic 回归计算结果

变量	B	S. E.	Walls	df	Sig.	Exp(B)	95% C. I.	
							下限	上限
F17	−.389	.131	8.790	1.000	.003	.678	.524	.877
F20	−.278	.100	7.673	1.000	.006	.757	.622	.922
F5	−.270	.000	6.783	1.000	.009	.763	.623	.935
常量	2.571	.423	36.911	1.000	.000	13.085		

据此 logistic 回归模型方程为：

$$y = -0.39F17 - 0.28F20 - 0.27F5 + 2.57$$

三、研究结果

学习满意度是外在因素与内在动机共同作用的结果(Falout &. Maruyama,2004)。依据非参数检验结果,F2、F17、F3、F20、F13、F5、F9、F6、F1 的 $p < 0.05$,组间差异有统计学意义,能够显著区分护理专业学生对英语教学的满意与不满意。F2、F17、F3、F13、F5、F9 全部属于教学因素,F20、F6、F1 则属于内在因素,说明相对于背景因素、学习行为,教师授课、课堂环境等外在影响因素和内在动机与学生的满意度关联密切。这说明长期以来,受以课堂为中心、以教师为中心的传统授课模式的影响根深蒂固,学生对教师课堂授课有较强的依赖性。这与已有研究"由于教师对学生学习的影响仍占主导地位"(汤闻励,2012)相一致。同时,内在因素显示护理专业学生对英语学习的倦怠心理,原因是课堂内容形式教学枯燥,难以满足学生需求,导致学生只因该课程是一门必修课才去上课,缺乏积极性与主动性。

依据 logistic 回归模型方程分析结果,经变量筛选后得到的主要影响因素有:F17 教师知识点讲课不清晰易懂,只用英语(OR＝−0.377),F20 您上课只因该课程是一门必修课(OR＝−0.249),F5 结对讨论、小组活动质量不高(OR＝−0.217),F1 您认为英语学习很枯燥、看到新词就烦(OR＝−0.191),而且四个因素 OR 值均小于−1,与满意度存在负关联,越小关联越强。以上结果说明:第一,学生对全英语授课接受度差,这与国内相关研究基本一致(黄骞、韩玉萍,2014)。究其原因,大一学生处于学业过渡期,中学英语与大学英语在教学目标与教学模式上有较大差异,学生需逐步适应英语授课;护理专业全国招生，英语基础的地域差异明显；护理专业大一、大二两个年级都存在春季招生班，英语学习时间短，基础差，因此学生英语水平参差不齐，听力和口语更是其普遍的"短板"。第二，学生英语学习的应试目的明显，偏重于对知识点的掌握，没有充分理解大学英语教学目标是培养学生听、说、读、写、译实用能力。第三，学习主动性差，兴趣匮乏，学习焦虑感明显。原因有二：首先，护理专业学生以女生占比较高，矜持敏感，宁愿独立思考，不愿当众表现自己，担心出错。因此在课堂问答、小组活动中倾向于保持沉默，易于出现紧张焦虑的情绪。其次，部分学生基础较差，面对大量生词，跟不上教师英语授课，成就感降低，焦虑感上升（Bembenutty，1998），逐渐失去学习兴趣。

四、建议

1. 关注学生实际需求，因材施教，教学设计以学生为中心，满足学生发展需求

虽然大学英语四、六级考试不再与学位挂钩，但是在医学院校热度不减，成为学生检验英语学习水平的工具、备战考研英语的"阶梯"。教师授课时要予以关注。同时，教师要加强职业素养和教学能力，不忽视学生的学习成就感。针对护理专业春季招生的学生，制订相应的教学计划，课上、课下相结合，鼓励学生参与课堂活动，优化学习环境，提升学生的自信心（李宪美，2015）。另外，各类考试的模式设计也要与大学英语教学目标相结合，才能真正激发学生学习兴趣，提高学生的自我调控能力。

2. 课堂互动讲求实效

课堂互动包括师生问答、结对讨论、小组活动等。这已成为课堂教学的常态化活动，可以让学生在焦虑感较低的学习环境中参与并使用目的语言，有利于学生展示自己观点，建立积极学习态度（栾伟等，2012）。但是分组模式、任务设置、教师反馈、话轮分配、修正反馈、个体性格等都会对互动效果产生影响（Anton，1999；Markee，2004）。针对护理学生性别特点，教师尝试学生自由固定结组、结对、设置双向性任务、教师鼓励、适当反馈，有利于降低学生的焦虑程度，改善互动质量（Brown，2001；徐锦芬、曹忠凯，2012）。护理国际交流发展的职业预期使护理本科生更重视英语听说能力的发展，因此在课型选择上，相对于阅读课，形式多样的课堂互动更适用于听说课。

3. 关注学习消极归因

依据韦纳的归因理论，个人的成败受以下因素影响：自身的能力、所付出

的努力程度、任务的难度、运气的好坏(Weiner,2000)。学生也会把学业成败的归因于这些因素,并对将来的学习动机和学习效果产生重要影响(朱文彬、赵淑文,2007)。因此,在高校教学模式不断探索,慕课、微课、翻转课堂、对分课堂等纷纷涌现的过程中,教学改革要充分考虑学生的接受度与认可度。课堂讲解、互动活动、评价测试等各教学环节的设计,要与学生实际水平相符,增加学生的成功体验,使学生保持学习积极性,循序渐进,增强学生学习动机,提高自我效能感,变被动学习为主动学习,提高学习效率。本研究是对护理本科生英语学习满意度及其影响因素的初步探索,历时两年,调查对象仅限于一所地方医学院校护理专业大一、大二学生,研究结果有一定局限性,未来做研究时可以多校合作,在对护理专业的学生进行满意度及学习策略等关联性对比研究、影响因素历时研究等方面进一步加强完善。

第三节　大学生外语自主学习能力

　　伴随着我国经济的迅猛增长,国际交流的日益频繁对大学生的英语水平的要求越来越高。大学英语教学虽然经过了 2002 年和 2007 年两轮的改革,但无论怎样改,社会似乎对大学英语教学质量的满意度没有明显提高(文秋芳,2014)。大学英语教学效率低下,面临生存危机,传统的教学模式多以教师为中心,采取灌输式教学法,忽视了学生的主体作用。如何在信息化时代,科学、有效地利用现代教育技术,改变当前大学英语教学的沉闷现状,建立真正以学生为中心,以培养学生的实际应用能力、自主学习能力和协作学习能力为目标的大学英语教学模式,成为本研究的动因。

一、文献综述

　　在国外,对于自主学习的最初探索主要集中在理论思辨及逻辑建构水平方面。20 世纪初,出现对学生自主学习的教学模式的探索。20 世纪中叶,斯金纳(Skinner)创立程序教学法,以提高学生学习积极性和主动性。这一时期自主学习的探索强调理论与实践相结合。20 世纪 80 年代初期,西方学者霍尔克(Heloc)将自主学习定义为"学习者对自我学习的主持能力"。这一概念的提出逐渐成为语言学领域关注的话题。在最近几年,专家学者纷纷从不同层面对其定义进行了界定。总而言之,英语自主学习可以理解为英语学习者从自身学习需求出发,积极主动地计划自己的学习时间、方法、内容以及学习环境的一种学习方式。综上所述,国外关于自主学习的研究十分丰富并各具特色,从理论研究到实践应用都对我国目前培养学生自主学习能力的教学模式提供了有益借鉴。

　　国内学者对自主学习的关注开始于 20 世纪 90 年代。近年来,自主学习理论和实践有了极大的发展。图 2-2 显示:从 2012 年开始,中国知网以"自主学习"为主题的论文数量明显上升,而且逐年增加。从论文发表的刊物情况来看,博硕论文上升幅度不大,但是期刊文章数量上升明显,这表明以网络技术为支撑的学习者自主学习能力培养的关注度提升。研究主题集中在国外研究成果的介绍与引进,以及国内环境下自主学习能力培养的方法探索两个方面。虽然理论基础不同,适合的范围也有差别,但都明确了

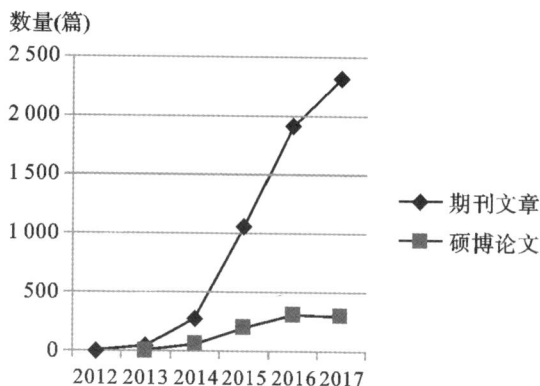

图 2-2 自主学习相关论文

学生的主体地位和主观能动性的发挥,对学生自主学习能力的培养产生了极大影响。

目前我国对自主学习的研究主要有以下几方面特征:第一,研究者的研究角度基本分为如何促进学生的自主学习以及培养其自主学习的能力、教师在自主能力培养教学中的定位以及信息技术的附加运用,而关于如何评测学生自主学习能力、如何挖掘其影响因素的深层研究少之甚少;第二,在我国,关于自主学习的理论研究成果虽然丰富,然而并未形成严密系统的逻辑体系,近年来对自主学习系统研究主要还是依据国外的理论,并没有凸显自己的特点;第三,有关自主学习的理论十分丰富,但是实验研究相对较少,对于高校尤其关于医学院校本科生的实验研究更少。随着翻转课堂、微课、慕课等新的教学模式与手段的出现,学生自主学习能力的发展研究应该跟上时代步伐,探索新领域,向更高层次发展。因此,学习者自主学习能力的提升是时代和我国高等教育发展的必然要求。大学英语作为大学生的基础通修课,开课面广,授课时间长,具体一定的代表性。因此,本研究以此作为基础,通过调查地方高等院校大学生英语自主学习能力发展现状,为后续研究奠定基础。

二、研究设计

本研究的研究工具为"大学生自主学习能力调查问卷"。此问卷依据徐锦芬等(2004)设计的《非英语专业大学生自主性英语学习能力调查问卷》,借鉴Holec、Zimmerman 和庞维国所提出的自主学习的有关因素修改完成。问卷

分为两部分,第一部分调查受试者的年龄、性别、专业、班级、高考英语分数、对自己的英语水平的满意度、对大学英语教学的总体满意度;第二部分由教师教学目的、学习目标、学习策略使用、学习策略监控、学习过程监控 5 个维度、32 个题项组成。采用 Likert 5 等级量表格式(a. 非常不同意,b. 不同意,c. 不确定,d. 同意,e. 非常同意),对不参与正式调查的本科学生进行预调查、信效度分析,逐步完善形成。

本研究通过采用 SPSS 软件中的"度量—可靠性"分析中的克朗巴哈系数来检测自编问卷的整体信度。克朗巴哈系数由美国教育学家 Lee Cronbach (1995)命名,该系数被公认为目前最常用的量表信度检验方法。克朗巴哈系数主要用来测量各项目之间的得分一致性。这一系数的数值通常分布于 0~1。研究者普遍认定量表的克朗巴哈系数大于 0.6 属于可接受范围,而系数值达到 0.7~0.8 时则表示该量表具备较高的可信度。当数值达到 0.8~1 时则表示量表信度非常好(吴明隆,2010)。大学英语学生自主性量表的克朗巴哈系数值为 0.938,信度很高。

本研究受试为山东省某高校非英语专业一、二年级大学生。被试选取兼顾文、理两个学科,专业包括临床医学、检验、管理、市场营销,平均年龄为 19.6。

三、统计分析

调查人员在任课教师的协助下,对随机抽样抽取的学生进行培训,说明填写要求,现场完成,当场回收调查问卷 375 份,检查后确认有效问卷 354 份,回收合格率为 94.4%。高考英语成绩满分是 150 分,按高考英语成绩分为高分组(≥124)、中分组(105~124)、低分组(≤105)。用 SPSS17.0 for Windows 进行 Pearson 相关性分析、One-Way 方差分析和 t 检验等。显著水平为 0.05。

(一)5 个维度自主学习能力的比较

每位受试者教学目的、学习目标、学习策略使用、学习策略监控、学习过程监控各个维度平均值计算结果见表 2-11。

表 2-11　5 个维度自主学习能力的比较

要素	N	极小值	极大值	均值	标准差
教学目的	354	1.60	5	3.37	0.63
学习目标	354	1.20	5	2.92	0.64
学习策略	354	1.00	5	3.07	0.66
策略监控	354	1.43	5	3.27	0.57
过程监控	354	1.10	5	3.13	0.56

5 个维度的平均值由高到低的顺序是:教学目的(3.37)＞策略监控(3.27)＞过程监控(3.13)＞学习策略(3.07)＞学习目标(2.92),说明学生对教师教学目的与要求的了解最为明确,次之是策略监控,最后是自己学习目标的制定与规划。

(二)学业成绩与自主学习能力的相关性检验

本研究的主要问题是学业成绩与自主学习能力之间的相关性。因此,项目组进行了两种相关性分析:(1)所有受试学业成绩与自主学习能力 Pearson 相关性检验;(2)各组内学业成绩与自主学习能力 Pearson 相关性检验。结果显示:所有受试学业成绩与自主学习能力呈现显著相关($r=0.473, p=0.000$);高分组受试学业成绩与自主学习能力呈现显著相关($r=0.259, p=0.011$);中间组受试学业成绩与自主学习能力呈现显著相关($r=0.293, p=0.000$);低分组受试学业成绩与自主学习能力呈现显著相关($r=0.398, p=0.000$)。

(三)三组受试自主学习能力比较

为验证三组学生之间在自主学习能力方面有无差异,将各组受试的总体自主学习能力平均值进行 One-Way 方差分析。方差齐性结果显示:统计量为 $0.568, p=0.567>0.05$,差异无统计学意义,表明三组总体方差满足齐性条件。单因素方差分析结果显示:三组间的总体均数比较的 F 检验统计量为 31.499,$p=0.000<0.05$,说明三者总体均数差异有统计学意义。单因素方差比较结果显示:三组间总体均数检验的 $p=0.000<0.05$,每两组组间差异有统计学意义。高分组与中间组的均值差为 8.853,可认为高分组自主学习能力显著高于中间组;高分组与低分组的均值差为 17.589,可认为高分组自主学习能力显著高于中间组;中间组与低分组的均值差为 8.737,可认为中间组自主学习能力

显著高于低分组。

(四)三组间各个维度自主学习能力比较

表 2-12　组间自主学习能力各维度方差分析结果

维度	N			M			F	P	Hochbergp		
	D	Z	G	D	Z	G			D-Z	Z-G	G-D
教学目的	95	164	95	3.10	3.38	3.63	17.68	0.000	0.000	0.002	0.000
学习目标	95	164	95	2.66	2.89	3.20	18.65	0.000	0.007	0.000	0.000
学习策略	95	164	95	2.81	3.08	3.30	15.05	0.000	0.001	0.006	0.000
策略监控	95	164	95	2.97	3.28	3.51	24	0.000	0.000	0.001	0.000
过程监控	95	164	95	2.88	3.09	3.40	24.37	0.000	0.002	0.000	0.000

注:D=低分组,Z=中间组,G=高分组,$p<0.05$

计算各组三组间各个维度自主学习能力平均值的 One-Way 方差分析。表 2-12 结果显示:低分组在 5 个维度都显著低于中间组($p<0.05$),中间组在 5 个维度都显著低于高分组($p<0.05$),高分组在 5 个维度都显著高于低分组($p<0.05$)。

四、研究结果

通过以上研究分析得出,目前大学生在英语自主学习过程中存在一些急需解决的问题。

第一,通过对比 5 个维度的自主学习能力研究发现,影响程度由强到弱依次为教学目的、策略监控、过程监控、学习策略、学习目标。学生如果没有明确的自主学习目标,自主学习意识就不强,学习策略也有待提高。英语学习者在二语习得过程中的学习进度和学习效果与其自主学习意识的强弱有着密切的联系,而自主学习意识的强弱又受到学习者学习目标和动机的影响。明确的学习目的能够激发学生潜在的学习动机,促使学生积极主动地投入学习;反之,若缺乏学习动机,就会出现学习倦怠感,导致学习效率低下,甚至出现厌学情绪。最后,研究也发现,学生学习策略、学习方法也有待改善。大学是一个培养和发展英语语言运用能力的重要时期,也是全面提高自身英语听、说、读、写、译的能力的关键时期,适当的学习方法是培养学习者较强的自主学习意识的关键因素。若方法不得当,势必会影响学习效果,进而影响学生英语自主学习的积极主动性。现在大学生在英语学习过程中普遍面临的困境是依然采用死记硬背、题海战术的学习方式,导致没有良好的系统学习策略,进而影响了自身学习能力的提升。

第二,从学业成绩与自主学习能力的相关性结果来看,所有受试学业成绩与自主学习能力呈现显著相关($p=0.000$);高分组受试学业成绩与自主学习能力、中间组受试学业成绩与自主学习能力、低分组受试学业成绩与自主学习能力均呈现显著相关($p=0.011$)。这一结果与以往研究一致,即自主学习能力是学生应具备的基本能力,在诸多影响学业成绩的后天因素中,学习的自主性是影响最大的一个因素。

第三,通过三组受试者自主学习能力的比较研究发现,三组间总体均数检验的 $p=0.000<0.05$,每两组组间差异具有统计学意义。高分组自主学习能力明显高于中间组,中间组自主学习能力显著高于低分组。不同学业水平的学生自主学习能力存在着明显差异,学生自主学习能力是提升学业成绩的重要影响因素。

第四,三组间各个维度自主学习能力比较分析结果显示:低分组在 5 个维度都显著低于中间组($p<0.05$),中间组在 5 个维度都显著低于高分组($p<0.05$),高分组在 5 个维度都显著高于低分组($p<0.05$)。提升学生英语自主学习能力要从教学目的、学习策略、过程监控、策略监控、教学目的这几个方面着手,全面发展,缺一不可。

五、建议

第一,调动学习积极性,提高学习兴趣。强烈的学习动机会提升学生学习兴趣,使学生愿意学而不是厌学、排斥学。与此同时,教师要加强学习方法、学习策略指导,提高学生学习效率。通过指导,使学生掌握多种学习技巧和方法,实现自主发展,在学习过程中不仅能够学到知识,而且能够客观认识自己,进而对自己的行为实现自我调节控制,不断提高专注力、意志力以及抗挫能力。

第二,改革课程设置。目前大学英语教学面临着教学效率低的危机:一方面有调查称国内大学生普遍存在通过四、六级后不会“应用”英语的现象,并且大学英语学分和课程也在压缩;第二,国际教育背景下的高等教育也对英语学习提出了新要求。为了使大学英语达到“学以致用”,不仅要培养学生在学习中所需要的口语交流能力,还需要培养学生的书面表达能力(蔡基刚,2013)。因此,大学英语教学体系设置可以分为两个阶段,在大学第一、二学年时开设公共英语基础课程,第三学年开设学术英语课程,实现二者的有效衔接。

第三,创设良好的语言学习环境,改进现有的英语教学方法。在语言学习过程中应该尽可能地积极创设有利的学习环境,因为语言环境的单一性会影响学习英语的积极性。开展英文电影赏析活动,开设多种英语选修课等都是丰富学生课外自主学习的有效途径。

第四,充分利用线上网络资源。校内学习资源的不足在一定程度上限制了学生自主学习能力的提升。学习材料是否充足是影响英语学习的另一个重要因素,课堂教材主要满足课堂教学的需要,而且提供的信息量也是有限的。更多信息的获取来自课外学习,而自主学习能力的培养需要不断地丰富学习资源。因而,在开发纸质教材资源的基础上,也应该充分利用丰富的网络资源来满足学生自主学习的需求,比如可以以网络为载体,充分发挥网络信息平台的优势,进行信息的有效分享。网络信息平台的合理高效使用,不仅能够为学生提供丰富的学习资源,而且有利于规范大学生的上网行为,使学生把精力集中到英语学习中来。在网络学习的过程中,学生可以相互帮助,相互促进,多交流和分享网络资源。

英语自主学习既是语言教学发展的趋势,也是信息技术发展对语言学习影响的结果。具备一定的英语自主学习能力,是提高学生学习自觉性、培养学生学习独立自主性的有效方式。学生在校期间各门课程的学习,乃至未来职业的发展都将受益于自身的自主学习能力。在信息技术高速发展的时代,与时俱进、具备终身自主学习的能力是不断获取新知识、不断提升自我的根本途径。这不仅是个人的发展方向和需求,也是社会发展的需要。

第四节　信息环境下的大学外语教学模式探索

　　《大学英语课程教学要求》提出了大学英语教学模式要求："充分利用现代信息技术,采用基于计算机和课堂的英语教学模式,改进以教师讲授为主的单一教学模式。""以现代信息技术,特别是网络技术为支撑,使英语的教与学可以在一定程度上不受时间和地点的限制,朝着个性化和自主学习的方向发展。"(教育部高等教育司,2007)国内不少高校的大学英语教改依托计算机网络技术的发展,向与传统课堂教学模式互补的混合式教学、翻转课堂的方向发展。但是,网络新技术推进下的大学英语教学手段、教学资源、教学策略与方法必将与传统课堂教学出现不协调、不一致的情况,教师与学生在身份转换过程中会出现种种不适应,而大学英语教学各环节会出现失衡现象。因此,研究如何有效整合网络传媒技术与大学英语课堂教学,构建信息环境下的大学英语教学新模式具有重要意义。

　　近年来,随着教学研究的发展,大学英语教学模式不断变革:多媒体教学模式、分级教学模式、人才培养教学模式、特定人群教学模式、合作办学教学模式以及创新性教学模式等等,各种教学模式都有其优缺点,教学实践的效果各不相同。起源于美国的翻转课堂教学逐渐受到关注,相关理论与实践研究成果不断涌现,我国大学英语教学界也出现了相应的教学实践和可行性研究。翻转课堂调整课堂内外的时间,将学习的决定权从教师转移给学生。目前翻转课堂尚无固定模式,主要借助于新兴信息媒介,核心内容是以学习者为中心,强调依靠翻转教学模式加强学习者知识内化,获得知识,掌握知识。翻转课堂在"互联网＋"时代,依靠网络信息媒体技术的支持,以信息技术为支撑,对知识输入与内化,提高学生技能。学生课下依靠网络提供的载体自主学习,完成知识的输入,而原本承担知识输入任务的课堂转为以学生活动为主、教师讲解为辅,从而达到巩固知识技能提高的教学目的。

一、文献综述

翻转课堂的研究始于美国,1991 年哈佛大学教授 Eric Mazur 提出:先将一些信息转移到课外,课内则进行知识的内化。Lage(2000),Platt(2000)分别发表文章对翻转课堂的概念进行阐述。Baker(2000)建构出"翻转课堂模型"。翻转课堂获得全球的广泛关注始于 2011 年 Salman Khan 的报告"用视频重新创造教育"。在教学实践方面,2007 年,美国高中课堂中尝试"翻转课堂"式教学,之后美国翻转课堂的实践在多所中小学展开。中国的网易公开课可以获取 TED(Technology Entertainment Design)教育频道、耶鲁大学、斯坦福大学、牛津大学、麻省理工学院、巴黎高等商学院等世界名校以及可汗学院等的公开课视频。美国国家科学教师协会 2012 年报告显示,很多学校已经开始实践翻转课堂。Hunt(2013)依据建构主义学习理论、自主学习理论,提出翻转课堂有助于提高学生的学习动机,能得到相比于从前更好的学习结果。

2012 年,中国知网检索到"翻转课堂"4 篇论文,2017 年可检索到 9 194 篇,其中就关键词"翻转课堂"和"大学英语"检索出 383 篇论文。大多数论文发表于 2014 年以后,在一定程度上反映出国内学者对翻转课堂的关注度。在理论方面,国内对翻转课堂研究在近 4 年内呈现井喷式的发展态势,研究焦点涉及翻转课堂发展脉络及教学实践策略分析(容梅,2015;何克抗,2014;朱宏洁,2014;杨玉芹,2014),本土化研究(杨晓宏,2014;赵兴龙,2013),教学模式构建及应用研究(潘炳超,2015;曾明星,2015;胡杰辉,2015;吴忠良,2014;董黎明,2014;钟晓流,2013;刘震,2013;张金磊,2012),中西翻转课堂案例对比分析研究(祝智庭,2015;杨斌,2015;赵蔚,2013),教学评价研究(李晓文,2015;李馨,2015;邢磊,2015;马秀麟,2013)等方面。在实践方面,国内开展翻转课堂教学实验比较突出的中学有山西运城新绛中学、重庆聚奎中学和深圳南山实验学校;而在高校,重庆大学成为尝试翻转课堂教学的先行者。网易公开课中的中国大学 MOOC 可以获取全国 146 所高校不同学科的教学视频。在大学英语翻转课堂实践研究方面,涉及适用性的研究:探讨中西文化背景的学习者以及教育者因自身文化差异对翻转课堂教学效果造成影响(卢钰,2015);从学习者满意度来看翻转课堂在大学英语教学中的应用(王素梅,2014;翟雪松,2014);从大学英语教学之困境和翻转课堂的优势来阐述可行性研究(崔艳辉,2014);从本土化视角探讨大学英语翻转课堂(娄伟红,2017);涉及模式构建研究:在翻转课堂语境下大学英语分级教学模式的构建(李艳平,2015);大学英语 SPOC 翻转课堂是一种有效学习模式建构(王娜等,2016);从探究社团体系的认知临场、社会临场和教学临场三要素视角,论述了基于探究社团体系的大学英语翻转课堂模式构建(沈瑛,2015)。涉及教学平台建设(胡杰辉,2015;陈坚林,2015;范文翔,2015;王欣,2014;卢海燕,2014)。综上所述,国内外翻转课堂和大学英语教学现状相结合的研究较多,而如何构建行之有效的大学英语翻转课堂教学模式是教学研究的重点。

二、学生需求分析

学生是学习的主体,在教学中处于中心地位。翻转课堂的教学环节的完成都以学生为中心,突出学生自主完成知识的传递与内化。因此翻转课堂教学设计也要以分析学生为基础,学生英语基础水平、性格特点、知识接受程度、英语学习需求、学习策略、学习态度、自主学习能力、可利用的网络环境等因素都需要教师进行全面的分析。同时有研究发现,翻转课堂中学生的焦虑情绪显著高于传统课堂(高照、李京南,2016)。翻转课堂中学生的自主学习能力受到挑战,亟须改变传统英语学习中过于依赖老师、习惯被动机械记忆、学习动机不强的问题。一旦学生没有提前预习课本知识,翻转课堂就很难进行,课堂上教师设计的讨论和研究就意义不大,严重影响教学效果。因此,教师的鼓励、设计学生喜闻乐见的教学活动,激发学生兴趣,扭转学生学习观念和态度是翻转课堂顺利实施的基础保障。

三、教学模式构建

第一,教学资源。翻转课堂应建立在现代化发达的多媒体信息技术网络的基础之上,参照目前国内外对翻转课堂的设计研究来看,教师为学生提供本堂课所需要的学习资源,学生自主研究及发现难以理解的内容等都以网络为基础。学习资源以微视频、MOOC 以及 SPOC 为主,卢海燕(2014)进行了基于微课的翻转课堂模式在大学英语教学可行性分析,指出微视频有以下优点:短小精悍、针对性强、查找方便;视频简短,能集中学生注意力;学生能够自我控制学习时长,观看视频时可以暂停、回放,便于自主学习;信息呈现清晰明确,不受教室等环境条件的限制;便于复习,有利于隔段时间后的学习巩固。2008年首次提出的慕课(Massive Open Online Course,MOOC)具有大规模和开放性两个特点,学习者不受时与空的限制,也不限制人数,课程资源开放,在网上完成学习,自主安排学习时间和进度。作为网络时代远程教育与视频课程不断进化的产物,慕课在课堂教学、学习进度、效果监测、师生即时互动与指导等环节具有独特优势。胡杰辉、伍忠杰(2014)分析了慕课的特征及大学英语与慕课相结合的理论依据,实证研究了校本大学英语慕课建设以及翻转课堂教学实践。网易公开课中的中国大学 MOOC 是国内慕课发展的代表。SPOC属于"后慕课时代"的产物,属于广义的慕课,是在学校教育中应用的一种"小型私有在线课程"。

第二,教学设计。大学英语翻转课堂教学模式主要由课外自主学习环境与课堂教学活设计两部分组成。课外自主学习环境包括:基于微课、慕课等的教学视频或其他教学材料,以检查和巩固为目的的学习资源共享平台,以答疑和讨论为主的生生和师生交流互动的社交平台。课前学生观看视频等,完成指定学习任务。课堂教学活动设计基于项目教学法或任务教学法,开展师生交互、生生交互、小组协作等活动,实现知识的内化。钟晓流等(2013)构建出太极环式的翻转课堂模式,对教学流程各个阶段的活动进行了详细阐述。

第三,教学评价。国内实证研究总结结果显示,翻转课堂教学效果评价中多引入形成性评价,采用形成性评价与终结性评价相结合的模式,对学生学习过程予以关注,对课外教学效果给予检测,提高学习效率。钟晓流等(2013)在翻转课堂进行过程中开展学生课堂展示、自评与互评相结合的综合评价。王洪林(2014)依靠网络平台对学生的语言知识技能的学习与运用等活动进行过程性评价,并且强调课堂评价与网络评价相结合的方式对学生做出评价。

翻转课堂是国内大学英语教学改革的普遍探索的重要模式,该模式能够激发学生的学习兴趣,增强学生的团队协作能力和语言表达能力,提高学生听、说、读、写、译的英语实用能力。但翻转课堂教学过程中存在学生对线上学习不适应、学习焦虑水平高、获得感差、互动消极等问题,以上问题还需要进一步展开研究。而作为外语教学和外语学习的主体,外语学习者本身的信息素养在外语教学及学习中起着至关重要的作用,也是外语信息资源整合和外语学习、外语教学提升无法回避的重要因素(王瑞雪等,2015),其信息素养水平深刻影响了基于网络的翻转课堂、慕课、微课等教学模式的教学效果。因此，开展大学生外语学习信息素养等方面探索研究具有很强的现实性和紧迫性。

小结

本章主要探讨了"互联网＋"时代大学生英语学习现状，分别以大学生英语学习动机、满意度、自主学习能力及大学英语教学模式改革为主题展开调查。第一，对大学生英语学习动机的调查以二语学习动机减退现象为切入点，探讨了二语学习动机特征、不同二语水平学习者动机减退状态以及动机减退主、客观影响因素，研究结果显示二语学习者动机减退是内部因素和外部因素共同作用的结果，内部因素比外部因素更易导致学习者的动机减退。第二，对大学生英语学习满意度及其影响因素展开问卷调查，结果显示相对于背景因素、学习行为，教师授课、课堂环境等外在影响因素和内在动机与学生的满意度关联密切。第三，对大学生英语自主学习能力进行了分组对比研究，结果发现学生自主学习目标不明确，自主学习意识不强，学习策略有待提高。第四，对我国大学英语翻转课堂教学模式的构建进行了综述。最后，本章分析了整合网络传媒技术与课堂教学的大学英语线上、线下相结合的教学新模式下学生展现出的问题，引出下面章节的研究主题。

第三章
外语学习信息素养研究的理论基础

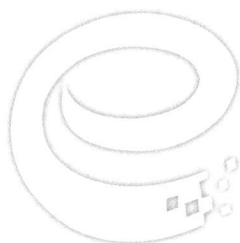

认知心理学家把学习本身定义成通过积极地与信息和经验互动来构建知识。信息领域的理论者认为信息搜寻过程反映了这种学习过程:学生们积极地通过资源来寻求建构意义,并创造出成型的产品和有效地进行意义交流。这些信息理论表明,发展存取、评价和使用信息的专门技术实际上是现代教育希望促成的真正的学习(任友群,2001)。从目前研究来看,信息加工理论、二语习得信息处理理论为人们认识外语学习活动提供了较为细致的解释,并为"互联网+"时代外语学习信息素养的研究提供了坚实的理论基础,为外语学习信息素养指标体系的构建提供了指导和支持。

第一节　信息加工理论

信息加工理论属于认知心理学范畴，认为人的认知过程就是获得知识或应用知识的过程，即信息加工的过程，外界信息输入人脑，在一定认知机制的作用下，完成编码、加工、存储、内在化，需要时被提取（Peterson et al.，1991）。20世纪50年代至60年代，随着信息科学和计算机科学的发展，心理学领域出现了"认知心理学革命"。在此之前的行为主义心理学研究依赖对"刺激—行为"模式的试探，把人脑视为"黑匣子"，认为人的行为取决于受到的外部刺激。心理学研究转向认知方向后，主要研究对象直接变为人脑中的意识、思维、存储过程，强调人的主观能动性，在哲学意义上比行为主义前进了一大步。20世纪50年代末，美国哈佛大学教授布鲁纳（J. S. Bruner）发展了认知结构学习理论，倡导发现学习（discovery learning），认为以培养探究性思维为目标的发现学习是学习知识的最佳方式。认知结构论从结构功能的角度分析学习者的认知结构与知识信息的连接方式，提出学习过程是认知结构的再加工过程，是原有新、旧知识的不断分化和组合。20世纪60年代，新的认知学习理论分为建构主义和信息加工两个阵营：建构主义理论侧重于知识结构，主张学习是学习者在原有知识结构的基础上融合新、旧知识而建构知识体系的主动的、动态的过程；信息加工理论侧重于知识进入大脑后的加工过程，即知识的输入、加工和外显过程。20世纪70年代开始，认知心理学已经发展成为心理学领域的一个主要研究方向，以信息加工观点研究认知过程成为现代认知心理学的主流，认知心理学狭义上就是信息加工心理学。它将人看作一个信息加工的系统，认为认知就是信息加工，包括感觉输入的编码、贮存和提取的全过程。按照这一观点，认知可以分解为一系列阶段，每个阶段是一个对输入的信息进行某些特定操作的单元，而反应则是这一系列阶段和操作的产物。信息加工系统的各个组成部分之间都以某种方式相互联系着（Hunt & Ellis，1999）。

在信息加工理论中，人的知识学习被比作计算机的信息处理过程，如何获得信息、使用信息是学习的关键。该理论专注于分析信息在人脑中输入、编码、存储、分析、提取、输出的一系列过程,认为人的思维是在一定控制条件下发生的心理过程,如计算机一般具有硬件和软件,因此,许多思维模式和行为现象甚至行为缺陷,都可以使用信息加工理论来解释。信息加工理论为心理学研究提供了有力的抓手,也为信息技术和人工智能研究创造了心理学层面的理论依据。信息加工理论中比较有代表性的是 Gagné 的信息加工学习理论和近年来研究颇多的信息双加工理论。

一、Gagné 的信息加工学习理论

美国心理学家 Gagné 是信息加工学习理论的创始者。Gagné 深受行为主义理论影响,认为人的学习过程是信息加工过程,是信息的接受和使用过程,即信息的输入与输出过程;学习是主体和环境相互作用的结果,是主体加工信息与自我监控的结果。他把学习过程分为两部分:加工信息流和自我控制。如图 3-1 所示,周围环境中的刺激首先被感受器发觉,如眼、耳,随后感觉登记器将进入的信息进行保存、编码,进而形成短时记忆。之后信息在不断复述的过程中被人脑再次编码,成为长时记忆。通过神经结构的长时存储,信息成为知识网络的一部分,并可以在很长时间后被提取出来。在执行控制的监控下,信息由效应器外显于外部环境(Gagné,1974)。

Gagné 的信息加工学习理论强调学生的自主学习愿望和自控能力,"期望"和"执行控制"在信息加工过程中起到举足轻重的作用,影响着信息加工的整个过程。"期望"指学生的理想学习目标,起着学习定向作用;"执行控制"是学生在学习中的自我监控,起着调节和控制作用(Gagné,1985)。哪些信息会进入学生的注意范围、哪些信息会在认知过程中被复述与提取,均受到"期望"和"执行控制"的左右。因此在学习过程中,学生不可缺少对所学内容的"期望"或学习目标,应对学习内容有所了解和憧憬,对学习内容的价值有所认同,才能把握住学习的方向。同时学生应将注意力集中于所学知识,在学习的感受、记忆、思考、提取过程中坚持自我控制,以实现学习的完整闭环。学习的典型模式是学习与记忆的信息加工模式。

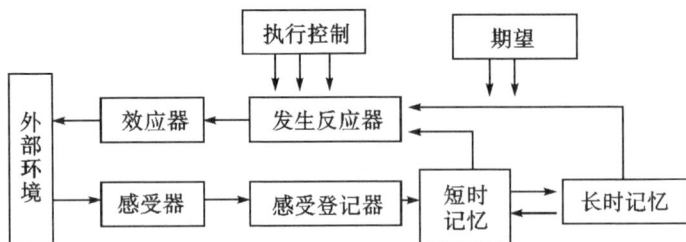

图 3-1　学习与记忆的信息加工模式①

　　除了信息加工学习过程的粗略描述，Gagné 还将学习过程细分为动机、注意和选择性知觉、获得、保持、回忆、概括和学习的迁移、作业和反馈等 8 个连续阶段。在这 8 个阶段中，学生首先确定学习目标，即学习动机，而后教师要提供适当的信息或刺激让学生注意到。学生接收信息后对信息进行处理加工，并将知识不断重述直到形成长时记忆。回忆阶段是学生回想、检索知识的阶段，并且在下一步的概括阶段进行信息的总结概括，灵活地将知识运用到其他场景中，实现知识迁移。在作业阶段，学生利用所学知识完成作业或任务，并在反馈阶段中通过对任务的反思获得新的理解。Gagné 的信息加工学习阶段有利于教师了解学生的学习情况，针对每一个学习阶段在教学中采用适当的教学策略，体现了以学生为中心的教学理念。

二、信息双加工理论

　　Gagné 的信息加工学习理论关注学习中信息处理的心理过程，而信息双加工理论(Dual Process Theory)侧重于区分人脑处理不同信息时花费的认知资源(cognitive effort)。信息双加工理论是一类信息加工理论的总称，这些理论都认为人们在信息加工时具有一定惰性，会采取相对省力的方法处理某些信息，而另一些信息需要深层加工。黄鹂强等(2021)统计了双加工理论的研究方向，包括启发式—系统式、周围路线—核心路线、关联接入—态度构建、归类处理—单个处理、关联推理—基于规则的推理、经验型—理性型、启发型—分析型、冲动处理—深思熟虑处理、隐式处理—显式处理等。在诸多双加工理论中，Kahneman 等(2003)认为有两个信息处理阶段，一种是对信息的快速、

---

　　① Gagné R M. *The conditions of learning and theory of instruction* (4th ed.)[M]. New York：Holt，Rinehart and Winston，1985.

无意识、直觉式的整合，另一种是对处理后的信息的判断。直觉式系统是对信息的模糊处理，会受到情绪、习惯等因素的影响。信息判断是大脑有意识地对信息进行的分析和整理，最后做出决策。在决策与判断过程中，这两种处理方式同时存在。这是 Kahneman 等人对双处理系统在决策与判断领域所得到的研究结果。同样，在学习过程中学习者需要吸收大量信息，对这些信息进行整理、归纳，并对信息进行分析判断。尽管信息双加工理论中的决策判断理论是以经济行为研究对象，它同样可以为学习过程中的信息处理提供参照。

信息加工理论对第二语言习得研究和外语教学的发展产生了深远影响。Cook(2000)提出语言习得是研究大脑获取、存储知识的过程，并不是与众不同的知识体系，也可以从认知框架角度去研究。信息加工观点认为学习是大脑内信息流的处理过程，而语言习得也需要人脑采用一定方法处理信息并将结果外显。信息加工论的"输入—中央处理—输出"的信息处理模式更是为二语习得的认知过程提供了理论框架。语言学家普遍认为，输入即学习者对语言材料的接触是第二语言习得认知过程的起点。输入的语言信息引起学习者大脑的注意，再由学习者对注意到的语言输入进行理解，可理解的语言输入是语言习得的必要条件。接下来大脑采用一定的学习策略对注意到的输入材料加以处理，以使学习者理解其意义并掌握第二语言系统，并通过工作记忆和长期记忆的复杂互动产生中介语，最后形成第二语言的表达，也就是输出(吴潜龙，2000)。

第二节　第二语言习得理论

第二语言习得是指人们在课堂内外学习与母语相异的第二种语言的过程（Ellis，1999）。第二语言习得的研究目标是第二语言学习中内部、外部的交互作用和人的内部思维系统的变化。第二语言的习得是从事第二语言教育的学者们最早关注的研究范畴。很多早期的研究关注学习者语言，特别是语法特征，研究第二语言学习者如何发展他们的语法能力。另有学者研究学习者如何发展他们从事言语活动的能力，试图发现或解释第二语言获得和使用的内在心理过程以及社会影响因素（周元元，2010）。

一、第二语言习得理论的发展

自 20 世纪 60 年代末，第二语言习得研究发展壮大，逐渐形成独立研究学科（Ellis，1999）。*The Significance of Learners Errors*（Corder，1967）和 *Interlanguage*（Selinker，1972）两篇文章的发表为第二语言习得研究之滥觞。这两篇论文促进了外语教学以教为中心向以学为中心的转变，成为第二语言习得研究的基础。自此，第二语言习得研究对象从外语教学问题和语言对比分析扩展到第二语言习得整个过程，探索二语学习者自身的特征与习得过程，并联系外部环境对第二语言习得的影响因素进行分析，联合心理学、社会学、计算机科学、人类学、哲学等展开跨学科研究。第二语言习得研究在其发展过程中研究内容不断充实，研究层次不断深入，研究广度不断拓展（Larsen-Freeman，1991）。20 世纪 70 年代到 80 年代，第二语言习得的研究重点转向以认知心理学和生成语法为基础进行的实际言语分析（performance analysis），更多关注学习者的语言偏误，而不是学习者的母语和目的语，研究倾向于对整个语言系统进行研究。20 世纪 80 年代，第二语言习得研究逐渐走向成熟，在这个时期，基于认知加工理论框架的第二语言习得研究逐渐走向主流，主要包括信息加工取向（information-processing approach）和联结主义取向(connectionist approach)(马志强,2005)。信息加工理论认为,语言知识不需要区别于其他知识,在一般认知框架中研究即可。语言学家们在这一框架基础之上提出了不同的第二语言习得模式,比较典型的是语言输入和输出假说、MacLaughlin 的信息处理模型和 Bialystok 的二语学习模型。

二、语言输入和输出假说

20 世纪 80 年代以后,对输入语(input)的研究蓬勃兴起。在语言学习中,输入是学习者接触到的语言数据。对于输入的问题,通常有三种观点:行为主义、心理主义和互动主义,每一种观点在解释第二语言习得时都有不同的侧重点。行为主义认为语言学习是由环境决定的,受外界刺激的控制。相反,心理主义强调学习者心智机制的重要性。他们认为,学习者的大脑特别适合学习语言,他们所需要的只是尽可能少地接触输入,从而触发习得。互动理论承认输入和语言内部加工的重要性,强调语言环境和学习者的内在机制在互动活动中的共同作用。美国语言学家 Krashen(1985)提出监察理论(Monitor Theory),包含习得与学习假说(Acquisition-learning Hypothesis)、自然顺序假说(Natural Order Hypothesis)、监控假说(Monitor Hypothesis)、输入假说(Input Hypothesis)和情感过滤假说(Affective Filter Hypothesis)等。监察理论影响深远,被广泛应用于指导二语学习。Krashen 认为第二语言习得依赖足量可理解的输入,输入是第二语言学习的核心。在输入假说中,习得语言的第一个必要条件是充足的可理解语言输入(comprehensive input),第二个是学习者本身的内在语言习得机制(language acquisition faculty)。第二语言学习者需要接收大量与自身水平相符的或者略高于自身水平的语言输入,通过大脑中的百科知识连接或语境中的信息提示,理解语言的意义,掌握语法结构。语言输入可以来自外语教师或本族语者,只要是充足、真实且能被学习者理解的,学习者就能自然习得(Krashen,1985)。在课堂上,教师的主要作用是通过提供听力和阅读材料来确保学习者接受可理解的输入。与输入相比,语言输出起的作用不大,语言输出是第二语言习得后自然的结果,不是语言习得的前提条件,在语言学习者不具备输出的能力时强迫输出会适得其反。Krashen 强调语言输入的重要性。

然而,后来的大量研究对他的假设提出了挑战。大量的证据表明,虽然可理解输入是必要的,但仅靠可理解输入是不够的(Swain,1985)。他们认为理解的过程不同于生产的过程,理解句子表达意义的能力与使用语言系统表达意义的能力不同。当输入被协商,学习者在互动中产生输出时,他们有选择地"吸收"可理解的输入,并选择正确的语言形式来表达自己。这个过程使学习者有可能内化他们所学到的和经历到的东西。加拿大 Merrill Swain 教授在1985 年提出了语言的输出假说(Output Hypothesis)。她承认语言输入在第二语言习得中的作用,同时提出可理解的语言输出对语言习得的重要性。Swain(1985)指出,仅靠"可理解的输入"不足以全面支撑二语学习过程,如果学习者想让自己的二语既流利又准确,不仅需要"可理解的输入",更需要"可理解的输出"。"可理解输出"可以包含语法或结构错误,但是意义应当完整、连贯。只有当学习者"被迫"产生可理解输出时,才能检验所学词汇和语法的得体性,促进语言能力的发展。1995 年 Swain 等归纳了可理解输出的三种功能:注意/触发功能(noticing/triggering function)、检验假设功能(hypothesis testing function)、元语言反思功能(metalinguistic reflective function)。因此,输出在语法和词法的发展中具有潜在的重要作用。Krashen 的输入假设(Krashen,1985)将输入视为二语习得的决定性条件,忽略了输出的作用;Swain 的输出假设(Swain,1995)在认可输入作用的前提下,强调了语言输出的重要性(文秋芳,2015)。然而,输入、内化、输出作为第二语言习得的基本过程是被广泛接受的。

三、Bialystok 的二语学习策略模型

Bialystok(1978)提出的二语学习策略模型从认知的角度描述第二语言学习的一般过程,并且通过模型预测学习成果,称为分析/控制模型。他将二语学习分为三个层面:输入层、知识层、输出层,第一层面主要是学习者通过接触语言(听到或读到语言)实现语言输入;第二层面主要是学习者通过推理与练习来实现知识的获得,体现了语言知识的内化过程;第三层面主要是学习者以说和写的方式进行交流,实现语言的输出,输出的过程受监控策略的影响(Bialystok,1978)。Bialystok 的第二语言习得策略模型包含语言输入、语言输出、知识和学习策略等方面,他进而对其开展了详细论述。输入层意为学习者接触目标语的语境,可以是课堂,也可以是课外书本、交际体验,而在信息时代

的输入语境中,线上资源占有很大比重。输入过程将输入层和知识层联系起来,输入过程直接决定了知识层和输出层的质量。练习、推理与监控用以提高学习者语言知识内化过程的广度和深度。输出层即指语言学习者通过对知识的输出和内化之后,对目标语的理解与表达是语言推理和使用的结果(郭丹宜等,2020)。学习者通过自我监控,用已习得的语言知识检验、修改或纠正语言输出,将显性语言知识带入学习任务(戴建东、史慧,2010)。本研究选择应用较广、影响较大、操作简易的 Bialystok 二语学习理论模型为分析框架,借鉴模型中输入层、知识层、输出层三个层面分析二语学习的一般方式和过程。

四、Gass 的二语习得五阶段的"整合互动假说"

Gass(1988)继承了前人的"输入—输出"模型研究,并赋予更加细致深刻的内涵,提出了包含语言信息输入到输出 5 个阶段的"整合互动假说",从认知的角度勾勒了二语习得的整个过程,5 个阶段包括被感知的输入、被理解的输入、吸收、整合和输出。Gass 在 1998 年和 2008 年的研究中对模型进行了阐述和补充,将理论框架补充得更细致,并且在实证研究中验证其可操作性。Gass(1998)详细说明了第二语言习得互动模式的 5 个阶段。在第一个被感知的输入阶段,学习者受到输入的频率、原有的知识、情感因素和注意等因素的影响,为下一阶段做准备。第二个阶段,学习者与本族语者进行意义协商(negotiation),同时在原有知识结构的配合下,被感知的输入变成被理解的语言输入。第三个阶段为吸收阶段。吸收指的是协调语言输入和语法知识的一种心理活动,这与语言的感知和理解有很大差异,对语言的感知和理解不一定导致学习者形成语法结构的知识(文秋芳等,2010)。学习者对语言信息进行内化、概括、分析,形成记忆。第四个阶段为整合阶段,整合后的语言输入形成学习者的隐性知识,语言信息在大脑中形成内部语法或被存储。第五个阶段是语言的输出阶段,可理解输出对语言信息的输入及吸收有促进作用,是语言学习的组成部分。

五、McLaughlin 的语言信息处理模型

McLaughlin 提出的信息处理模型(McLaughlin,1978;McLaughlin,1990)与信息双加工理论具有极强的相似性,都关注人脑处理信息时能够调动的认

知资源量。McLaughlin 语言信息处理模型将语言信息处理过程分为自动加工（automatic process）和控制性加工（controlled process）（McLaughlin, 1983）。控制加工需要学习者运用大量的注意资源来选择信息，这是一个有目的的学习阶段，受学习者意识的控制；自动加工是不需要有意识注意加工信息的快速加工阶段，没有一定的容量限制，不费力，不会轻易改变，经过反复的控制过程或练习，知识的控制加工逐渐变为自动加工并存储在长时记忆中。McLaughlin 语言信息处理模型的另一方面是注意机制研究。他认为人的信息加工能力具有局限性，不是所有的语言输入都能被学习者转化为知识。另外，注意机制（attention mechanism）在信息的呈现、存储和加工阶段具有极大影响。在认知心理学中，注意被看作心理努力的集中和聚集，是一种有选择性的集中（Best, 2000），只有被注意到的信息才能成为知识。1990 年，McLaughlin 提出语言学习中的重构（restructuring）。重构的过程就是在控制加工与自动加工转变过程中，中介语不断更新变化的过程。语言习得的过程是从控制加工到自动加工的改变的过程，在此过程中，中介语资源变得越发丰富，语言习得能力得以不断提升（McLaughlin, 1990）。McLaughlin 的信息加工模式强调了语言学习的信息获取、信息加工、重新建构的过程以及注意机制的作用。

以上理论为拓宽外语学习信息素养研究视野提供了有益借鉴。信息加工理论对"互联网＋"时代外语学习信息素养的研究起到支撑作用，"互联网＋"时代外语学习过程同样是在输入和输出之间发生，学习者从外界获取信息、获取知识、归纳总结存储、提取交流沟通。学习既是一个动态的过程，又是一个能动的过程。一方面，学习者从多媒体学习环境中获取信息，通过各种信息加工的方式来建构自身内部的知识结构；另一方面，学习者在获得新的知识后，能动地反作用于学习环境，并根据学习环境的反馈进一步深化认知。

第三节　外语学习信息素养拓展模型

　　Gagné 的信息加工学习理论阐释了学习过程是信息加工过程，是信息的接受和使用过程，即信息的输入与输出过程，指出了学习过程与信息加工过程的一致性，为"互联网＋"时代外语学习信息素养研究奠定了坚实的理论基础。语言输入和输出假说提出了第二语言学习研究的根本问题，Bialystok 的二语学习模型反映了外语学习者学习的动态过程，将二语学习分为输入层、知识层、输出层。本研究以此作为构建一级指标的基础，同时依据 Gagné 的预期和执行控制认知理论，将学习准备及自我管理加入指标体系，体现了学习过程的完整性。信息双加工理论和 McLaughlin 的语言信息处理模型区分了占有不同认知资源的语言处理阶段，为本研究指标体系框架的细则内涵提供了参考。因此，大学生外语学习信息素养指标体系以准备、输入、内化、输出、管理为支架，凸显英语学习过程特征。信息素养研究不能把信息获取的过程与具体的学科知识完全割裂，仅把信息获取作为一种工具，无视把信息合成为知识的最终目标是不合适的（Grafstein，2002）。因此本框架以通用层次的信息素养要素为基础，以英语学习方式和过程为特征，将二者有机融合，让其相辅相成，还原了学习的本质，拓展了信息素养的外延，支撑了外语学习信息素养体系的构建。

　　许多关于信息素养能力标准的文献和评估工具本身都建立在 ACRL 发表的一系列文件中（Erlinger，2018），所以本框架二级指标基于《高等教育信息素养能力标准》（ACRL，2000）及《框架》（ACRL，2015），同时参考《北京地区高校信息素质能力指标体系》（2005）等国内外信息素养框架指标，完整保留了信息素养指标要素——信息意识、信息知识、信息获取、信息评价、加工重构、交流利用、自我监控、信息伦理。

　　①在准备阶段，信息意识和信息知识是英语学习信息能力的基础，学习者掌握信息技术的基本知识和技能，熟悉有关英语学习的主要信息源和工具，认识到英语信息在学习、生活方面的重要作用，激发动机，尽可能多地利用，以保

障语言接触的量与语言输入的频率。②在输入阶段,学习者学习的动态过程中最需要被优化的就是输入层(戴建东、史慧,2010),依据 Krashen(1985)的语言输入假说(Input Hypothesis),足够的可理解性听力输入和阅读输入两种方式是学习者获得语言习得成功必不可少的条件和途径。在"互联网＋"时代海量信息环境中,学习者应该首先确定所需英语信息的性质和范围,选择最合适的方法和途径获取英语信息,组织与实施有效的检索策略,分析比较来自多个英语信息源的信息,评价其可信性、有效性、准确性、权威性、时效性,完成信息获取与评价,而整个过程的完成实现了听力、阅读的有效语言输入,通过获取语言材料和相关知识为后续加工、吸纳、重构建立连接。③在内化阶段,学习者对新旧英语信息和知识进行归纳、整合、理解、吸收、加工、重构,生成可输出的有效新信息。依据 Swain(1985)的可理解性输出假说(Comprehensible Output Hypothesis),除了"可理解性输入",学习者必须要进行"可理解性输出",通过使用目标语言,激发认知,推进语言知识的内化。④输出既是语言习得的动力,又是语言习得的目标(文秋芳,2014)。因此,交流利用能力是英语学习者信息素养的一个重要方面,学习者用英语表达思想,进行口语、写作方面的交流互动,而线上学习的多模态化和泛在化促使学习者通过多种媒介平台扩大输出的渠道,或在输出过程中与他人分享信息,协作学习,利用获取的英语信息共同完成具体项目任务,学有所用。⑤具有信息素养的人有自主学习能力(ACRL,2010)。海量资源、学习时空延展使英语学习发生在虚拟开放的学习情境中,自主性成为线上英语学习的突出特点,学习者只有实施有效的认知策略、意志、情绪等方面的自我监控,才能完成既定学习任务。因此,自我管理能力成为外语学习信息素养的一个衡量指标。本研究认为,只有基于英语学科特性,将二语学习认知理论与信息素养相结合并置于"互联网＋"学习情境下,才能较全面地考察大学生英语学习信息素养。

　　"互联网＋"外语学习信息素养模型是对 Bialystok 的二语学习模型的扩展,保留了原模型中的核心构想,即输入、内化、输出三个结构变量,结合 Gagné 的学习信息加工模型,体现"互联网＋"时代外语学习信息素养的特征,增加了准备与管理两个结构变量,并赋予了新的内涵。"互联网＋"外语学习信息素养模型(见图 3-2)由准备、输入、内化、输出、管理等维度构成,作为一级指标;10 个二级指标对标所属维度,20 个三级指标为二级指标的细化。

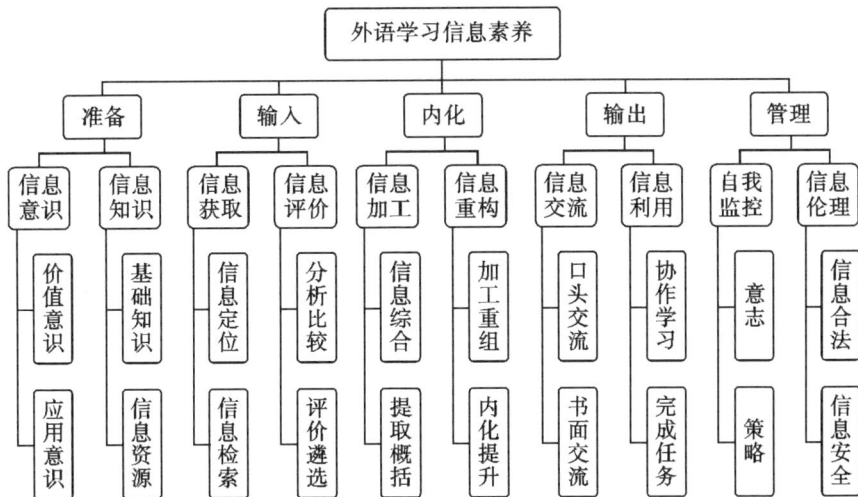

图 3-2　外语学习信息素养拓展模型路径图

小结

本章探讨了"互联网＋"时代外语学习信息素养研究的理论基础,回顾了与外语信息素养框架构建相关的信息加工理论和第二语言习得信息处理假说。信息加工理论阐释了学习过程是信息加工过程,是信息的接受和使用过程,即信息的输入与输出过程,指出了学习过程与信息加工过程的一致性。信息加工理论为第二语言习得信息处理假说提供了依据。当认知语言学兴起后,关注第二语言习得的语言学家 Krashen、Swain、Bialystok、McLaughlin 和 Gass 在 20 世纪 70 年代至 21 世纪初创建了有关语言输入、加工、存储、输出等的第二语言习得假说。依据以上信息加工理论和第二语言习得假说,本研究创建了"互联网＋"时代外语学习信息素养模型。

第四章
外语学习信息素养指标体系框架

本研究以通用层次的信息素养要素为基础,以外语学习方式和过程为特征,构建了"互联网＋"时代外语学习信息素养指标体系草案。本章采用德尔菲法,经过三轮专家咨询,确立了一、二、三级指标内容和结构,确定了指标的权重系数,检验了咨询专家积极性、权威性、协调性,形成了一套较为全面的"互联网＋"时代外语学习信息素养指标体系。

第一节　指标体系构建方法

一、确定研究方法

为了保证评价结果的正确性与客观性，必须验证评价指标体系的科学性、合理性以及所涵盖的每项指标的准确性、可行性，以获得准确的评价信息，因此对指标体系进行完善是必要的研究阶段。本次研究采取专家咨询法来达成以上目标，同时进一步筛选指标、确定指标的权重。专家咨询法又称德尔菲法，应用于社会评价、技术预测等多个领域，尤其在评价指标体系的确定以及具体指标的完善等方面应用广泛（关勋强等，2000；韩正彪等，2015；高旭东，2017）。德尔菲法基本步骤为：先在文献研究、专家咨询的基础上完成指标体系初稿；然后设计专家咨询表，拟定专家条件，确立专家组，通过匿名发送咨询表的方式获取专家的评价以及修改意见，汇总分析后，结合实际情况，对指标体系进行修改，形成新一轮函询表，再次发送给各位专家评价修改；在专家就新一轮函询表提出论证意见后，再次汇总分析，可以进行 2～3 个轮次（曾光，1996），意见逐步趋于一致，从而筛选和确立评价指标体系，形成比较准确可靠的方案结果。Brown B. 指出，选择专家是德尔菲法预测成败的关键（Brown，1969），依据专家选择标准，专家应为从事相关领域的具有研究经历的专业人员，而且不能仅限于一个研究领域，人数一般为 15～50 人较为合适（孙振球、徐勇勇，2002）。

二、确立专家组

研究方法确定后，接着遴选专家。根据研究目的和德尔菲法的特点，结合实际需要，本研究选择的专家来自英语、图书馆/信息、高教管理等领域，具有专业代表性，而且学术造诣深、知识面宽，熟悉本课题，具有权威性。本研究共邀请 31 位专家进行 3 轮专家咨询，确定专家的入选标准：副高及以上技术职称以上，大学本科及以上学历，高校工作经历 10 年以上；对本研究有较高的积极性，愿意支持本研究，愿意回答专家咨询问卷；能保证在课题研究的时间内持续参加本研究的三轮函询。最终有 30 名专家完成 3 轮函询,专家年龄均 40 岁以上,副高职称为 16 名(53%),正高职称 14 名(47%);硕士及以上学位为 28 名(93.3%);英语教学专家 14 名(46.7%),图书馆/信息专家 11 名(36.7%),高教管理专家 5 名(16.7%);专家工作年限 11~20 年者 4 名(13.3%),21~30 年者 16 名(53.3%),30 年以上者 10 名(33.3%)。

本研究采用亲自发放和网络问卷的方式向专家发放和回收咨询表,咨询前向专家介绍本研究的基本情况、研究目的和问卷填写方法,以专家的意见呈现较好的集中趋势为停止函询标准。问卷的修改原则:总认可率("很重要"与"比较重要"构成比的总和)>70%,均值大于 4.2,赋值变异系数的界值 15%。对有 2 名及以上专家提出的同一意见的指标,结合指标内容和专家意见,经研究小组讨论后,进行删除、增加或修改。

三、设计专家函询表

在分析以往信息素养指标结构研究成果的基础上,遵循以上指标的设计原则,结合我国高校英语教育工作的实际情况,设计专家函询表。评价指标的选择在文献回顾、专家访谈、参考相关标准问卷和前期研究工作的基础上,自行设计咨询问卷。为了保障问卷质量,首先邀请 3 位专家对问卷的内容、结构、表述等方面给出修改意见,对专家提出的问题给予修改和完善,初步形成了大学生外语信息素养评价指标的第一轮专家函询表。函询表包括研究背景介绍、指标判断及修改意见、专家基本情况三部分。第一部分向专家介绍了本课题的研究背景,说明了研究目的、方法和内容;第二部分为问卷正文;第三部分为专家的基本信息、专家对该问题的熟悉程度和专家进行判断的依据。

四、筛选指标

本研究进行三轮德尔菲法专家咨询,主要采用界值法筛选评价指标,根据每项指标的重要性得分计算专家总认可率、均数、标准差和变异系数。专家总认可率、均数的界值计算方法:"界值=均数-标准差",得分高于界值的入选;变异系数界值计算方法:"界值=均数+标准差",得分低于界值的入选。指标的筛选标准分别为:总认可率>70%,均数>4.2,变异系数<15%,此外,指标筛选充分考虑了专家提出的修改意见(贾彦彦,2008)。

第二节　第一轮专家咨询

一、咨询方法

第一轮咨询表的设计是将指标系统各层指标的有效性、敏感性、可操作性归为重要程度，划分为很不重要(1分)、不重要(2分)、一般重要(3分)、比较重要(4分)、很重要(5分)，请专家选择认为合适的选项。请专家判定各指标的效性、敏感性、可操作性，以了解专家对评价指标系统组成的建议。咨询表(见附录1)以亲自发放或问卷星网络答题的方式发送于函询专家，专家判断每项指标的重要等级，如果认为指标需要修改、删除或增加，则给予修改意见。

二、专家咨询结果

(一)第一轮一级指标咨询结果及专家意见集中程度分析

表 4-1　第一轮一级指标咨询结果及专家意见集中程度分析

指标名称	人数及比例(%)					总认可率[①] (%)
	很不重要	不重要	一般重要	比较重要	很重要	
英语信息意识	0	0	3(10.0)	7(23.3)	20(66.7)	90
英语信息知识	0	0	4(13.3)	12(40.0)	14(46.7)	86.7
英语信息能力	0	0	0	9(30.0)	21(70.0)	100
英语信息道德	0	1(3.3)	3(10.0)	13(43.3)	13(43.3)	86.6

---

① 总认可率是指认为"很重要"与"比较重要"构成比的总和。

表 4-2　第一轮一级指标咨询赋值结果

指标名称	第一轮			变异系数(CV)
	样本量	均数	标准差	
英语信息意识	30	4.567	0.679	14.87％
英语信息知识	30	4.333	0.711	16.41％
英语信息能力	30	4.700	0.466	9.92％
英语信息道德	30	4.267	0.785	18.40％

　　第一轮专家咨询发放问卷 31 份,回收 30 份,有效回收率 97％。由表 4-1、表 4-2 可知,专家对英语信息意识总认可率为 90％,指标均数为 4.567,赋值变异系数为 14.87;专家对英语信息知识总认可率为 86.7％,指标均数为 4.333,赋值变异系数为 16.41;专家对英语信息能力总认可率为 100％,指标均数为 4.700,赋值变异系数为 9.92;专家对英语信息道德总认可率为 86.6％,指标均数为 4.267,赋值变异系数为 18.40。赋值变异系数的界值为 15％,变异系数表示专家意见的离散程度,系数越高意味着专家意见一致性越差,英语信息知识与英语信息道德应作相应修改。有 7 名专家提出一级指标未能体现出英语学习的特征,建议重新修改一级指标,以英语学习为基础构建一级指标,在二级指标中体现出英语学习的信息素养;有 5 名专家提出"英语信息能力"应细化;1 名专家提出"信息道德"改为"信息伦理"。

　　综合考虑统计分析结果与专家意见,在进一步文献分析、专家咨询、小组讨论的基础上,遵循 Bialystok 的二语学习模型以及 Gagné 的预期和执行控制认知理论,第二轮咨询将一级指标修改为基于英语学习特征的 5 项指标,即准备、输入、内化、输出、管理(尹晓琴等,2021)。原一级指标英语信息意识、英语信息知识、英语信息能力、英语信息道德在二级指标中予以细化、得以体现。

(二)第一轮二级指标咨询结果及专家意见集中程度分析

表4-3 第一轮二级指标咨询结果

指标名称	人数及比例(%)					总认可率
	很不重要	不重要	一般重要	比较重要	很重要	(%)
Ⅰ-1 价值意识	0	0	2(6.7)	16(53.3)	12(40.0)	93.3
Ⅰ-2 应用意识	0	0	2(6.7)	16(53.3)	12(40.0)	93.3
Ⅱ-1 资源知识	0	0	2(6.7)	16(53.3)	12(40.0)	93.3
Ⅱ-2 工具知识	0	0	5(6.7)	15(50)	10(33.3)	83.3
Ⅲ-1 信息定位	0	1(3.3)	4(13.3)	8(26.7)	17(56.7)	83.4
Ⅲ-2 信息获取	0	0	2(6.7)	14(46.7)	14(46.7)	93.4
Ⅲ-3 信息评价	0	0	2(6.7)	14(46.7)	14(46.7)	93.4
Ⅲ-4 信息加工	0	1(3.3)	2(6.7)	15(50.0)	12(40.0)	90.0
Ⅲ-5 信息重构	0	0	4(13.3)	15(50.0)	11(36.7)	86.7
Ⅲ-6 交流利用	0	0	1(3.3)	15(50.0)	14(46.7)	96.7
Ⅲ-7 信息协作	0	2(6.7)	4(13.3)	16(53.3)	8(26.7)	80.0
Ⅲ-8 自我监控	0	0	2(6.7)	11(36.7)	17(56.7)	93.4
Ⅳ-1 信息合法性	0	0	0	11(36.7)	19(63.3)	100.0
Ⅳ-2 信息规范性	0	1(3.3)	2(6.7)	14(46.7)	13(43.3)	90.0

表4-4 第一轮二级指标赋值的均数、标准差、变异系数

指标名称	第一轮		
	均值	标准差	变异系数(CV)
Ⅰ-1 价值意识	4.333	0.606	14.00%
Ⅰ-2 应用意识	4.467	0.629	14.08%
Ⅱ-1 资源知识	4.333	0.606	14.00%
Ⅱ-2 工具知识	4.167	0.699	16.77%
Ⅲ-1 信息定位	4.367	0.850	19.47%
Ⅲ-2 信息获取	4.400	0.621	14.12%
Ⅲ-3 信息评价	4.400	0.621	14.12%

（续表）

指标名称	第一轮		
	均值	标准差	变异系数(CV)
Ⅲ-4 信息加工	4.267	0.740	17.34%
Ⅲ-5 信息重构	4.233	0.679	16.04%
Ⅲ-6 交流利用	4.433	0.568	12.82%
Ⅲ-7 信息协作	4.000	0.830	20.76%
Ⅲ-8 自我监控	4.500	0.630	13.99%
Ⅳ-1 信息合法性	4.633	0.490	10.58%
Ⅳ-2 信息规范性	4.300	0.750	17.44%

由表4-3、表4-4可知，在二级指标专家咨询结果中，指标"工具知识"的专家总认可率为83.3（偏低），赋值均数为4.167（偏低），变异系数为16.77%（大于15%）；指标"信息定位"的专家总认可率为83.4（偏低），虽然赋值均数为4.367，但是变异系数为19.47%（大于15%）；指标"信息协作"的专家总认可率为80.0（偏低），赋值均数为4.0（偏低），变异系数为20.76%（大于15%）；指标"信息重构"和"信息规范性"的专家总认可率、赋值均数尚可，但变异系数分为16.04%、17.44%（大于15%）。

专家意见如下：①有3名专家提出"资源知识"与"工具知识"有重叠之处，二者区分不明显；②有2名专家提出"信息定位"与"信息获取"联系紧密，不需要分得太细致，如果进一步简化，"信息定位"可以并入"信息获取"；③有4名专家对"信息协作"提出修改意见，分别为：改为"应用协作"、二级指标"信息协作"可以包含在"交流利用"里，"信息协作"是不是主要指代信息的交流及相互利用？"信息协作"与"交流利用"不好区分；④有2名专家提出"信息合法性"与"信息规范性"有重叠之处。其余指标得到专家认可，总认可率均在90%以上，赋值均数在4.333~4.633之间，变异系数均小于15%。因此，依据赋值结果与专家意见，对指标做出以下修改："信息定位"并入"信息获取"；"信息协作"改为信息交流与信息利用；合并"价值意识""应用意识"为信息意识；合并"资源知识"与"工具知识"为信息知识；合并"信息合法性""信息规范性"为信息伦理，进入第二轮咨询。

(三)第一轮三级指标咨询结果及专家意见集中程度分析

表 4-5　第一轮三级指标咨询结果

指标内涵	人数及比例(%)					总认可率(%)
	很不重要	不重要	一般重要	比较重要	很重要	
Ⅰ-1-1　认识到英语信息在学习、生活方面的重要作用	0	0	5(16.7)	15(50.0)	10(33.3)	83.3
Ⅰ-2-1　利用一切可利用的英语信息资源	0	1(3.3)	7(23.3)	16(53.3)	6(20.0)	76.6
Ⅱ-1-1　熟悉有关英语学习的主要信息源	0	0	5(16.7)	14(46.7)	11(36.7)	83.4
Ⅱ-1-2　辨认各种类型英语信息资源的价值和特点	0	1(3.3)	8(26.7)	13(43.3)	8(26.7)	70.0
Ⅱ-2-1　积极关注信息技术的发展动态,掌握英语学习必要的新技术	1(3.3)	1(3.3)	5(16.7)	13(43.3)	10(33.3)	76.7
Ⅲ-1-1　确定所需英语信息的性质和范围	0	1(3.3)	6(20.0)	12(40.0)	11(36.7)	76.7
Ⅲ-1-2　确定检索词,明确表达英语信息需求	0	0	5(16.7)	15(50.0)	10(33.3)	83.3
Ⅲ-2-1　选择最合适的方法和途径获取信息	0	2(6.7)	6(20.0)	7(23.3)	15(50.0)	73.3
Ⅲ-2-2　组织与实施有效的检索策略	0	1(3.3)	6(20.0)	9(30.0)	14(46.7)	76.7
Ⅲ-3-1　分析比较来自多个信息源的信息,评价其可信性、有效性、准确性、权威性、时效性	0	0	4(13.3)	10(33.3)	16(53.3)	86.6
Ⅲ-3-2　认识到信息中会隐含不同价值观与政治信仰	0	0	7(23.3)	11(36.7)	12(40.0)	76.7

（续表）

指标内涵	人数及比例(%)					总认可率(%)
	很不重要	不重要	一般重要	比较重要	很重要	
Ⅲ-4-1 遴选能给主题提供证据的英语信息	0	0	6(20.0)	12(40.0)	12(40.0)	80.0
Ⅲ-4-2 对新旧英语信息和知识进行归纳、整合	0	1(3.3)	6(20.0)	12(40.0)	11(36.7)	76.7
Ⅲ-4-3 能够从所搜集的英语信息中提取、概括主要观点与思想	0	1(3.3)	4(13.3)	7(23.3)	18(60.0)	83.3
Ⅲ-5-1 补充、比较、综合多种英语信息,创造新信息	0	1(3.3)	6(20.0)	11(36.7)	12(40.0)	76.6
Ⅲ-6-1 利用已有信息,用英语流畅、清晰、有逻辑地表达思想与互动	0	1(3.3)	4(13.3)	12(40.0)	13(43.3)	83.3
Ⅲ-6-2 有效地利用英语信息来完成一项具体的任务	0	0	10(33.3)	12(40.0)	8(26.7)	66.7
Ⅲ-7-1 分享信息,协作学习	0	0	8(26.7)	14(46.7)	8(26.7)	73.4
Ⅲ-8-1 自主学习:网上英语学习时实施有效的自我监控	1(3.3)	1(3.3)	8(26.7)	6(20.0)	14(46.7)	66.7
Ⅲ-8-2 拓展创新:英语学习时不断探索,自我更新,学以致用	0	1(3.3)	7(23.3)	11(36.7)	11(36.7)	73.4
Ⅳ-1-1 懂得知识产权、版权和合法使用带有版权的资料	0	0	5(16.7)	9(30.0)	16(53.3)	83.3
Ⅳ-1-2 懂得构成剽窃的成分,不把属于他人的成果吞为己有	0	0	3(10.0)	8(26.7)	19(63.3)	90.0
Ⅳ-2-1 不传播虚假、有害信息,自觉抵制违法、不健康的信息行为	0	1(3.3)	3(10.0)	8(26.7)	18(60.0)	86.7

表 4-6　第一轮三级指标赋值的均数、标准差、变异系数

指标内涵	第一轮		
	均数	标准差	变异系数(CV)
Ⅰ-1-1　认识到英语信息在学习、生活方面的重要作用	4.167	0.699	16.77%
Ⅰ-2-1　利用一切可利用的英语信息资源	3.900	0.759	19.46%
Ⅱ-1-1　熟悉有关英语学习的主要信息源	4.200	0.714	17.01%
Ⅱ-1-2　辨认各种类型英语信息资源的价值和特点	3.933	0.828	21.04%
Ⅱ-2-1　积极关注信息技术的发展动态,掌握英语学习必要的新技术	4.000	0.983	24.57%
Ⅲ-1-1　确定所需英语信息的性质和范围	4.100	0.845	20.61%
Ⅲ-1-2　确定检索词,明确表达英语信息需求	4.167	0.699	16.77%
Ⅲ-2-1　选择最合适的方法和途径获取信息	4.167	0.986	23.65%
Ⅲ-2-2　组织与实施有效的检索策略	4.200	0.887	21.11%
Ⅲ-3-1　分析比较来自多个信息源的信息,评价其可信性、有效性、准确性、权威性、时效性	4.400	0.724	16.45%
Ⅲ-3-2　认识到信息中会隐含不同价值观与政治信仰	4.167	0.791	19.00%
Ⅲ-4-1　遴选能给主题提供证据的英语信息	4.200	0.761	18.12%
Ⅲ-4-2　对新旧英语信息和知识进行归纳、整合	4.100	0.845	20.61%
Ⅲ-4-3　能够从所搜集的英语信息中提取、概括主要观点与思想	4.400	0.855	19.43%
Ⅲ-5-1　补充、比较、综合多种英语信息,创造新信息	4.133	0.860	20.82%
Ⅲ-6-1　利用已有信息,用英语流畅、清晰、有逻辑地表达思想与互动	4.233	0.817	19.30%
Ⅲ-6-2　有效地利用英语信息来完成一项具体的任务	3.933	0.785	19.96%
Ⅲ-7-1　分享信息,协作学习	4.000	0.743	18.57%
Ⅲ-8-1　自主学习:网上英语学习时实施有效的自我监控	4.033	1.098	27.23%
Ⅲ-8-2　拓展创新:英语学习时不断探索,自我更新,学以致用	4.067	0.868	21.35%

（续表）

指标内涵	第一轮		
	均数	标准差	变异系数(CV)
Ⅳ-1-1　懂得知识产权、版权和合法使用带有版权的资料	4.367	0.765	17.52%
Ⅳ-1-2　懂得构成剽窃的成分,不把属于他人的成果吞为己有	4.533	0.681	15.03%
Ⅳ-2-1　不传播虚假、有害信息,自觉抵制违法、不健康的信息行为	4.433	0.817	18.43%

　　由表 4-5、表 4-6 分析可见,在三级指标专家咨询结果中,指标的专家总认可率为 50%～90%,赋值均数为 3.900～4.533,变异系数为 15.03%～27.25%,此结果显示专家对一些指标的意见还存在差异。在第一轮的咨询中,专家对部分指标的描述提出了宝贵的意见,如"注意英语信息与英文信息的区别";对"Ⅰ-2-1 利用一切可利用的英语信息资源"提出"一切可利用太笼统","认识到尽可能多利用英语信息的需要";提出"Ⅱ-1-2 辨认各种类型英语信息资源的价值和特点"是否应并入"Ⅱ-1-1 熟悉有关英语学习的主要信息源";对"Ⅱ-2-1 积极关注信息技术的发展动态,掌握英语学习必要的新技术"提出"也可以把这两部分拆开";对"Ⅲ-3-2 认识到信息中会隐含不同价值观与政治信仰"提出"政治信仰改为信仰","Ⅲ-3-2 将会隐含改为隐含的";对"Ⅲ-5-1 补充、比较、综合多种英语信息,创造新信息"提出"创造的新信息是否有效";对"Ⅲ-6-2 有效地利用英语信息来完成一项具体的任务"提出"Ⅲ-6 改为交流运用";提出"Ⅳ-1-2 懂得构成剽窃的成分,不把属于他人的成果吞为己有"中的"吞为"改为"据为";对"Ⅳ-2-1 不传播虚假、有害信息,自觉抵制违法、不健康的信息行为"提出"可以归入合法性,增加防范网络安全";提出"三级指标简单归纳"。对认可率低、变异系数大的指标Ⅰ-2-1、Ⅱ-1-2、Ⅱ-2-1、Ⅲ-2-1、Ⅲ-2-2、Ⅲ-4-2、Ⅲ-5-1、Ⅲ-8-1、Ⅲ-8-2 进行修改完善。在充分考虑专家意见的基础上,结合统计分析的结果,对三级指标进行了修订。

第三节　第二轮专家咨询

一、咨询方法

第二轮咨询方法同第一轮,所咨询的专家仍然是第一轮专家,咨询表(见附录2)中主要列出的指标项目是第一轮专家咨询结果的汇总,要求专家根据第一轮的总体意见,再次对一级指标、二级指标各指标进行赋值并给予修改意见。

二、专家咨询结果

(一)第二轮一级指标咨询结果及专家意见集中程度分析

表 4-7　第二轮一级指标专家咨询结果

指标名称	人数及比例(%)					总认可率
	很不重要	不重要	一般重要	比较重要	很重要	(%)
准备	0	0	2(6.7)	10(33.3)	18(60)	93.3
输入	0	0	1(3.3)	6(20)	23(76.7)	96.7
内化	0	0	1(3.3)	5(16.7)	24(80)	96.7
输出	0	0	1(3.3)	7(23.3)	22(73.3)	96.7
管理	0	0	1(3.3)	5(16.7)	24(80)	96.7

表 4-8　第二轮一级指标赋值的均数、标准差、变异系数

指标内涵	第二轮		
	均数	标准差	变异系数(CV)
准备	4.533	0.629	13.87%
输入	4.733	0.521	11.00%
内化	4.767	0.504	10.57%
输出	4.700	0.535	11.38%
管理	4.767	0.504	10.57%

第二轮专家咨询发放问卷 31 份,回收 30 份,有效回收率 97%,表明专家对此项研究非常支持和关注。由表 4-7、表 4-8 可见第二轮一级指标专家调查结果,分析可知,专家对指标的表述满意,总认可率为 93.3%～96.7%,各指标赋值均数在 4.533～4.767 之间,标准差小于 0.63,专家认为这 5 项一级指标均重要,变异系数均在 15% 以内,结果显示专家对其指标存在分歧,但仍在可接受范围。进一步解读修改意见,1 名专家提出"对英语学习了解不深,对指标表述理解不透,总体概括性尚可"。经过小组讨论,课题组认为,问卷前虽然对指标相关内容做出解释,但是专家来自不同领域,各有专长,不可能面面俱到,可能专家从事图书馆信息研究工作,存在对英语教学了解不深的问题。因此,在本轮调查中,专家对指标体系的内容基本达成一致,故不再对一级指标进行调整,构成要素初步确定。

(二)第二轮二级指标咨询结果及专家意见集中程度分析

表 4-9　第二轮二级指标咨询结果

指标内涵	人数及比例(%)					总认可率
	很不重要	不重要	一般重要	比较重要	很重要	(%)
Ⅰ-1　信息意识	0	0	1(3.3)	13(43.3)	16(53.3)	96.7
Ⅰ-2　信息知识	0	0	2(6.7)	14(46.7)	14(46.7)	93.3
Ⅱ-1　信息获取	0	0	0	8(26.7)	22(73.3)	100
Ⅱ-2　信息评价	0	0	1(3.3)	12(40.0)	17(56.7)	96.7
Ⅲ-1　信息加工	0	0	1(3.3)	14(46.7)	15(50.0)	96.7
Ⅲ-2　信息重构	0	0	2(6.7)	15(50.0)	13(43.3)	93.3
Ⅳ-1　信息交流	0	0	1(3.3)	14(46.7)	15(50.0)	96.7
Ⅳ-2　信息利用	0	0	1(3.3)	13(43.3)	16(53.3)	96.7
Ⅴ-1　自我监控	0	0	0	10(33.3)	20(66.7)	100
Ⅴ-2　信息伦理	0	0	1(3.3)	10(33.3)	19(63.3)	96.7

表 4-10　第二轮二级指标赋值的均数、标准差、变异系数

指标内涵	第二轮		
	均数	标准差	变异系数(CV)
Ⅰ-1　信息意识	4.500	0.572	12.72％
Ⅰ-2　信息知识	4.400	0.621	14.12％
Ⅱ-1　信息获取	4.733	0.450	9.50％
Ⅱ-2　信息评价	4.533	0.571	12.60％
Ⅲ-1　信息加工	4.467	0.571	12.79％
Ⅲ-2　信息重构	4.367	0.615	14.08％
Ⅳ-1　信息交流	4.467	0.571	12.79％
Ⅳ-2　信息利用	4.500	0.572	12.72％
Ⅴ-1　自我监控	4.667	0.479	10.27％
Ⅴ-2　信息伦理	4.600	0.563	12.24％

　　由表 4-9、表 4-10 可见二级指标第二轮专家调查结果,分析可知,专家对指标的表述满意,总认可率为 93.3％～100％,各指标赋值均数为 4.367～4.733,标准差小于 0.621,说明专家认为这二级指标均重要,指标变异系数均为 15％以内,结果显示专家对其指标存在分歧,但仍在可接受范围。信息知识的总认可率 93.3、均数 4.400、变异系数 14.12％,信息重构的总认可率 93.3、均数 4.367、变异系数 14.08％,以上数据说明专家对这两项指标其重要性存在分歧,进一步查看修订意见,专家提出"需要解释,不知道什么意思没法回答","每个环节都很重要。上面提到的任何环节都离不开,都必不可少。"由于问卷前对指标项相关内容做出解释的语言描述不够明确,导致专家对这两项指标的重要性存在疑惑。经过小组讨论,课题组认为,在本轮调查中,总体来看专家赋值的波动程度小,专家意见趋于一致,可以形成结论,故不再对二级指标进行调整,构成要素初步确定。

（三）三级指标咨询结果及专家意见集中程度分析

表 4-11　第二轮三级指标专家咨询结果

指标内涵	人数及比例（%）					总认可率（%）
	很不重要	不重要	一般重要	比较重要	很重要	
Ⅰ-1-1　价值意识：认识到英文信息在学习、生活方面的重要作用	0	0	0	7(23.3)	23(76.7)	100
Ⅰ-1-2　应用意识：认识到需要尽可能多地利用英文信息资源	0	0	1(3.3)	16(53.3)	13(43.3)	96.6
Ⅰ-2-1　基础知识：掌握信息技术的基本知识和技能	0	0	0	10(33.3)	20(66.7)	100
Ⅰ-2-2　信息资源：熟悉有关英语学习的主要信息源和工具	0	0	0	5(16.7)	25(83.3)	100
Ⅱ-1-1　信息定位：确定所需英文信息的性质和范围	0	0	0	14(46.7)	16(53.3)	100
Ⅱ-1-2　信息检索：确定检索词，选择最合适的方法、途径及检索策略获取英文信息	0	0	0	5(16.7)	25(83.3)	100
Ⅱ-2-1　分析比较：分析比较来自多个英文信息源的信息	0	0	0	8(26.7)	22(73.3)	100
Ⅱ-2-2　评价遴选：评价信息的可信性、有效性、准确性、权威性、时效性，遴选能给主题提供证据的信息	0	0	0	7(23.3)	23(76.7)	100
Ⅲ-1-1　信息综合：对新旧英文信息和知识进行归纳、整合、理解、吸收	0	0	1(3.3)	15(50.0)	14(46.7)	96.7

(续表)

指标内涵	人数及比例(%)					总认可率(%)
	很不重要	不重要	一般重要	比较重要	很重要	
Ⅲ-1-2 提取概括:能够从所搜集的信息中提取、概括主要观点与思想	0	0	1(3.3)	13(43.3)	16(53.3)	96.6
Ⅲ-2-1 加工重组:加工、重组、融合多种英文信息	0	0	2(6.7)	12(40)	16(53.3)	93.3
Ⅲ-2-2 内化提升:通过系列理性思维、批判性思维和创造性思维,生成有效新信息	0	0	2(6.7)	13(43.3)	15(50.0)	93.3
Ⅳ-1-1 口头交流:用英语流畅、清晰、有逻辑地表达思想,进行有效的口头交流	0	0	0	10(33.3)	20(66.7)	100
Ⅳ-1-2 书面交流:用英语流畅、清晰、有逻辑地表达思想,进行有效的书面交流	0	0	0	10(33.3)	20(66.7)	100
Ⅳ-2-1 协作学习:分享信息,协作学习	0	0	0	9(30)	21(70.0)	100
Ⅳ-2-2 完成任务:利用英文信息完成具体的任务	0	0	1(3.3)	16(53.3)	13(43.3)	96.7
Ⅴ-1-1 意志:线上英语学习时实施有效的认知、情绪等方面的自我监控;主动地、不断探索地、持续地学习英语,自我更新,学以致用	0	0	0	8(26.7)	22(73.3)	100
Ⅴ-1-2 策略:线上英语学习时使用有效的学习策略	0	0	0	11(36.7)	19(63.3)	100

（续表）

指标内涵	人数及比例(%)					总认可率(%)
	很不重要	不重要	一般重要	比较重要	很重要	
Ⅴ-2-1 信息合法:尊重知识产权,懂得构成剽窃的成分,不把属于他人的成果据为己有;遵守网络行为规范,不传播虚假、有害信息,自觉抵制违法、不健康的信息行为	0	0	0	5(16.7)	25(83.3)	100
Ⅴ-2-2 信息安全:具有信息安全防护意识,掌握基本的信息安全防范手段	0	0	0	10(33.3)	20(66.7)	100

表 4-12　第二轮三级指标赋值的均数、标准差、变异系数

指标内涵	第二轮		
	均数	标准差	变异系数(CV)
Ⅰ-1-1 价值意识:认识到英文信息在学习、生活方面的重要作用	4.767	0.430	9.03%
Ⅰ-1-2 应用意识:认识到需要尽可能多地利用英文信息资源	4.400	0.563	12.80%
Ⅰ-2-1 基础知识:掌握信息技术的基本知识和技能	4.667	0.479	10.27%
Ⅰ-2-2 信息资源:熟悉有关英语学习的主要信息源和工具	4.833	0.379	7.84%
Ⅱ-1-1 信息定位:确定所需英文信息的性质和范围	4.533	0.507	11.19%
Ⅱ-1-2 信息检索:确定检索词,选择最合适的方法、途径及检索策略获取英文信息	4.833	0.379	7.84%
Ⅱ-2-1 分析比较:分析比较来自多个英文信息源的信息	4.733	0.450	9.50%
Ⅱ-2-2 评价遴选:评价信息的可信性、有效性、准确性、权威性、时效性,遴选能给主题提供证据的信息	4.767	0.430	9.03%

（续表）

指标内涵	第二轮		
	均数	标准差	变异系数(CV)
Ⅲ-1-1 信息综合:对新旧英文信息和知识进行归纳、整合、理解、吸收	4.433	0.568	12.82%
Ⅲ-1-2 提取概括:能够从所搜集的信息中提取、概括主要观点与思想	4.500	0.572	12.72%
Ⅲ-2-1 加工重组:加工、重组、融合多种英文信息	4.467	0.629	14.08%
Ⅲ-2-2 内化提升:通过系列理性思维、批判性思维和创造性思维,生成有效新信息	4.433	0.626	14.12%
Ⅳ-1-1 口头交流:用英语流畅、清晰、有逻辑地表达思想,进行有效的口头交流	4.667	0.479	10.27%
Ⅳ-1-2 书面交流:用英语流畅、清晰、有逻辑地表达思想,进行有效的书面交流	4.667	0.479	10.27%
Ⅳ-2-1 协作学习:分享信息,协作学习	4.700	0.466	9.92%
Ⅳ-2-2 完成任务:利用英文信息完成具体的任务	4.400	0.563	12.80%
Ⅴ-1-1 意识:线上英语学习时实施有效的认知、情绪等方面的自我监控;主动地、不断探索地、持续地学习英语,自我更新,学以致用	4.733	0.450	9.50%
Ⅴ-1-2 策略:线上英语学习时使用有效的学习策略	4.633	0.490	10.58%
Ⅴ-2-1 信息合法:尊重知识产权,懂得构成剽窃的成分,不把属于他人的成果据为己有;遵守网络行为规范,不传播虚假、有害信息,自觉抵制违法、不健康的信息行为	4.833	0.379	7.84%
Ⅴ-2-2 信息安全:具有信息安全防护意识,掌握基本的信息安全防范手段	4.667	0.479	10.27%

由表 4-11、表 4-12 可知,第二轮三级指标专家咨询专家的总认可率为 93.3%～100%,变异系数为 7.84%～14.12%,均数为 4.400～4.833,说明专家

认为 20 项三级指标均重要。Delphi 法检验专家对权重赋值的一致性,经过两轮咨询,专家对指标重要程度的总认可率为 93.3%～100%、赋值均数为 4.367～4.833,说明专家咨询结果的指标均重要;指标赋值的变异系数均在 15% 以内,可见专家赋值的波动程度较小,根据相关研究,此变异系数较小,代表专家意见一致性较高。

第四节　第三轮专家咨询

一、咨询方法

第三轮咨询主要确定指标的权重系数。权重系数,简称权重,表示某一指标在整个评价体系中对总目标的贡献程度,体现该指标在整体评价中的相对重要程度。用若干个指标进行综合评价时,由于各指标在体系中的重要程度不全等价,需要对每个指标确定一个权重系数。科学合理地确定各层每一项指标的权重,是保证该指标体系在实际评估工作中切实可行的关键环节(苏海军,2010)。

第三轮咨询方法同前两轮,咨询的专家仍然是前两轮专家,主要对同一层次各个指标进行两两比较,赋予指标重要性程度。将建立好的外语学习信息素养评价指标体系设计成指标权重专家调查问卷(见附录3),咨询表中列出各级指标及其含义,同时展示九标度权重赋值标准(表4-13)及示例。采用线上、线下相结合的方式完成第三轮咨询。

表 4-13　一级、二级指标九标度权重赋值标准

序号	重要性程度	标度赋值
1	前者与后者同等重要	1
2	前者比后者稍微重要	3
3	前者比后者明显重要	5
4	前者比后者强烈重要	7
5	前者比后者极端重要	9
6	前者比后者稍微不重要	1/3
7	前者比后者明显不重要	1/5
8	前者比后者强烈不重要	1/7
9	前者比后者极端不重要	1/9

二、计算确定评价指标的权重

专家对同一层次各个指标进行两两比较,赋予指标重要性程度,通过数据筛选剔除一致性未通过的不合理问卷,最终确定 23 位专家的有效问卷。将每位专家赋予同一层次各指标的重要性值,通过层次分析法计算,具体步骤包括构造判断矩阵、计算各层次指标的单排序权重值、判断矩阵的一致性检验和各层次指标相对于总目标的组合权重计算,得出各项指标权重。

(一)构造单层次判断矩阵

在"互联网+"时代外语学习信息素养综合指标体系建立之后,为了比较某一层次中指标对上一层某一指标影响的相对重要性程度,采用德尔菲法进行重要性问卷调查,依据问卷所得数据,构造判断矩阵,如表 4-14 所示。

表 4-14　准则层相对于目标层的判断矩阵

Ⅰ1	Ⅱ1	Ⅱ2	Ⅱ3	Ⅱ4	Ⅱ5
Ⅱ1	1.000 0	0.408 9	0.463 4	0.504 5	0.767 7
Ⅱ2	2.445 6	1.000 0	1.482 0	1.460 5	1.625 1
Ⅱ3	2.158 0	0.674 8	1.000 0	1.076 1	1.247 1
Ⅱ4	1.982 2	0.684 7	0.929 3	1.000 0	1.118 5
Ⅱ5	1.302 6	0.615 3	0.801 9	0.894 1	1.000 0

其对应的矩阵如下:

$$
Ⅰ1=\begin{bmatrix}
1.000\ 0 & 0.408\ 9 & 0.463\ 4 & 0.504\ 5 & 0.767\ 7 \\
2.445\ 6 & 1.000\ 0 & 1.482\ 0 & 1.460\ 5 & 1.625\ 1 \\
2.158\ 0 & 0.674\ 8 & 1.000\ 0 & 1.076\ 1 & 1.247\ 1 \\
1.982\ 2 & 0.684\ 7 & 0.929\ 3 & 1.000\ 0 & 1.118\ 5 \\
1.302\ 6 & 0.615\ 3 & 0.801\ 9 & 0.894\ 1 & 1.000\ 0
\end{bmatrix}
$$

运用同样的分析计算方法,可以得到其他准则层的判断矩阵,见表 4-15 至表 4-19。

表 4-15　准备指标 Ⅱ 1 判断矩阵

Ⅱ1	Ⅲ1	Ⅲ2
Ⅲ1	1.000 0	2.237 0
Ⅲ2	0.447 0	1.000 0

则矩阵如下：

$$\text{Ⅱ}1=\begin{bmatrix}1.000\ 0 & 2.237\ 0 \\ 0.447\ 0 & 1.000\ 0\end{bmatrix}$$

表 4-16　输入指标 Ⅱ 2 判断矩阵

Ⅱ2	Ⅲ1	Ⅲ2
Ⅲ1	1.000 0	1.084 3
Ⅲ2	0.922 3	1.000 0

则矩阵如下：

$$\text{Ⅱ}1=\begin{bmatrix}1.000\ 0 & 1.084\ 3 \\ 0.922\ 3 & 1.000\ 0\end{bmatrix}$$

表 4-17　内化指标 Ⅱ 3 判断矩阵

Ⅱ3	Ⅲ1	Ⅲ2
Ⅲ1	1.000 0	0.949 8
Ⅲ2	1.052 9	1.000 0

则矩阵如下：

$$\text{Ⅱ}1=\begin{bmatrix}1.000\ 0 & 0.949\ 8 \\ 1.052\ 9 & 1.000\ 0\end{bmatrix}$$

表 4-18　输出指标 Ⅱ 4 判断矩阵

Ⅱ4	Ⅲ1	Ⅲ2
Ⅲ1	1.000 0	4.371 5
Ⅲ2	0.228 8	1.000 0

则矩阵如下：

$$\amalg 1=\begin{bmatrix}1.000\ 0 & 4.371\ 5\\ 0.228\ 8 & 1.000\ 0\end{bmatrix}$$

表 4-19　管理指标 Ⅱ5 判断矩阵

Ⅱ5	Ⅲ1	Ⅲ2
Ⅲ1	1.000 0	1.493 8
Ⅲ2	0.669 4	1.000 0

则矩阵如下：

$$\amalg 1=\begin{bmatrix}1.000\ 0 & 1.493\ 8\\ 0.669\ 4 & 1.000\ 0\end{bmatrix}$$

(二)计算各层次指标的单排序权重值

层次单排序就是把本层所有要素针对上一层某一要素,排出评比的次序。这种次序以相对的数值大小来表示。

具体步骤如下：

(1)计算判断矩阵 A 每一行全部元素的乘积 Ti

$Ti=\prod_{j=1}^{n}a_{ij},i=1,2,\cdots\cdots,n$;

(2)计算各元素乘积 Ti 的 n 次方根 $\overline{W_l}$

$\overline{W_l}=\sqrt[n]{Ti}=(\prod_{j=1}^{n}a_{ij})^{1/n},i=1,2,\cdots,n$;

(3)对各向量 $W=[\overline{W_1W_2},\cdots\cdots,\overline{W_n}]$ 经归一化处理

$W_i=\overline{W_l}/\sum_{i=1}^{n}\overline{W_l}$

得 $W=[W_1,W_2,\cdots\cdots,W_n]^T$ 为矩阵 A 的特征向量,即各因素的相对权重。

根据求根法公式计算得出：

$W_{\amalg 1}=[W_1W_2W_3W_4W_5]^T=[0.110\ 8\quad 0.308\ 2\quad 0.213\ 6\quad 0.200\ 2\quad 0.167\ 2]^T$

$W_{\amalg 1}=[W_1W_2]^T=[0.691\ 1\quad 0.308\ 9]^T$

$W_{\amalg 2}=[W_1W_2]^T=[0.520\ 2\quad 0.479\ 8]^T$

$W_{\amalg 3}=[W_1W_2]^T=[0.487\ 1\quad 0.512\ 9]^T$

$W_{\amalg 4}=[W_1W_2]^T=[0.813\ 8\quad 0.186\ 2]^T$

$W_{\amalg 5}=[W_1W_2]^T=[0.599\ 0\quad 0.401\ 0]^T$

(三)判断矩阵的一致性检验

在对多因素进行比较时,人们往往难以保证比较前后的一致性。只有使这种不一致的程度保持在一个容许的范围内,判断矩阵才能使用。这就需要对判断矩阵进行一致性检验。步骤如下:

(1)求判断矩阵的最大特征值,根据 $A*W=\lambda_{\max}*W$ 得到 $\lambda_{\max}$。

(2)求一致性指标,$CI=\dfrac{\lambda_{\max}-n}{n-1}$,其中 n 为判断矩阵的阶数。

(3)计算一致性系数,$CR=CI/RI$,其中 RI 为平均随机一致性指标,其 RI 值大小见表 4-20。当 CR<0 时,就认为判断矩阵的不一致性在容许范围内,即该判断矩阵具有"满意的一致性";CR≥0.1 时,则需对判断矩阵进行修正。

表 4-20 随机一致性指标 RI 的数值表

矩阵阶数	1	2	3	4	5	6	7	8	9	10	11	12	13	14	15
RI 值	0	0	0.58	0.90	1.12	1.24	1.32	1.41	1.45	1.49	1.51	1.54	1.56	1.57	1.59

根据公式,一级指标一致性检验结果如下:

$$CW=\begin{bmatrix}1.000\,0 & 0.408\,9 & 0.463\,4 & 0.504\,5 & 0.767\,7\\ 2.445\,6 & 1.000\,0 & 1.482\,0 & 1.460\,5 & 1.625\,1\\ 2.158\,0 & 0.674\,8 & 1.000\,0 & 1.076\,1 & 1.247\,1\\ 1.982\,2 & 0.684\,7 & 0.929\,3 & 1.000\,0 & 1.118\,5\\ 1.302\,6 & 0.615\,3 & 0.801\,9 & 0.894\,1 & 1.000\,0\end{bmatrix}=\begin{bmatrix}0.565\,2\\ 1.459\,9\\ 1.084\,7\\ 1.016\,4\\ 0.851\,5\end{bmatrix},nW=\begin{bmatrix}0.554\,1\\ 1.540\,8\\ 1.068\,2\\ 1.000\,8\\ 0.836\,2\end{bmatrix}$$

$$\lambda_{\max}=\sum_{i=1}^{n}\frac{(cW)_I}{nW_I}=5.016\,8$$

根据公式计算:$CI=\dfrac{\lambda_{\max}-n}{n-1}=0.004\,2$

由表 7 可知,当 $n=5$ 时,$RI=1.12$,此时随机一致性比率为 $CR=\dfrac{CI}{RI}=0.003\,8<0.10$,该判断矩阵具有满意的一致性。

(四)计算各层次指标相对于总目标的组合权重

根据以上各矩阵的计算分析结果,可得出第二层级相对于第一层级、第三层级相对于第二层级的具体指标权重数值,计算结果如表 4-21、表 4-22 所示。

表 4-21 "互联网＋"时代外语学习信息素养评价指标体系权重表

一级指标	一级指标权重	二级指标	二级指标权重
准备	0.110 8	信息意识	0.691 1
		信息知识	0.308 9
输入	0.308 2	信息获取	0.520 2
		信息评价	0.479 8
内化	0.213 6	信息加工	0.487 1
		信息重构	0.512 9
输出	0.200 2	信息交流	0.813 8
		信息利用	0.186 2
管理	0.167 2	自我监控	0.599 0
		信息伦理	0.401 0

表 4-22 "互联网＋"时代外语学习信息素养评价指标体系合成权重表

一级指标	一级指标权重	二级指标	二级指标权重
准备	0.110 8	信息意识	0.076 6
		信息知识	0.034 2
输入	0.308 2	信息获取	0.160 3
		信息评价	0.147 9
内化	0.213 6	信息加工	0.104 0
		信息重构	0.109 6
输出	0.200 2	信息交流	0.162 9
		信息利用	0.037 3
管理	0.167 2	自我监控	0.100 2
		信息伦理	0.067 0

第五节　专家咨询结果可靠性分析

专家咨询结果的可靠性是获得准确、科学研究结论的决定因素,本研究中专家咨询结果的可靠性从专家积极性、专家权威程度、专家意见的集中程度和协调程度等方面考察。

一、专家积极性分析

专家积极性反映专家对研究的合作程度,即指专家对研究项目的关注和支持,一般通过专家咨询表回收率的大小来判断。本研究进行了三轮专家函询,三轮专家咨询表回收率代表了专家咨询的积极系数。本研究三轮函询回收率均为 96.80%(30/31),有效问卷率分别为 100%、100%、76.70%(第三轮23 位专家咨询问卷通过一致性检验),提出意见的专家人数分别为 24 名(80%)、5 名(16.7%)、2 名(6.7%)。专家积极系数相当高,由此说明专家的关注度高,积极参与项目咨询。

表 4-23　三轮专家咨询积极系数

	发出咨询问卷数 (N_1)	收回咨询问卷数 (N_2)	问卷回收率 ($R_1 = N_2/N_1$)	有效问卷数 (N_3)	有效问卷率 ($R_2 = N_3/N_2$)
第一轮	31	30	96.80%	30	100%
第二轮	31	30	96.80%	30	100%
第三轮	31	30	96.80%	23	76.70%

二、专家组的权威程度分析

专家的权威程度从定性研究与定量研究两个方面考察,一方面定性分析专家的专业学术水平等基本情况,另一方面定量分析专家咨询结果权威系数。

(一)专家组的基本情况分析

表 4-24 专家组的基本情况

项目		人数	百分数(%)
性别	男	14	46.7
	女	16	53.3
年龄	40～49 岁	16	53.3
	50～59 岁	13	43.3
	＜60 岁	1	3.3
最高学位	学士	2	6.7
	硕士	16	53.3
	博士	12	40.0
职称	副高	14	46.7
	正高	16	53.3
专业	英语	14	46.7
	图书馆/信息	11	36.7
	高教管理	5	16.7
工作年限	11～20 年	4	13.3
	21～30 年	16	53.3
	≥30 年	10	33.3

　　由上表可知,专家组年龄结构合理,50 岁以上的德高望重、经验丰富的老专家与 50 岁以下的精力充沛、富有创新活力的中青年专家数量相当,保证了研究结果的权威性和前瞻性;专家组学位层次高,硕博士占 93.3%,专业水准得以保证;专家组职称层次高,聘请的 30 位专家中正高职称有 16 人,占53.3%,其余 14 人均为副高职称,职称反映了专业技术人员的技术水平、工作能力,因此本研究专家组具有较好的学术权威性。专业结构中从事英语教学及图书馆信息研究的专家占 80% 以上,他们工作在高等教育的第一线,了解大学生的英语学习及信息素养状况,对指标体系评价的维度及阐释内涵有较好的把握,而教学管理人员会对指标结构的完整性等方面更有见地。因此,专家组对本项目的研究主题具有丰富的理论认识或实践经验,保障了函询结果的权威性。

(二)专家组的权威程度分析

1. 专家判断依据

专家的权威程度由专家对研究问题做出判断的依据以及专家对研究问题的熟悉程度两个方面因素决定(曾光,1996)。判断依据为实践经验、理论分析、参考国内外资料、直观感觉,判断系数总和等于1,表明对专家判断的影响程度大(王芳,2006);判断系数总和等于0.75,表明对专家判断的影响程度为中等;判断系数总和等于0.45,表明对专家判断的影响程度小(贾彦彦,2008)。专家对问题的熟悉程度分为很熟悉、熟悉、一般、不熟悉、很不熟悉5个等级,专家权威程度等于专家判断系数与熟悉程度系数的算术平均值,其计算公式为 $Cr=(Ca+Cs)/2$;其中 Cr 表示专家权威程度,Ca 表示判断系数,Cs 表示熟悉程度。专家的权威程度(Cr)一般由专家的判断依据(Ca)和熟悉程度(Cs)的算术均数表示。以上具体量化值分别见表4-25 和表4-26。

表 4-25　判断依据及其影响程度量化表

判断依据	大	中	小
实践经验	0.45	0.35	0.20
理论分析	0.30	0.20	0.10
国内外相关资料	0.20	0.15	0.10
直观感觉	0.05	0.05	0.05

表 4-26　专家对问题的熟悉程度系数表

熟悉程度	Cs
很熟悉	1
熟悉	0.75
一般	0.50
不熟悉	0.25
很不熟悉	0

本研究专家判断依据自评结果见表4-27,将所有专家的判断依据相加除以专家数,即全部专家自评的Ca(汤先萍,2017)。

表 4-27　专家判断依据自评结果

分值(q)	1	0.95	0.9	0.85	0.8	0.75	0.65	0.6
人数(m)	2	2	6	11	2	3	3	1

2. 专家熟悉程度

本研究专家熟悉程度结果见表 4-28,其中很熟悉的有 9 人,熟悉的有 14 人,一般熟悉的有 7 人。

表 4-28　专家熟悉程度结果

熟悉程度	人数	比例(%)	累积百分比(%)
很熟悉	9	29.0	30.0
熟悉	14	45.2	76.7
一般	7	22.6	100.0

3. 专家权威性系数值

专家权威程度等于专家判断系数与熟悉程度系数的算术平均值,其计算公式为 $Cr=(Ca+Cs)/2$。其中,Cr 表示专家权威程度;Ca 表示判断系数;Cs 表示熟悉程度。

$Ca=(1×2+0.95×2+0.9×6+0.85×11+0.8×2+0.75×3+0.65×3+0.6×1)/30=0.85$

$Cs=(1.0×9+0.75×14+0.5×7)/30=0.767$

$Cr=(Ca+Cs)/2=0.808$

Cr 的取值波动为 0~1,值越大,表示专家对指标做出评价的可信度越大。一般来说,$Cr≥0.70$ 为可接受信度。本研究专家组整体权威系数为 0.808,个人权威系数为 0.700 0~0.975 0,可认为本研究 30 位专家具有良好的权威性,专家意见可信。

(三)专家咨询协调程度分析

协调系数(W)反映了专家对所有指标评价意见的协调程度。W 为 0~1,数值越大,表示协调程度越好。专家意见的协调程度可以判断专家对每项指标的评价的一致性,同时也是咨询结果可信度的指标。

1. 专家对一级指标赋值的协调程度分析

由两轮咨询专家对一级指标的赋值及其变异度表（表 4-29）可知，专家对指标的意见变异系数逐渐变小，趋于一致，两轮咨询后一级指标中所有指标变异系数为 10.57%～13.87%，说明专家评估意见协调性好，可信度较高，结果可取。

表 4-29　两轮咨询专家对一级指标的赋值及其变异度

指标项目	第一轮			第二轮		
	X	S	CV	X	S	CV
I	4.567	0.679	14.87%	4.533	0.629	13.87%
II	4.333	0.711	16.41%	4.733	0.521	11.00%
III	4.700	0.466	9.92%	4.767	0.504	10.57%
IV	4.267	0.785	18.40%	4.700	0.535	11.38%
V	——	——	——	4.767	0.504	10.57%

进一步计算一级指标的专家协调系数并进行显著性检验。

表 4-30　一级指标专家意见的协调系数及其显著性检验

指标	协调系数（W）	卡方值	自由度	显著性（p）
五项一级指标	0.127	11.413	3	0.01*

* $p < 0.05$

Kendall 协调系数用于测量评分数据一致性水平。经显著性检验，$p = 0.01$（$p < 0.05$），说明具有一致性，有统计学意义。本研究专家咨询协调系数为 0.127，说明本次研究专家意见的协调程度意见趋向一致性不高，究其原因，为专家打分分值接近所致。

2. 专家对二级指标赋值的协调程度分析

由两轮咨询专家对二级指标的赋值及其变异度表（表 4-31）可知，专家对指标权重的意见变异系数逐渐变小，趋于一致，两轮咨询后二级指标中所有指标变异系数为 9.50%～14.12%，说明专家评估意见协调性好，可信度较高，结果可取。

表 4-31　两轮咨询专家对二级指标的赋值及其变异度

指标编号	第一轮			指标编号	第二轮		
	X	S	CV		X	S	CV
1	4.333	0.606	14.00%	1)	4.500	0.572	12.72%
2	4.467	0.629	14.08%	指标 2 并入指标 1)			
3	4.333	0.606	14.00%	2)	4.400	0.621	14.12%
4	4.167	0.699	16.77%	指标 4 并入指标 2)			
5	4.367	0.850	19.47%	指标 5 并入指标 3)			
6	4.400	0.621	14.12%	3)	4.733	0.450	9.50%
7	4.400	0.621	14.12%	4)	4.533	0.571	12.60%
8	4.267	0.740	17.34%	5)	4.467	0.571	12.79%
9	4.233	0.679	16.04%	6)	4.367	0.615	14.08%
10	4.433	0.568	12.82%	7)	4.467	0.571	12.79%
11	4.000	0.830	20.76%	8)	4.500	0.572	12.72%
12	4.500	0.630	13.99%	9)	4.667	0.479	10.27%
13	4.633	0.490	10.58%	10)	4.600	0.563	12.24%
14	4.300	0.750	17.44%	指标 14 并入指标 10)			

进一步计算二级指标的专家协调系数并进行显著性检验。

表 4-32　二级指标专家意见的协调系数及其显著性检验

指标	协调系数（W）	卡方值	自由度	显著性（p）
十项二级指标	0.076	29.466	13	0.006**

* $p<0.05$

由表 4-32 可知，经显著性检验，$p=0.006(p<0.05)$，说明具有一致性，有统计学意义。本研究专家咨询协调系数为 0.076，说明本次研究专家意见的协调程度意见趋向一致性不高，分析原因，为专家打分分值接近所致。

3. 专家对三级指标赋值的协调程度分析

由两轮咨询专家对三级指标的赋值及其变异度表（表 4-33）可知，专家对指标的意见变异系数逐渐变小，趋于一致，两轮咨询后二级指标中所有指标变异系数为 7.84%～14.12%，说明专家评估意见协调性好，可信度较高，结果可取。

表 4-33　两轮咨询专家对三级指标的赋值及其变异度

指标编号	第一轮			指标编号	第二轮		
	X	S	CV		X	S	CV
1	4.167	0.699	16.77%	1)	4.767	0.430	9.03%
2	3.900	0.759	19.46%	2)	4.400	0.563	12.80%
3	4.200	0.714	17.01%	3)	4.833	0.379	7.84%
4	3.933	0.828	21.04%	指标 4 并入指标 3)			
5	4.000	0.983	24.57%	4)	4.667	0.479	10.27%
6	4.100	0.845	20.61%	5)	4.533	0.507	11.19%
7	4.167	0.699	16.77%	6)	4.833	0.379	7.84%
8	4.167	0.986	23.65%	指标 8 并入指标 6)			
9	4.200	0.887	21.11%	指标 9 并入指标 6)			
10	4.400	0.724	16.45%	7)	4.733	0.450	9.50%
				8)*	4.767	0.430	9.03%
11	4.167	0.791	19.00%	删除			
12	4.200	0.761	18.12%	指标 12 并入指标 8)			
13	4.100	0.845	20.61%	9)	4.433	0.568	12.82%
14	4.400	0.855	19.43%	10)	4.500	0.572	12.72%
15	4.133	0.860	20.82%	11)	4.467	0.629	14.08%
				12)*	4.433	0.626	14.12%
16	4.233	0.817	19.30%	13)	4.667	0.479	10.27%
				14)*	4.667	0.479	10.27%
17	3.933	0.785	19.96%	15)	4.400	0.563	12.80%
18	4.000	0.743	18.57%	16)	4.700	0.466	9.92%
19	4.033	1.098	27.23%	指标 19 并入指标 17)			
20	4.067	0.868	21.35%	17)	4.533	0.571	10.58%
				18)*	4.733	0.450	9.50%
				19)*	4.833	0.379	7.84%
21	4.367	0.765	17.52%	指标 21 并入指标 19)			
22	4.533	0.681	15.03%	指标 22 并入指标 19)			
23	4.433	0.817	18.43%	指标 23 并入指标 19)			
				20)*	4.667	0.479	10.27%

注：* 表示依据专家提议增加或指标拆分出的项目。

表 4-34　三级指标专家意见的协调系数及其显著性检验

三级指标	指标个数	协调系数（W）	卡方值	自由度	显著性（p）
第一轮	23	0.072	47.65	22	0.001
第二轮	20	0.086	31.08	12	0.002

由上表可见，三级指标经过两轮专家咨询，经显著性检验，$p1=0.001$（$p<0.05$），$p2=0.002$（$p<0.05$），说明具有一致性，有统计学意义。两轮专家咨询协调系数增高，说明本次研究专家意见的协调程度意见逐渐趋向一致性，但是趋势不明显，究其原因，为专家打分分值接近所致。

五、结论

本研究确立了“互联网＋”时代外语学习信息素养评价指标体系的指标内容和权重两部分构成要素，通过德尔菲专家咨询法完成。德尔菲专家咨询法被广泛应用于社会科学等研究领域。项目完成了三轮专家咨询，第一轮和第二轮主要确立一、二、三级指标内容和结构，第三轮专家咨询确定指标的权重系数。经过三轮专家咨询，形成了一套较为全面的“互联网＋”时代外语学习信息素养指标体系，包括 5 个一级指标、10 个二级指标和 20 个三级指标（见表 4-35）。一级指标体现了英语学习的过程特征，二级指标完整保留了信息素养指标要素，三级指标为内涵细化。在指标体系构建完成的基础上，确定了外语学习信息素养评价指标的权重。结果显示：权重系数最高的一级指标是输入、内化、输出，与英语学习的三个基本阶段相对应。

本研究的专家遴选、函询表设计发放、指标修改完善等各个环节都严格遵守相关标准完成，确保了研究的科学严谨性。研究专家来自英语、图书馆/信息、高教管理领域，学术水平高，对本项目的研究主题具有丰富的理论认识或实践经验，具有较好的代表性和权威性。研究结果显示：专家对指标的判断依据的平均系数为 0.85，专家对指标的平均熟悉程度为 0.767，专家的权威程度为 0.808，说明专家的意见具有可信性，拟定的指标内容结构具有合理性。变异系数和协调系数反映专家组对指标权重的一致性，由咨询专家对一、二、三级指标的赋值及其变异度分析可知，专家对指标权重的意见变异系数逐渐变小，所有指标变异系数在 15％以下，趋于一致，协调系数增高，经显著性检验，

$p<0.05$,有统计学意义,说明专家评估意见协调性好,可信度较高,结果可取。本研究的专家咨询意见采用了定性分析与定量处理相结合的方法分析,在主观赋值的基础上,采用数理统计的方法,得到相对准确的指标权重系数。咨询结果的可靠性具有意义,可形成结论。

表 4-35 "互联网十"时代外语学习信息素养评价指标系统

一级指标 (权重)	二级指标 (权重)	三级指标
准备 (0.110 8)	信息意识 (0.691 1)	价值意识:认识到英文信息在学习、生活方面的重要作用
		应用意识:认识到需要尽可能多地利用英文信息资源
	信息知识 (0.308 9)	基础知识:掌握信息技术的基本知识和技能
		信息资源:熟悉有关英语学习的主要信息源和工具
输入 (0.308 2)	信息获取 (0.520 2)	信息定位:确定所需英文信息的性质和范围
		信息检索:确定检索词,选择最合适的方法、途径及检索策略获取英文信息
	信息评价 (0.4798)	分析比较:分析比较来自多个英文信息源的信息
		评价遴选:评价信息的可信性、有效性、准确性、权威性、时效性,遴选能给主题提供证据的信息
内化 (0.213 6)	信息加工 (0.487 1)	信息综合:对新旧英文信息和知识进行归纳、整合、理解、吸收
		提取概括:能够从所搜集的信息中提取、概括主要观点与思想
	信息重构 (0.512 9)	加工重组:加工、重组、融合多种英文信息
		内化提升:通过系列理性思维、批判性思维和创造性思维,生成有效新信息
输出 (0.200 2)	信息交流 (0.813 8)	口头交流:用英语流畅、清晰、有逻辑地表达思想,进行有效的口头交流
		书面交流:用英语流畅、清晰、有逻辑地表达思想,进行有效的书面交流
	信息利用 (0.186 2)	协作学习:分享信息,协作学习
		完成任务:利用英文信息完成一项具体的任务

（续表）

一级指标 （权重）	二级指标 （权重）	三级指标
管理 （0.167 2）	自我监控 （0.599 0）	意志：线上英语学习时实施有效的认知、情绪等方面的自我监控；主动地、不断探索地、持续地学习英语，自我更新，学以致用
		策略：线上英语学习时使用有效的学习策略
	信息伦理 （0.401 0）	信息合法：尊重知识产权，懂得构成剽窃的成分，不把属于他人的成果据为己有；遵守网络行为规范，不传播虚假、有害信息，自觉抵制违法、不健康的信息行为
		信息安全：具有信息安全防护意识，掌握基本的信息安全防范手段

本指标体系内容涉及教育学、信息学、二语习得、评价学等多门学科，针对智能环境下大学生外语学习的本土化特征，凝练外语学习信息素养的基本构成要素，以外语学习全过程为基础，从准备、输入、内化、输出、管理等维度架构一级指标，对各自所包含的信息素养具体能力要素进行表征，融合了外语学习过程与信息素养各个组成要素，提取 10 个二级指标，并逐个进行刻画描述，经过三轮专家函询，修订评价指标以及确定指标的权重，并对专家的积极性、权威性、协调性进行分析，最终形成完整的跨学科具有创新理念的指标体系，为建立符合我国现实情况的学科层次信息素养的评价指标体系进行了有益的尝试。下一步拟以该评价指标系统为基础开展进一步研究，形成"互联网＋"时代外语学习信息素养评价量表，完善评价体系。在智能环境下的大学英语教学中，以此评价大学生的外语学习信息素养，分析现状，针对发现的问题，提出外语学习信息素养提升策略，以期为"互联网＋"时代大学生外语学习效能提升以及学科层次信息素养研究提供参考。

小结

本研究采用德尔菲法完成三轮专家咨询，确立了"互联网＋"时代外语学习信息素养评价指标体系的指标内容和权重两部分构成要素，第一轮和第二轮专家咨询主要是完成一、二、三级指标内容和结构，第三轮专家咨询确定指标的权重系数。本研究运用科学的、系统的方法进行了指标筛选、权重以及专家积极性、权威性、协调性的量化检验，建立了一个科学的、合理的"互联网＋"时代外语学习信息素养评价指标体系。

第五章
外语学习信息素养定量研究

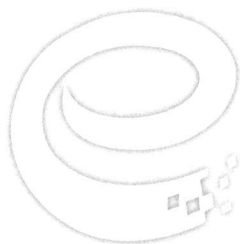

　　在前期研究的基础上，本章将进一步深化"互联网＋"时代外语学习信息素养研究，旨在客观、全面地了解我国大学生外语学习信息素养现状及其影响因素，以期为优化信息环境下的外语学习提供参考。"互联网＋"时代外语学习信息素养指标体系框架是本章实证研究中测量工具开发和测试数据分析的基础。本章的重点是依据指标体系框架，开发与优化测量工具，开展问卷调查、数据统计、结果分析。

第一节　外语学习信息素养问卷开发

实证研究(empirical research)是使用实证证据的研究,也是通过直接或间接的观察或经验来获得知识的一种方式,在社会科学和教育领域应用较多。研究设计因领域和所调查的问题而异,一般采用定量和定性分析相结合的形式开展研究。定量分析与定性分析最常见的方法为问卷(questionnaire)和访谈(interviews)(见第六章)。因此,本项目采用这两种方法开展实证研究。问卷调查以其客观性以及便于收集大范围数据的特征,成为外语研究应用最广泛的研究手段。

一、问卷调查研究的一般步骤

问卷调查研究是一个从提出研究问题、解决问题到获得问题答案的过程,其步骤一般包括提出研究题目,进行文献综述,然后根据研究问题设计问卷,展开调查,汇报研究结果,得出研究结论(秦晓晴,2009)。问卷的研制思路是:在前期文献研究的基础上,确立测评工具的内容载体,并与外语学习信息素养指标体系框架相匹配,确保每个指标都有题项来测查,体现出不同水平层次,通过专家审议的方式初步构建出测评的工具,由此保证其内容效度和表面效度,继而利用实证校验的方式对工具进行质量检验(罗玛,2018)。

二、问卷编制过程

由于目前对于外语学习信息素养的研究尚不成熟,缺乏认可度高的相关量表,因此项目组在梳理大量的国内外信息素养相关文献的基础上,以我国高校英语学习现状为基础,参照我国教育部门发布的高等教育、外语教学的文件和要求,借鉴国外具有高度权威性和影响力的高等教育信息素养标准以及学科层次的信息能力量表,设计了问卷,在本研究所得出的"互联网+"时代外语学习信息素养指标体系框架下设置题项。

　　问卷具体条目主要参考以下文献：（1）美国大学与研究图书馆协会（ACRL）发布的《高等教育信息素养能力标准》（*Information Literacy for Higher Education*）。该标准以其内容全面性、适切性以及结构的完整性，成为多个国家信息素养标准制定的参考依据。该标准包含三层指标：一级指标包含5大标准；二级指标为22项执行指标，分属不同标准；三级指标细化分解执行指标（ACRL，2000），其中三级指标列出的执行指标所对应的具体信息行为作为本问卷题项的参考。（2）*Information Literacy Assessment Standards-based Tools and Assignments*（Neely，2006）。此成果为基于ACRL标准的信息素养测试奠定了良好的基础，它不但提供了信息素养研究方面所需的背景信息，而且为学生信息技能评估提供了许多有价值的参考，并附有来自现有测试工具的问题示例。（3）《北京地区高校信息素质能力指标体系》（2005）中的指标描述部分。指标将高校学生毕业时应具有的信息素质能力科学化、具体化，是我国相对成熟的信息素养衡量标准。（4）英国国家与高校图书馆协会（SCONUL）制定的信息素养七要素标准（the Seven Pillars of Information Literacy）（2011）。新版标准更加准确地反映了信息时代的特征，本研究参考了其中学生应该掌握的技能部分。（5）信息素养技能实时评估工具（Tool for Real-time Assessment of Information Literacy Skills，TRAILS）是肯特州立大学图书馆免费的在线产品，旨在评估中小学生的信息素养技能。该工具于2006年推出，最初由博物馆与图书馆服务研究所（IMLS）发起的图书馆与信息素养教育研究所（ILILE）和美国教育部资助。到2013年，已有超过100万名学生参加了TRAILS评估（Miller，2016），截止2019年5月，参加评估的学生数量已达到250万。（6）*Building Information Literacy：A Case Comparison Study* 中的调查问卷"Survey to Assess Students' Information Literacy Proficiency"（Wheeler，2011）。（7）*Effects of Information Literacy Skills on Student Writing and Course Performance*（Shao & Purpur，2016）所附的信息素养能力测试，此项研究以一所中等规模的综合性大学为研究对象，探讨大一新生的信息素养水平。（8）加州批判性思维倾向量表（CCTDI）中文版（Yeh，2002）。（9）大学生信息素养现状调查问卷（陈晓红，2017）。（10）大学英语教学指南（王守仁，2016）。（11）*Understanding the Information Literacy Experiences of EFL（English As a Foreign Language）Students* 中有关外语学习信息素养的阐述(Johnston et al.,2014)。(12)《中国英语能力等级量表》(教育部,2018)中的能力描述与语言能力总表。

　　除了借鉴以上文献外,我们还纳入了一些新的题项。这些题项的设计以"互联网＋"时代外语学习信息素养指标体系框架为基础,来源于对外语教学专家及英语作为第二语言的大学生的访谈。课题组对来自英文版本的题项进行了回译,经过多次讨论修改,形成问卷初稿。问卷涵盖了英语学习的全过程,体现了信息时代英语学习的特征,融合了信息素养的要素,二者有机融合,相辅相成。

第二节　外语学习信息素养问卷检验

依据前述的研制思路,本研究进行了两轮试测。第一轮试测为小规模预调研,对题项进行筛选和补充,同时检测学生阅读题项所遇到的措辞等方面问题,之后开展专家论证,旨在深入剖析问卷的整体架构和具体指标的设置,力求问卷设计与研究问题达到高度契合,能帮助研究者有效收集研究数据。然后对问卷的相关测量题项进行修订。除了利用专家审议的方法保证工具的内容效度、表面效度之外,还运用试测收集实证数据的方式进行质量分析,由此开展第二轮试测,获取数据展开分析,进一步完善问卷(罗玛,2018;杨永峰,2014)。

一、第一轮试测

第一轮小范围试测采用的问卷初稿包含 143 个条目,受试为 26 名来自不同专业的学生,试测由 1 名教师主试,2 名教师协助进行测试中的观察和测试后的访谈。测试前,教师对学生进行了测试培训,对学生说明测试仅为研究所用,不用于考核评价,并强调完成问卷的同时随时记录自己的修改意见。

试测后,对相关材料进行了整理分析。学生反馈主要集中在以下几个方面:一是条目太多,重复冗杂,没有耐心完成所有条目,重复测试的题项做了标记;二是对线上学习英语的途径做了修改与补充;三是对具体题项表达不理解。依据小范围试测及访谈反馈,项目组针对问卷容量过大的问题,把题项精简到 97 项;对部分选项措辞做了修改补充;对学生指出的一些表述问题做了相应修正,使之更接近大学生的话语体系,符合答题者的表达习惯。

接着开展专家论证,邀请 6 名专家审议问卷。综合修改意见如下:(1)删除题项 3、7、18、32、33、49、50,题项 10 不能体现信息素养,题项 53 与 61 都与上面的题目重复并且选项复杂难做,题项 76 与 66 重复,题项 82、84、85 意思有重合,题项 88 无意义;(2)题项 1 中学习和生活容易造成歧义,影响选择效果,建议分成两道题;(3)题项 20～28 归纳为背单词、练听力、练口语、练阅读、练写作、国外慕课、国内慕课几方面;(4)题项 34 缺乏代表性,换掉;(5)题项 36 表达不明确,加括号解释;(6)题项 40 表达不明确,改为"怀疑其准确性";(7)题项 40～42 的题项设置模式与前面的题项保持一致,删除"举报"二字;(8)题项 46 改为反向题更容易理解;(9)题项 69 与 65 合并,内容部分重复;(10)题项 71 表述笼统,需要设立更具体的情境,或者删除此题;(11)题项 74 改成"别人"更明确;(12)题项 96 中的影视网站要有具体的例子,学生更容易理解。综合专家意见,删除、修改表达不清晰、表述不准确、表意有歧义的条目,进入第二轮试测。

二、第二轮试测

第二轮试测采用的问卷修改稿包含 86 个条目,被试为 300 名来自不同专业的学生,采用线上问卷 App 问卷星采集数据,最终获得有效问卷 295 份。本研究借由项目分析与因素分析检验编制的量表或测验个别题项的适切性及可靠性,据以删除不适当题项,决定正式量表(吴明隆,2010)。

(一)项目分析

为了确定预试问卷是否具有鉴别度及适切性,本研究首先以临界比值法与同质性检验展开项目分析。临界比值法又称极端值法,目的在于求出问卷个别题项的决断值、CR 值。根据测验总分的高低,以极端的 27% 区分出高分组与低分组,进行独立样本 T 检验是否达到显著水平(决断值或 CR 值≥3.000),用于决定是否具有鉴别度,可以考虑将未达显著水平的题项删除。同质性检验是个别题项筛选的另一个指标,题项与总分的相关系数未达到显著,或二者为低度相关(相关系数＜0.4),表示题项与整体量表的同质性不高,可以考虑予以删除(吴明隆,2010)。

本研究项目分析经由 SPSS 统计分析软件完成,各项统计量整理如表 5-1 所示。

表 5-1　外语学习信息素养试测量表项目分析摘要表

题项	极端值比较	题项与总分相关		同质性检验			未达标准指标数	备注
	决断值	题项与总分关系	修正后得项目总相关	题项删除后的 α 值	共同性	因素载荷量		
Q11	5.245	♯.316＊＊	♯.295	.974	♯.095	♯.309	0	修改
Q12	7.677	.477＊＊	.459	.974	.218	.467	0	保留
Q13	10.519	.603＊＊	.591	.974	.353	.594	0	保留
Q14	7.880	.492＊＊	.471	.974	.226	.476	0	保留
Q15	6.606	.483＊＊	.465	.974	.232	.482	0	保留
Q16	6.046	.450＊＊	.429	.974	.204	.451	0	保留
Q17	10.872	.629＊＊	.615	.974	.398	.631	0	保留
Q18	10.784	.644＊＊	.632	.974	.415	.644	0	保留
Q19	9.121	.520＊＊	.503	.974	.261	.511	0	保留
Q20	9.822	.604＊＊	.591	.974	.370	.608	0	保留
Q21	7.444	.594＊＊	.582	.974	.357	.598	0	保留
Q22	7.668	.529＊＊	.516	.974	.285	.534	0	保留
Q23	10.196	.557＊＊	.540	.974	.297	.545	0	保留
Q24	6.237	.423＊＊	.408	.974	♯.161	♯.401	0	保留
Q25	11.102	.573＊＊	.559	.974	.315	.562	0	保留
Q26	5.982	.467＊＊	.454	.974	.222	.471	0	保留
Q27	9.833	.567＊＊	.551	.974	.315	.562	0	保留
Q28	10.295	.560＊＊	.541	.974	.291	.539	0	保留
Q29	10.645	.586＊＊	.570	.974	.317	.563	0	保留
Q30	11.763	.593＊＊	.577	.974	.326	.571	0	保留
Q31	10.323	.577＊＊	.562	.974	.311	.558	0	保留
Q32	9.231	.508＊＊	.489	.974	.230	.480	0	保留
Q33	9.768	.534＊＊	.517	.974	.259	.509	0	保留
Q34	9.836	.624＊＊	.612	.974	.382	.618	0	保留
Q35	11.060	.592＊＊	.578	.974	.338	.582	0	保留
Q36	11.238	.585＊＊	.571	.974	.326	.571	0	保留

（续表）

题项	极端值比较	题项与总分相关		同质性检验			未达标准指标数	备注
题项	决断值	题项与总分关系	修正后得项目总相关	题项删除后的 α 值	共同性	因素载荷量	未达标准指标数	备注
Q37	11.238	.585＊＊	.571	.974	.326	.571	0	保留
Q38	9.913	.599＊＊	.589	.974	.352	.594	0	保留
Q39	11.512	.655＊＊	.647	.974	.428	.655	0	保留
Q40	12.816	.640＊＊	.632	.974	.415	.644	0	保留
Q41	8.762	.569＊＊	.550	.974	.334	.578	0	保留
Q42	9.510	.557＊＊	.541	.974	.310	.557	0	保留
Q43	10.719	.623＊＊	.610	.974	.413	.643	0	保留
Q44	11.293	.657＊＊	.646	.974	.458	.677	0	保留
Q45	11.298	.683＊＊	.672	.974	.487	.698	0	保留
Q46	11.542	.717＊＊	.706	.974	.538	.734	0	保留
Q47	9.853	.650＊＊	.637	.974	.447	.669	0	保留
Q48	9.303	.658＊＊	.649	.974	.463	.680	0	保留
Q49	8.924	.646＊＊	.630	.974	.431	.656	0	保留
Q50	9.185	.532＊＊	.511	.974	.275	.525	0	保留
Q51	10.258	.679＊＊	.671	.974	.474	.688	0	保留
Q52	6.964	.484＊＊	.464	.974	.227	.476	0	保留
Q53	10.628	.651＊＊	.643	.974	.436	.660	0	保留
Q54	12.958	.690＊＊	.682	.974	.489	.699	0	保留
Q55	10.342	.631＊＊	.621	.974	.405	.636	0	保留
Q56	12.103	.713＊＊	.705	.974	.522	.722	0	保留
Q57	6.758	.477＊＊	.457	.974	.216	.464	0	保留
Q58	10.892	.679＊＊	.672	.974	.485	.696	0	保留
Q64	10.584	.637＊＊	.625	.974	.420	.648	0	保留
Q59	9.918	.651＊＊	.638	.974	.445	.667	0	保留
Q60	9.563	.529＊＊	.513	.974	.260	.510	0	保留
Q61	9.761	.509＊＊	.490	.974	.235	.485	0	保留

（续表）

题项	极端值比较	题项与总分相关		同质性检验			未达标准指标数	备注
	决断值	题项与总分关系	修正后得项目总相关	题项删除后的α值	共同性	因素载荷量		
Q62	11.688	.645**	.633	.974	.427	.654	0	保留
Q63	9.531	.530**	.514	.974	.257	.507	0	保留
Q65	13.473	.611**	.596	.974	.357	.598	0	保留
Q66	10.572	.626**	.612	.974	.385	.620	0	保留
Q67	10.434	.622**	.606	.974	.379	.616	0	保留
Q68	9.374	.619**	.603	.974	.396	.629	0	保留
Q69	8.824	.603**	.586	.974	.384	.620	0	保留
Q70	7.469	.556**	.536	.974	.325	.570	0	保留
Q71	12.294	.673**	.660	.974	.465	.682	0	保留
Q72	11.288	.658**	.642	.974	.448	.669	0	保留
Q73	10.538	.633**	.616	.974	.405	.636	0	保留
Q74	8.567	.670**	.668	.974	.486	.697	0	保留
Q75	3.911	♯.349**	♯.313	.974	♯.104	♯.323	0	删除
Q76	11.559	.695**	.682	.974	.503	.709	0	保留
Q77	10.409	.659**	.647	.974	.442	.665	0	保留
Q78	13.460	.698**	.688	.974	.500	.707	0	保留
Q79	8.481	.587**	.567	.974	.357	.598	0	保留
Q80	9.925	.654**	.639	.974	.449	.670	0	保留
Q81	10.083	.638**	.635	.974	.434	.659	0	保留
Q82	12.634	.663**	.653	.974	.451	.672	0	保留
Q83	8.773	.568**	.554	.974	.337	.580	0	保留
Q84	7.539	.547**	.516	.974	.301	.549	0	保留
Q85	7.041	.536**	.510	.974	.294	.542	0	保留
判决标准	≥3.000	≥.400	≥.400	≤.974（注）	≥.200	≥.450		

注：0.974 为本量表的内部一致性 α 系数；♯未达指标值

表 5-1 为外语学习信息素养试测量表关于极端组比较、题项与总分相关、同质性检验的统计量结果,从题项决断值、题项与总分相关、校正题项与总分相关、题项删除后 α 值改变、题项的共同性与因素负荷量等指标来看,第 11 题、第 24 题、第 75 题均有不同指标的统计量不理想的情况。第 11 题与总分相关系数 $0.316<0.4$,修正后得项目总相关为 $0.295<0.4$,共同性 $0.095<0.2$,因素载荷量 $0.309<0.45$,但是 CR 值 $5.245>4$,有一定的鉴别度,综合考虑本题项考察的内容,予以修改;第 24 题共同性 $0.161<0.2$,因素载荷量 $0.401<0.45$,其他四项指标的统计量均达到标准,综合考虑予以保留;第 75 题高分组均值 3.64、标准差 0.899,低分组均值 3.08、标准差 0.927,两组的平均数差异值很小,CR 值 $3.911<4$,参与量表总分的相关系数为 0.349,$p=0.000<0.05$,虽达显著水平,但二者只是低度相关(相关系数 $0.349<0.4$),共同性 $0.104<0.2$,因素载荷量 $0.323<0.45$,因此第 75 题予以删除。

(二)因素分析

项目分析之后,为检验量表的建构效度(construct validity),应进行因素分析(共同因素分析),其目的在于找出量表潜在的结构,减少题项的数目,使之变为一组较少而彼此相关较大的变量(吴明隆,2010)。KMO 指标值介于 0 与 1 之间,当 KMO 值小于 0.50,表示题项变量间不适合进行因素分析;当所有题项变量所呈现的 KMO 指标值大于 0.80,表示题项变量间的关系是良好的,题项变量适合进行因素分析;当 KMO 指标值大于 0.90,表示题项变量间的关系是极佳的,题项变量非常适合进行因素分析(吴明隆,2010)。本研究问卷的编制依据"互联网＋"时代外语学习信息素养指标体系框架,层面架构已确定,经过专家内容效度的审核,因此在进行因素分析时,并未纳入所有题项,而是按照准备、输入、内化、输出、管理等分层面进行,以下为各层面的因素分析结果。

1. 准备层面因素分析摘要

准备层面因素分析摘要如表 5-2 所示,KMO 和 Bartlett 检验后,KMO 值为 $0.911>0.80$,$p=0.000$,代表题项变量间的关系适合进行因素分析。此外,量表特征值大于 1,然而第 23 题、第 26 题因素负荷量皆低于 0.50。第 23 题为信息调查题,所以予以保留;第 26 题经由讨论后,予以删除。其余题项因素负荷量大于 0.50,予以保留。

表 5-2　准备因素分析摘要

题号	因素负荷量	保留/删除	KMO 值	解释的变异量(%)
11	.560	保留		
12	.697	保留		
13	.540	保留		
14	.594	保留		
15	.701	保留		
16	.735	保留		
17	.738	保留		
18	.702	保留		
19	.548	保留		
20	.707	保留		
21	.808	保留		
22	.699	保留	.911	51.575
23	.363	保留		
24	.573	保留		
25	.520	保留		
26	.379	删除		
27	.528	保留		
28	.767	保留		
29	.799	保留		
30	.838	保留		
31	.754	保留		
32	.844	保留		
33	.844	保留		

2. 输入层面因素分析摘要

输入层面因素分析摘要如表 5-3 所示,KMO 和 Bartlett 检验后,KMO 值为 0.870＞0.80,$p=0.000$,代表题项变量间的关系适合进行因素分析。此外,量表特征值大于 1,然而第 41 题、第 52 题因素负荷量皆低于 0.50。经由讨论,第52题为反向题,予以保留;第41题予以删除。其余题项因素负荷量大于 0.50,予以保留。

表 5-3　输入因素分析摘要

题号	因素负荷量	保留/删除	KMO 值	解释的变异量(%)
34	.669	保留		
35	.737	保留		
36	.885	保留		
37	.885	保留		
38	.738	保留		
39	.762	保留		
40	.785	保留		
41	.450	删除		
42	.558	保留		
43	.786	保留	.870	59.081
44	.791	保留		
45	.767	保留		
46	.839	保留		
47	.855	保留		
48	.808	保留		
49	.799	保留		
50	.501	保留		
51	.613	保留		
52	.420	保留		

3. 内化层面因素分析摘要

内化层面因素分析摘要如表 5-4 所示,KMO 和 Bartlett 检验后,KMO 值为 $0.869 > 0.80$,$p = 0.000$,代表题项变量间的关系适合进行因素分析。此外,量表特征值大于1,然而第57题因素负荷量低于0.50,经由讨论后予以删除。其余题项因素负荷量大于0.50,予以保留。

表5-4　内化因素分析摘要

题号	因素负荷量	保留/删除	KMO 值	解释的变异量(%)
53	.828	保留		
54	.847	保留		
55	.770	保留		
56	.839	保留	.869	69.778
57	.440	删除		
58	.823	保留		
59	.829	保留		
60	.846	保留		

4. 输出层面因素分析摘要

由表5-5结果得知,KMO 和 Bartlett 检验后,KMO 值为 0.847>0.80,$p=0.000$,代表题项变量间的关系适合进行因素分析。此外,量表特征值大于1,且因素负荷量均于 0.673~0.902(>0.50),因此保留全部题项。

表5-5　输出因素分析摘要

题号	因素负荷量	保留/删除	KMO 值	解释的变异量(%)
61	.873	保留		
62	.902	保留		
63	.678	保留		
64	.896	保留		
65	.751	保留	.847	69.214
66	.673	保留		
67	.702	保留		
68	.806	保留		
69	.878	保留		
70	.833	保留		

5. 管理层面因素分析摘要

由表5-6结果得知,KMO 和 Bartlett 检验后,KMO 值为 0.913>0.80,$p=0.000$,代表题项变量间的关系适合进行因素分析。此外,量表特征值大于1,且因素负荷量均于 0.511~0.859(>0.50),因此保留全部题项。

表 5-6　管理因素分析摘要

题号	因素负荷量	保留/删除	KMO 值	解释的变异量（%）
71	.833	保留		
72	.757	保留		
73	.769	保留		
74	.511	保留		
76	.635	保留		
77	.790	保留		
78	.800	保留	.913	65.977
79	.801	保留		
80	.693	保留		
81	.673	保留		
82	.565	保留		
83	.691	保留		
84	.832	保留		
85	.859	保留		

第二轮试测后，形成正式问卷，量表各构面与新题号对照如表 5-7 所示。

表 5-7　题号对照表

构面	二级指标	正式问卷题号	题数
准备	信息意识	11～32	22
	信息知识		
输入	信息获取	33～50	18
	信息评价		
内化	信息加工	51～57	7
	信息重构		
输出	信息交流	58～67	10
	信息利用		
管理	自我监控	68～81	14
	信息伦理		
基本信息		1～10、82	11

第三节　外语学习信息素养问卷调查

项目组在全国范围内的高校中,开展"互联网＋"时代外语学习信息素养问卷调查。

一、样本与数据收集

本研究根据学校分布点多、面广的特点,问卷数据采用随机抽样的方法,借助问卷星平台,通过手机课间扫码或微信群等渠道推送问卷,调查时间为2019年9月至2019年12月。

项目组选取我国东部、中部、西部,来自山东、江苏、福建、北京、湖南、湖北、安徽、黑龙江、云南、广西10个省市17所高校的在校大学生作为研究样本,其中部属双一流重点大学6所,全日制本科院校7所,高等本科独立学院、民办院校等4所,共获得问卷4 777份,剔出不合格问卷、重复数字80％以上的问卷,获得有效问卷4 676份。对样本的人口学特征如表5-8所示:样本学生中男生2 193人(占46.9％),女生2 483人(占53.1％);文科生697人(占14.9％),理科生3 979人(占85.1％);大一学生990人(占21.2％),大二学生2 630人(占56.2％),大三学生756人(占16.2％),大四学生65人(占1.4％),研究生235人(占5.0％),样本数据具有较好的代表性和普遍性。本次调查的基本信息部分还包含:家庭背景来自农村3 098人(占66.3％),来自城市1 578人(占33.7％);3 919人要考研(占83.8％),757人不考研(占16.2％),由此看出,不同类别高校学生的考研积极性都很高。经济状况较差1 920人(占41.1％)、不确定1 942人(占41.5％)、较好814人(占17.4％);大学英语四、六级考试由于考试时间不同,分为以下5种情况:还没考四级2 748人、四级考了但没过456人、过了四级没考六级398人、过了四级没过六级608人、过了六级466人;对自己英语学习的总体满意度中,非常不满意650人(占13.9％)、不满意2 495人(占53.4％)、不确定890人(占19％)、满意582人(占12.4％)、非常满意59人(占1.3％)。以上统计旨在了解受试上述信息是否与外语学习信息素养相关。

表5-8　调查对象基本信息

变量	特征	频率	占百分比
性别	男	2 193	46.9
	女	2 483	53.1
学科背景	文科	697	14.9
	理科	3 979	85.1
年级	大一	990	21.2
	大二	2 630	56.2
	大三	756	16.2
年级	大四	65	1.4
	研究生	235	5.0
出身来源	农村	3 098	66.3
	城市	1 578	33.7
是否要考研	是	3 919	83.8
	否	757	16.2
经济状况	较差	1 920	41.1
	不确定	1 942	41.5
	较好	814	17.4
四、六级考试	还没考四级	2 748	58.8
	四级考了但没过	456	9.8
	过了四级还没考六级	398	8.5
	过了四级没过六级	608	13.0
	过了六级	466	10.0
英语学习满意度	非常不满意	650	13.9
	不满意	2 495	53.4
	不确定	890	19.0
	满意	582	12.4
	非常满意	59	1.3

二、问卷的信效度

量具采用本研究所得"互联网+"时代外语学习信息素养调查问卷。该问卷包括 82 个题项,分为两部分,第一部分为个人特征变量,第二部分调查"互联网+"时代外语学习信息素养。采用 Likert 5 等级量表,1="完全不同意"、2="基本同意"、3="不确定"、4="基本同意"、5="完全同意",受试的得分反映外语信息素养水平,得分越高代表外语信息素养水平越高。项目组在正式问卷调查后,再次对量表的信度、效度进行检验,信度分析用于研究定量数据(尤其是态度量表题)的回答可靠准确性。首先分析 α 系数,如果此值高于0.8,则说明信度高;如果此值为 0.7~0.8,则说明信度较好;如果此值为 0.6~0.7,则说明信度可接受;如果此值小于 0.6,说明信度不佳;信度检验结果如表5-9 所示,总量表信度系数值为 0.967,大于 0.9,因而说明研究数据信度非常好。准备、输入、内化、输出、管理等维度的信度系数值分别为 0.924、0.914、0.913、0.883、0.929,表示 5 个维度层面的内部一致性非常理想。

表 5-9 Cronbach 信度分析

维度	项数	样本量	Cronbach α 系数
准备	22	4 676	0.924
输入	18	4 676	0.914
内化	7	4 676	0.913
输出	10	4 676	0.883
管理	14	4 676	0.929
总量表	71	4 676	0.967

然后探查问卷折半信度,针对问卷第二部分的 71 项进行分析,折半分成两部分,两部分的分析项数量并不相等,因而使用不等长折半系数(Spearman-Brown 系数)进行信度质量判断。由表 5-10 可知:Spearman-Brown 折半信度系数值为 0.890,Guttman Split-Half 系数为 0.890,大于 0.8,因而说明研究数据信度质量高。综上所述,研究数据折半信度系数值高于 0.8,说明数据信度质量高。

表 5-10　折半信度分析

Cronbach α 系数	前半部分	值	0.929
		项数	36
	后半部分	值	0.940
		项数	35
	总项数		71
前半部分和后半部分间的相关系数值			0.802
折半系数（Spearman-Brown 系数）	等长		0.890
	不等长		0.890
Guttman Split-Half 系数			0.890

　　项目组对量表的信度、效度进行检验结果显示：问卷内在一致性良好（总量表 Cronbach's α 系数为 0.967，维度 1～5 的 Cronbach's α 系数均大于 0.8），分半信度良好（Spearman-Brown 系数为 0.890，Guttman Split-Half 系数为 0.890），信度质量高；本研究前期完成了专家内容效度、建构效度的分析，KMO 检验值为 0.969，Bartlett 球形检验显著（$p = 0.000$）（见表 5-11），问卷效度良好。

表 5-11　KMO 和 Bartlett 的检验

取样足够度的 Kaiser-Meyer-Olkin 度量		.969
Bartlett 的球形度检验	近似卡方	190 168.816
	df	2 485
	Sig.	.000

第四节　外语学习信息素养现状分析

本节首先对"互联网＋"时代外语学习信息素养调查问卷数据进行描述性统计分析,探究大学生外语学习信息素养现状;然后运用独立样本 T 检验或单因素组间方差分析获取外语学习信息素养群体差异状况;再使用 AMOS 软件构建结构方程模型,探索外语学习信息素养指标体系各维度之间以及维度与各构成要素之间的影响机制,为优化信息环境下的大学英语学习提供依据。

一、外语学习信息素养现状分析

"互联网＋"时代外语学习信息素养现状分析拟从整体以及各维度展开。

(一)大学生外语学习信息素养现状总体情况有待提高

1. 外语学习信息素养指数的计算

依据本研究第四章中得出的外语学习信息素养评价指标体系权重(见表5-12),计算出信息素养指数。

表 5-12　外语学习信息素养评价指标体系权重表

一级指标	一级指标权重	二级指标	二级指标权重
准备	0.110 8	A1 信息意识	0.691 1
		A2 信息知识	0.308 9
输入	0.308 2	B1 信息获取	0.520 2
		B2 信息评价	0.479 8
内化	0.213 6	C1 信息加工	0.487 1
		C2 信息重构	0.512 9
输出	0.200 2	D1 信息交流	0.813 8
		D2 信息利用	0.186 2
管理	0.167 2	E1 自我监控	0.599
		E2 信息伦理	0.401

本研究采用简单线性加权法,得到外语学习信息素养指数的计算公式和5个维度分值的计算公式,分别如公式(1)、(2)、(3)、(4)、(5)所示。

外语学习信息素养指数＝0.110 8×(准备)＋0.308 2×(输入)＋0.213 6×(内化)＋0.200 2×(输出)＋0.167 2×(管理)　　　　　　公式(1)

　　准备＝0.691 1×A1＋0.308 9×A2　　　　　　　　　　　公式(2)

　　输入＝0.520 2×B1＋0.479 8×B2　　　　　　　　　　　公式(3)

　　内化＝0.487 1×C1＋0.512 9×C2　　　　　　　　　　　公式(4)

　　输出＝0.813 8×D1＋0.186 2×D2　　　　　　　　　　　公式(5)

　　管理＝0.599 0×E1＋0.401 0×E2　　　　　　　　　　　公式(6)

2. 信息素养指数的调查得分

依据信息素养指数的计算结果,本研究将外语学习信息素养水平划分为5个等级:0～20分为差,21～40分为较差,41～60分为一般,61～80分为较好,81～100分为好。依据4 676份"互联网＋"时代外语学习信息素养调查问卷的相关数据进行统计分析,结果如图5-1所示:参与调查的4 676名受试平均得分为62.43分。此数据说明参与调查的4 676名受试外语学习信息素养达到了较好,但是分值较低,还需大幅提升。在5个维度中,输出和输入的得分较低,处于"一般"档次,说明大学生的英语信息交流、信息利用、信息获取以及信息评价能力是短板。准备、内化及管理维度得分稍高,处于"较好"档次,说明大学生认识到英文信息的重要作用,信息基本知识和技能的掌握、信息加工、信息重构、自我监控、信息伦理等方面有了一定基础,但是得分并不高,未来仍需提高。

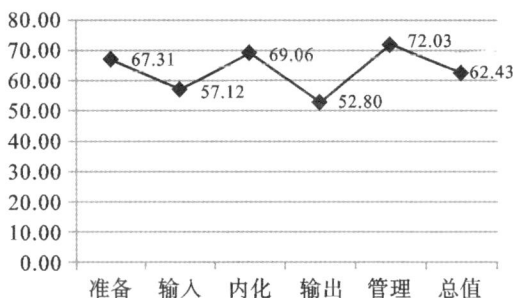

图5-1　信息素养各维度指数的调查得分

(二)信息意识认可度尚可,能力提升亟须教师指导

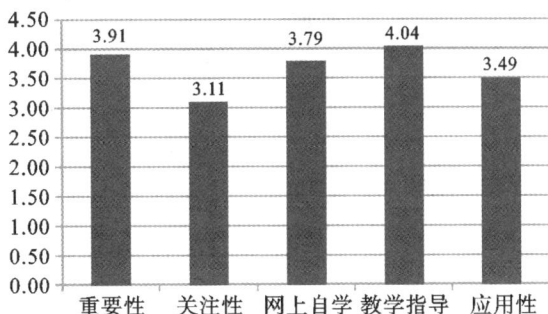

图 5-2　信息意识问卷调查情况

　　准备维度下设信息意识与信息知识两个子维度。信息意识涵盖题目均值由高到低依次为:教学指导>重要性>网上自学>应用性>关注性(如图 5-2 所示),其中教学指导(很有必要开展培养学生英语信息能力的教学指导),得分最高,均值达到 4.04,选择"基本同意"及"完全同意"的比例达到 82.55%。这表明学生对信息意识提升的认同度很高,亟须教师进行信息能力的指导。英文信息对学习、生活的重要性的均值为 3.91,高于信息意识整体均值 3.61,表明学生对英文信息的重要性基本持肯定态度。网上自学的均值为 3.79,表明学生认同网上自主学习在英语学习中的重要性,自主学习是英语学习的重要组成部分。关注性均值(3.11)与应用性均值(3.49)皆低于信息意识均值,表明学生对英文信息,尤其对本专业世界学科前沿关注性不高,学生应用英文信息解决实际问题的意识仍需加强。挖掘背后原因,可能与客观上不知获取最新的英文资讯的途径,主观上行动力弱、学习倦怠有关。综上,学生认识到英语信息的重要性,在访谈中谈到英语信息在将来工作、学习、升学和对外交流中的重要性,但是对如何提升信息能力尚不明确,亟须指导,同时应用英语信息解决问题的意识较弱。

(三)学生有学习更多信息知识意愿,认可与依赖电子型信息源

　　信息知识维度涵盖内容的均值中,电子型信息源(文本、视频、音频)得分最高,均值达到 3.81(如图 5-3 所示),而选择"基本同意"及"完全同意"比例达到 74.96%,均值与同意比例显著高于印刷型信息源(书、杂志)。问卷中还设计了"我每学期阅读英文图书、期刊的本数"的题目,近 90% 的大学生每学期阅读英文图书、期刊的本数在 2 本以下,约 40% 的大学生几乎不阅读英文图书、期刊,由此可见大学生对电子型信息源的认可与依赖。访谈中,学生对英语学

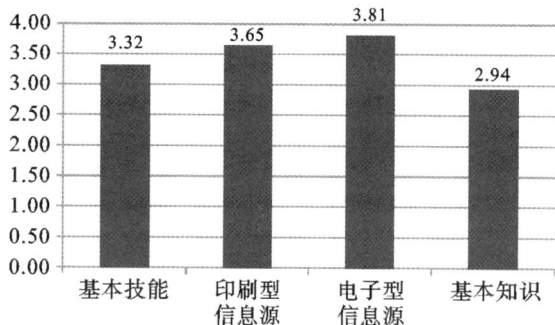

图 5-3 信息知识问卷调查情况

习的电子信息源感兴趣,能够灵活地选择满足学习需求的功能,并且能够发现电子或纸质信息源的优缺点。同时,学校的英语信息化教学条件是影响大学生英语信息知识的重要因素,因此学校与教师在英语学习配套平台以及资源的选择方面,应多注重学生需求。另外,相关企业也需要提升平台服务,满足教与学的需要。如图 5-3 所示,基本知识得分最低,均值为 2.94,这部分主要考察了"是否能够区分①学术期刊与杂志,②图书馆资源与网络资源,③自由发表文章(如微博、微信和网上论坛等的文章)和正式发表论文(如期刊、会议等的文章)"。这说明学生文献基础知识的缺乏,确认各种不同类型和格式的潜在信息源的能力尚需提升,提示加强信息素养基础知识教学。

(四)信息获取整体水平较低,需全面提高

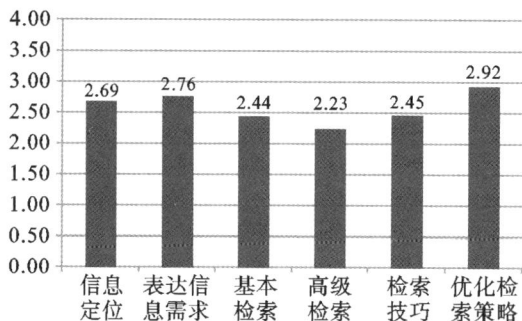

图 5-4 信息获取问卷调查情况

输入维度从信息获取与信息评价两个方面考量,信息获取情况调查如图 5-4 所示。信息获取涵盖内容由高到低依次为:优化检索策略＞表达信息需求＞信息定位＞检索技巧＞基本检索＞高级检索。优化检索策略得分最高,但也仅有 2.92,大学生信息获取过程中检索结果不理想时,能够调整修改检索策

略,但是在选择信息检索的正确命令方面有一定困难,仅有不到20%的被试选择"经常与总是使用AND、OR、NOT或＊、＋、－等把检索词连接起来等基本检索技巧"。整体来看,信息获取各要素均值皆低于3.0,与总问卷均值3.20差距较大,整体水平偏低,大学生信息定位、表达信息需求、基本检索技能、高级检索技能、检索技巧策略等信息获取能力需全面提高。

(五)评价信息的准确性及时效性有困难

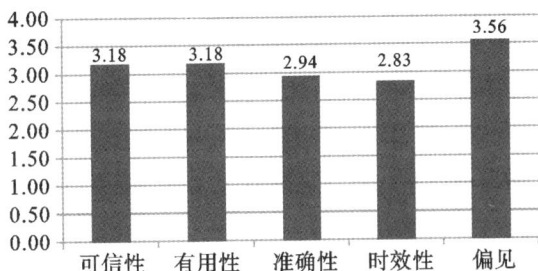

图5-5　信息评价问卷调查情况

信息评价情况调查如图5-5所示。信息评价涵盖内容均值由高到低依次为:偏见＞可信性＝有用性＞准确性＞时效性。大学生在评价英文信息时,能够对自己的偏见和世界观保持清醒认识,在遇到不同的甚至相互冲突的观点时会保持客观的态度。这些方面表现较好,均值最高,但是在判断信息的准确性及时效性方面,均值较低,提示学生这方面能力尚需加强。教师可以有针对性地就网上英文信息的基本分类、各类英文信息的特征、英文信息准确性及时效性的判断方法给予学生帮助。

(六)对信息的综合、概括、整合有一定认知,但深度思维能力的培养不可忽视

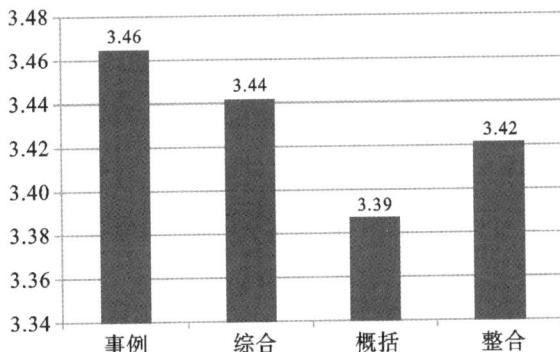

图5-6　信息加工问卷调查情况

输入维度从信息加工与信息重构两个方面考察。信息加工情况调查如图 5-6 所示,均值最高的是事例,即联系事例来增加观点的说服力。这种方法在学生写作或口语交流中应用最广泛,学生较为熟练。均值最低的是概括,即从搜集的英文信息中提取、概括主要观点和思想,属于深度思维,需要通过多种知识和信息间的相互连接、相互融合、归纳概括来完成。而整合指整合梳理所学新知识之间、新旧知识之间的内在联系,使其存储在长时记忆中。概括、整合也与学习者加工信息认知策略三个层面中的精加工策略、组织策略相对应,这是学习者加工信息的基本要求。总的看来,学生在这四个方面的能力差别不大,这四种能力密切关联,因此学生的感知也接近。

(七)认可信息重构对高阶思维能力培养的作用

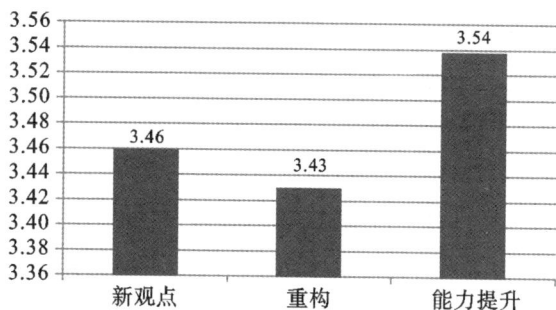

图 5-7　信息重构问卷调查情况

信息重构情况调查如图 5-7 所示。英文信息重构包括在综合多个英文信息的基础上形成自己的观点、信息重构能力的应用以及能力提升。知识建构能力指学习者通过新、旧知识经验之间的相互作用,建构新知识的能力,属于高阶思维能力。学习是一个不断建构的过程,需要通过新、旧经验之间的相互作用得以实现,是终身学习的一个基本能力要素。如图 5-7 所示,均值最高的是能力提升,学生感知在获取英文信息过程中,阐释、分析、推理、解释能力有所提高。学生对此较为认可。

(八)信息交流是短板,需创设更多情境,激发效能感

输出维度从信息交流与信息利用两个方面考量。信息交流情况调查如图 5-8 所示。英文信息交流涵盖口语交流和书面交流,受试多为大学低年级学生,英语信息的交流以口语交流为主。因此,本部分题项分为线上口语交流、

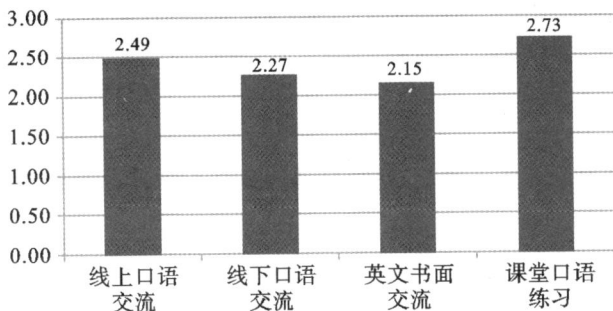

图 5-8　信息交流问卷调查情况

线下口语交流、英文书面交流、课堂口语练习等部分。其中课堂口语练习得分最高,学生参加课堂口语练习比课外口语练习更积极,这与在目前大学英语教学中,教师基本采用形成性评价与终结性评价相结合的评价方法,激励学生参加课堂活动有关。整体来看,信息交流各要素均值皆低于3.0,与总问卷均值3.20差距较大,整体水平较低,说明大学生英语学习信息交流能力需全面提高。教师在创设更多线上、线下、口头、书面等形式多样的英文信息交流的活动与任务时,可以通过正向评价,激励学生积极性、主动性,提升学生自我效能感,提升交流意愿,形成良性循环。

(九)分享信息,协作学习意愿较强,实际解决问题能力尚需提高

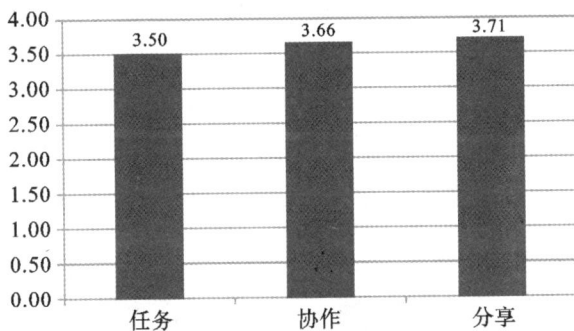

图 5-9　信息利用问卷调查情况

英文信息利用情况调查如图 5-9 所示,学生在分享信息、协作学习方面均值接近,明显高于利用英文信息完成任务、解决问题。由此可见,学生分享信息和协作学习意愿较强,教师可用安排小组活动等方式,组织开展课内课外活动与任务。另一方面,教师可以运用任务教学法,驱动学生用获取的信息解决

问题,将学习活动转化为探究问题、解决问题的过程,由此可以更好地构建师生交流的空间,提高学生参与度,提升学生的协作解决问题能力,而协作解决问题的能力是人工智能时代必备的一种高阶能力。

(十)自我监控方面的计划执行、任务完成等行为策略有待加强

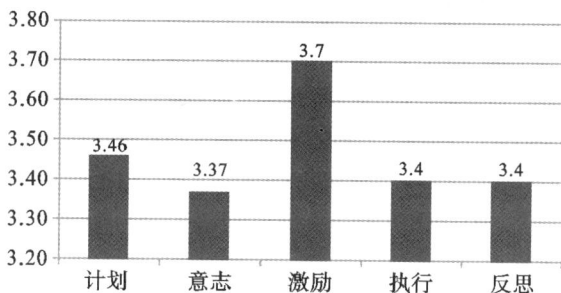

图 5-10 自我监控问卷调查情况

管理维度从自我监控与信息伦理两个方面探究。学生自我监控情况调查如图 5-10 所示,其中激励层面涵盖内容均值最高,显示学生对自己的情绪关注和调节表现较好,常激励自己保持积极的学习心态,保证良好的网上学习心理状态。当出色地完成网上英语学习任务后,多数学生会感到非常高兴。当达到网上英语学习目标或学习有进步时,多数学生会适当地奖励自己。意志层面均值较低,学生在网上英语学习时,玩网络游戏,分心去聊天、看新闻、购物等,面对各种诱惑意志力较为薄弱。学生要自觉地克服在网上学习过程中所表现出来的注意分散等负性行为,保证持续高效的网上学习。同样,执行学习计划、完成学习任务、反思总结等行为策略方面也有待加强。

(十一)信息利用的规范性、合法性的意识以及执行策略均需提升

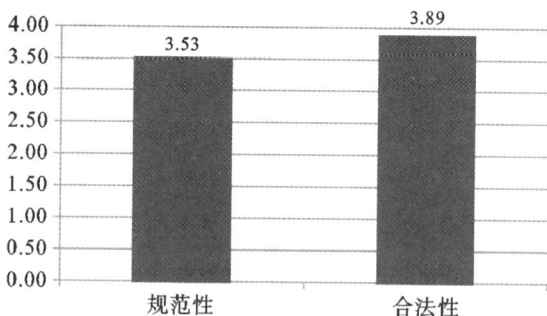

图 5-11 信息伦理问卷调查情况

学生信息伦理情况调查如图 5-11 所示,信息伦理主要从信息的规范性与合法性两个方面阐释,信息的规范性均值低于合法性。这表明学生在尊重知识产权、遵守网络行为规范等方面表现较弱,超过 60% 的学生在题项"引用他人公开发表的英语知识成果时,我会标注出引用信息"中选择"基本同意"与"完全同意",而知道"如何书写引用信息"的学生却不足 50%,对信息资源的合法使用范围也知之甚少。由此可知,尊重知识产权、懂得构成剽窃的成分、遵守网络行为规范以及信息安全知识仍有较大欠缺,应加强信息规范及信息安全方面的教育,为深入探索知识创造有利的条件。

二、外语学习信息素养群体差异分析

为明确背景因素对大学生外语学习信息素养的影响,本研究运用 SPSS 独立样本 T 检验或单因素方差分析的方法进行差异性分析。分析结果显示,学生在性别、学科背景、年级、生源地类型、是否考研、经济状况、英语学习成绩以及学习满意度等方面存在普遍的极显著性差异。

(一)不同性别学生的外语学习信息素养存在极显著性差异

为探究外语学习信息素养构建及评价要素可能存在的性别差异,课题组运用 SPSS 统计软件中的均值比较,对样本中男生和女生在 10 个要素上的均值进行独立样本 T 检验,结果如表 5-13 所示。

表 5-13 外语学习信息素养性别差异

维度	子维度	均值		均值差	p 值
		男(n=2 193)	女(n=2 483)		
准备	意识	3.54	3.67	−0.13	0.000**
	知识	2.80	2.85	−0.05	0.006**
输入	获取	2.58	2.55	0.03	0.239
	评价	3.14	3.20	−0.06	0.000**
内化	加工	3.38	3.47	−0.09	0.000**
	重构	3.43	3.51	−0.08	0.001**
输出	交流	2.45	2.39	0.06	0.016*
	利用	3.50	3.72	−0.22	0.000**

（续表）

维度	子维度	均值		均值差	p 值
		男($n＝2\,193$)	女($n＝2\,483$)		
管理	监控	3.41	3.59	−0.18	0.000**
	伦理	3.64	3.84	−0.20	0.000**

* $p＜0.05$　** $p＜0.01$

除获取外，在所有 5 个维度及其子维度上，男生与女生皆存在显著或极显著性差异，且除了信息交流，女生均值都高于男生。这说明女生的外语学习信息素养水平相比男生，普遍较高。总体来说，女生在语言学习方面优于男生，女性在处理语言时大脑语言区域要比男性更活跃，女生感性、细致的性格特征及认知风格都比较适合语言的学习，尤其在对自身英语学习实施有效的规划与调控、尊重知识产权、遵守网络行为规范方面，更加主动自觉。

（二）不同学科背景学生的外语学习信息素养存在极显著性差异

为考察"互联网＋"时代外语学习信息素养构建及评价要素可能存在的学科背景差异，课题组运用 SPSS 统计软件中的均值比较，对样本中文科和理科在 10 个要素上的均值进行独立样本 T 检验，结果如表 5-14 所示。

表 5-14　外语学习信息素养学科背景差异

维度	子维度	均值		均值差	p 值
		文科($n＝697$)	理科($n＝3\,979$)		
准备	意识	3.68	3.59	0.09	0.003**
	知识	2.92	2.81	0.11	0.000**
输入	获取	2.64	2.55	0.09	0.006**
	评价	3.23	3.16	0.07	0.009**
内化	加工	3.48	3.42	0.06	0.037*
	重构	3.54	3.46	0.08	0.018*
输出	交流	2.57	2.39	0.18	0.000**
	利用	3.69	3.61	0.09	0.011*
管理	监控	3.58	3.49	0.09	0.004**
	伦理	3.81	3.73	0.08	0.021*

* $p＜0.05$　** $p＜0.01$

文科生和理科生在所有 5 个维度及其子维度上,皆存在显著性或非常显著性差异。文科生的均值皆高于理科生,不同学科在一定程度上影响外语学习信息素养水平,文科生感性思维比理科生的抽象思维在英语学习方面有一定优势。同时,人文学科由于其学科知识的深刻性或复杂性以及学科特征,需要获取更多的信息资源知识进行交流利用,对外语学习信息素养的提升有帮助。但是,所有 5 个维度的均值差都较小,表明专业思维差异对外语学习信息素养构建及评价有一定影响但是影响不明显。

(三)不同生源地学生的外语学习信息素养存在极显著性差异

为明确生源地对"互联网+"时代外语学习信息素养构建及评价要素的影响,课题组运用 SPSS 统计软件中的均值比较,对样本中农村和城市在 10 个要素上的均值进行独立样本 T 检验,结果如表 5-15 所示。

表 5-15 外语学习信息素养生源地差异

维度	子维度	均值		均值差	p 值
		农村($n=3\,098$)	城市($n=1\,578$)		
准备	意识	3.57	3.67	−0.10	0.000**
	知识	2.80	2.87	−0.07	0.000**
输入	获取	2.53	2.63	−0.10	0.000**
	评价	3.15	3.22	−0.07	0.000**
内化	加工	3.40	3.48	−0.08	0.002**
	重构	3.46	3.51	−0.05	0.033*
输出	交流	2.38	2.49	−0.10	0.002**
	利用	3.60	3.66	−0.06	0.030*
管理	监控	3.49	3.55	−0.06	0.003**
	伦理	3.71	3.80	−0.09	0.001**

* $p<0.05$ ** $p<0.01$

来自城市的学生和来自农村的学生在所有 5 个维度及其子维度上,皆存在显著性或非常显著性差异。城市学生的均值皆高于农村学生,生源地在一定程度上影响外语学习信息素养水平。究其原因,主要为城市和农村学生的成长环境、受教育环境的差距造成,城市学生的英语学习信息意识强烈、信息获取更为便捷,所以知识丰富。但是所有5个维度的均值差都较小,表明专业思维差异对外语学习信息素养构建及评价有一定影响但不是非常明显,这与经济快速发展,城乡差距缩小有关。

(四)不同考研打算学生的外语学习信息素养存在极显著性差异

为探析不同考研打算对"互联网＋"时代外语学习信息素养构建及评价要素的影响,课题组运用SPSS统计软件中的均值比较,对样本中打算考研和不打算考研在10个要素上的均值进行独立样本T检验,结果如表5-16所示。

表 5-16　外语学习信息素养不同考研打算差异

维度	子维度	均值		均值差	p 值
		是($n=3\,919$)	否($n=757$)		
准备	意识	3.64	3.41	0.23	0.000**
	知识	2.85	2.71	0.14	0.000**
输入	获取	2.58	2.48	0.10	0.001**
	评价	3.19	3.07	0.12	0.000**
内化	加工	3.45	3.31	0.14	0.000**
	重构	3.50	3.34	0.16	0.000**
输出	交流	2.43	2.32	0.12	0.001**
	利用	3.66	3.43	0.22	0.000**
管理	监控	3.53	3.36	0.17	0.000**
	伦理	3.78	3.56	0.22	0.000**

$^*p<0.05$　$^{**}p<0.01$

不同考研打算在所有5个维度及其子维度上皆存在极显著性差异($p<0.001$),而且各项差异巨大,在所有10个子维度上的均值差均在0.1以上,远高于性别、学科、生源地的均值差。由此表明,不同考研打算对外语学习信息素养水平有较大影响。打算考研的学生具有更强的学习兴趣和学习动机。尤其在信息意识和信息知识方面,打算考研的学生更善于利用学校提供的各类学习资源,主动积极地进行英语学习,同时英语是研究生考试的必考科目,因此,打算考研的学生对英语学习尤为重视,在英语学习的准备、输入、内化、输出阶段,信息素养水平凸显,尤其在管理维度,打算考研的学生自我管理能力、自我调控能力更强。由此可见,只要明确了自己未来的发展方向与目标,就会

在学习行为上有所体现,并取得较高的学业收获。从基本信息的统计数据来看,选择打算考研的学生有 3 919 人,占受试的 83.81%,说明在该调查群体中大部分学生具有考研打算。

(五)不同年级学生的外语学习信息素养存在极显著性差异

表 5-17　外语学习信息素养不同年级差异

维度	年级	均值	标准差	F	显著性
准备	大一	3.27	0.60	9.66	0.000**
	大二	3.21	0.58		
	大三	3.14	0.56		
	大四	3.15	0.68		
	研究生	3.37	0.51		
输入	大一	2.91	0.60	5.56	0.000**
	大二	2.86	0.64		
	大三	2.81	0.62		
	大四	2.90	0.63		
	研究生	3.00	0.56		
内化	大一	3.47	0.71	5.54	0.000**
	大二	3.45	0.74		
	大三	3.41	0.71		
	大四	3.18	0.80		
	研究生	3.60	0.66		
输出	大一	2.82	0.71	14.29	0.000**
	大二	2.70	0.69		
	大三	2.59	0.68		
	大四	2.76	0.78		
	研究生	2.56	0.68		
管理	大一	3.69	0.66	10.77	0.000**
	大二	3.59	0.69		
	大三	3.59	0.67		
	大四	3.53	0.71		
	研究生	3.84	0.64		

$^*\ p<0.05$　$^{**}\ p<0.01$

由表 5-17 可知,利用单因素方差分析不同年级样本在准备、输入、内化、输出、管理 5 个维度的差异性,不同年级样本均值在 5 个维度均呈现出极显著性差异($p<0.001$)。由不同年级样本对于 5 个维度呈现出的差异对比可知,除输出维度外,组别平均值得分最高的均为研究生,而且与本科组 4 个年级差距明显。研究生科研任务的完成很大程度上依赖于对信息进行探索,信息获取、评价、加工、重构、交流、利用过程与科研活动紧密联系,相互促进,因此信息素养高于本科生有其必然性。但是在输出环节(本研究主要考察学生的口语交流能力与应用能力),研究生的水平明显低于本科生,研究生主要侧重于科研任务的完成,而口语交流与应用是短板。

(六)不同经济状况学生的外语学习信息素养存在极显著性差异

表 5-18　外语学习信息素养经济状况差异

维度	经济状况	均值	标准差	F	显著性
准备	较差	3.17	0.61	22.72	0.000**
	不确定	3.21	0.54		
	较好	3.33	0.59		
输入	较差	2.82	0.66	19.59	0.000**
	不确定	2.87	0.59		
	较好	2.99	0.63		
内化	较差	3.40	0.76	27.12	0.000**
	不确定	3.44	0.68		
	较好	3.62	0.71		
输出	较差	2.64	0.71	19.74	0.000**
	不确定	2.70	0.68		
	较好	2.82	0.72		
管理	较差	3.57	0.71	28.12	0.000**
	不确定	3.61	0.66		
	较好	3.78	0.67		

* $p<0.05$　** $p<0.01$

由表 5-18 可知,利用单因素方差分析不同经济状况在准备、输入、内化、输出、管理等维度的差异性,经济情况不同的样本均值在 5 个维度均呈现出极显著性差异($p<0.001$)。由不同经济状况样本对于 5 个维度呈现出的差异对比可知,经济状况较好的大学生的外语学习信息素养均值皆高于经济状况不确定与较差的大学生,存在极显著性差异,而经济状况不确定与较好的大学生差异不明显。此现状表明,经济状况较好的大学生在电脑、平板电脑、手机等设备配备,上网费用、付费学习资源的获取等方面都具有优势,这为英语信息的输入、内化、输出、管理提供了保障,使其各信息素养层面能力锻炼的时间与频率增加。因此,经济状况较好的大学生在外语学习信息素养的各个维度的表现都要好于经济状况不确定的大学生。

(七)四、六级成绩对学生的外语学习信息素养的影响存在极显著性差异

表 5-19　外语学习信息素养四、六级成绩差异

维度	四、六级成绩	均值	标准差	F	显著性
准备	四级考了但没过	3.05	0.55	22.21	0.000**
	过了四级没过六级	3.25	0.53		
	过了六级	3.35	0.54		
输入	四级考了但没过	2.70	0.63	16.48	0.000**
	过了四级没过六级	2.87	0.58		
	过了六级	2.98	0.58		
内化	四级考了但没过	3.27	0.79	38.42	0.000**
	过了四级没过六级	3.52	0.69		
	过了六级	3.60	0.65		
输出	四级考了但没过	2.50	0.75	27.36	0.000**
	过了四级没过六级	2.62	0.66		
	过了六级	2.72	0.67		
管理	四级考了但没过	3.44	0.73	38.62	0.000**
	过了四级没过六级	3.70	0.63		
	过了六级	3.77	0.65		

$^*p<0.05$　$^{**}p<0.01$

由表 5-19 可知,利用单因素方差分析四、六级成绩在准备、输入、内化、输出、管理等维度的差异性,四、六级成绩不同的样本均值在 5 个维度均呈现出极显著性差异($p<0.001$)。四、六级考试是教育部主管的一项全国性的英语

考试,其目的是对大学生的实际英语能力进行客观、准确的测量。四、六级成绩在理论上并无及格线,但是一些学校或学生个人把四级考试的基本线定在425分(四级满分是710分,按通常意义上60%及格计),因此本研究以四、六级成绩作为大学生英语水平的衡量标准。由于参加考试时间不同,所以将四级考了但过的456人、过了四级但没过六级的608人、过了六级的466人纳入分析。由样本四、六级通过情况在5个维度呈现出的差异对比可知,“四级考了但没过”“过了四级没过六级”和“过了六级”三组被试的四、六级通过情况在全部5个维度正向影响信息素养水平不同,随着四、六级成绩的提高,学生的信息素养各维度均值也相应上升。此结果一方面印证了本研究的研究假设,说明信息素养与英语学习紧密相关且贯穿于英语学习的全过程,对英语学习的助推作用明显;另一方面,说明四、六级成绩的现实需求在一定程度上激发了学生英语学习的积极性,正向强化了英语学习行为,产生良好的学习效果。

(八)学习满意度对学生的外语学习信息素养的影响存在极显著性差异

表 5-20　外语学习信息素养学习满意度差异

维度	学习满意度	均值	标准差	F	显著性
准备	非常不满意	2.94	0.66	104.23	0.000**
	不满意	3.19	0.53		
	不确定	3.26	0.53		
	满意	3.53	0.53		
	非常满意	3.76	0.89		
输入	非常不满意	2.62	0.73	77.77	0.000**
	不满意	2.83	0.58		
	不确定	2.93	0.57		
	满意	3.16	0.59		
	非常满意	3.40	0.87		
内化	非常不满意	3.10	0.87	86.17	0.000**
	不满意	3.44	0.69		
	不确定	3.50	0.64		
	满意	3.82	0.58		
	非常满意	3.76	0.97		

（续表）

维度	学习满意度	均值	标准差	F	显著性
输出	非常不满意	2.46	0.80	77.92	0.000**
	不满意	2.64	0.65		
	不确定	2.78	0.65		
	满意	3.03	0.68		
	非常满意	3.41	0.91		
管理	非常不满意	3.29	0.83	72.69	0.000**
	不满意	3.62	0.63		
	不确定	3.65	0.65		
	满意	3.93	0.58		
	非常满意	3.81	0.93		

$^* p < 0.05$ $^{**} p < 0.01$

由表 5-20 可知，利用单因素方差分析学习满意度均值在 5 个维度的差异性，学习满意度不同的样本均值在 5 个维度均呈现出极显著性差异（$p < 0.001$）。由样本学习满意度对于 5 个维度呈现出的差异对比可知，学习满意度的提升与外语学习信息素养各维度水平正态相关，学习满意度正向影响外语学习信息素养各维度水平。英语学习满意度升高，学生的外语学习信息素养各维度均值也相应上升。学习者满意度显著影响持续学习意愿、自我效能感（常李艳等，2022；任星瑶，2021），由此激发学生准备、输入、内化、输出、管理等层面的学习行为动机，保持积极的心态。因此，学习满意度高的学生外语学习信息素养各维度水平高。

三、"互联网十"时代外语学习信息素养各变量及构成要素路径分析

为厘清"互联网十"时代外语学习信息素养构成要素，多维透视其内涵，本研究利用 AMOS 进行结构方程建模，AMOS 的路径分析有两种应用类型：观察变量路径分析（PA-OA）与潜在变量路径分析（PA-LV）（荣泰生，2010）。本研究采用 PA-OA 分析各维度与其构成要素的路径关系特点，采用 PA-LV 探讨维度之间的路径关系特点。依据外语学习信息素养拓展模型结构，预设 5 个潜变量与 20 个显变量，潜变量对应外语学习信息素养指标体系的 5 个维

度,显变量对应外语学习信息素养指标体系的 20 个可测(三级)指标(见图5-12),分别以量表中对应测量题项的平均分取值。

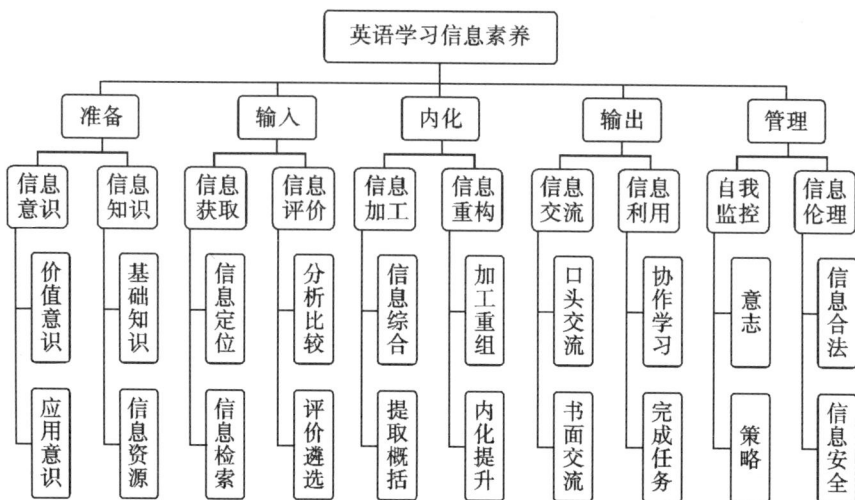

图 5-12　外语学习信息素养拓展模型路径图

(一)"互联网＋"时代外语学习信息素养结构方程模型构建

运用 AMOS 软件建模,根据模型的修正指数、临界比率等指标,对模型进行逐步修正得出最终模型。模型修正后各项拟合指标值为:RMR＝0.049＜0.05,RMSEA＝0.076＜0.08,GFI＝0.912＞0.9;NFI＝0.925＞0.9,IFI＝0.927＞0.9,CFI＝0.927＞0.9;PGFI＝0.660＞0.5,PNFI＝0.740＞0.5,PCFI＝0.742＞0.5。各指标均达到参考理想标准,说明该模型拟合数据效果较好,具体结果见表5-21。各维度的外源变量的标准化载荷系数均达到显著水平($p=0.000$),5 个维度的构念都得到了样本数据支持(图 5-13);所有标准化回归系数(除评价遴选外)均在 0.6 以上,由于评价遴选所对应的部分题项为反向题,因此回归系数低于 0.5。综合上述指标,5 个潜在变量(内生变量)与各自的观测变量(外源变量)呼应关系良好,该测量模型稳定、可靠,说明结构方程模型的潜在变量与观测变量之间产生影响的情形与理论建构基本一致。由结构方程模型图(图 5-13)可知潜变量之间的直接效应、间接效应,具体效应分解结果见表5-22。

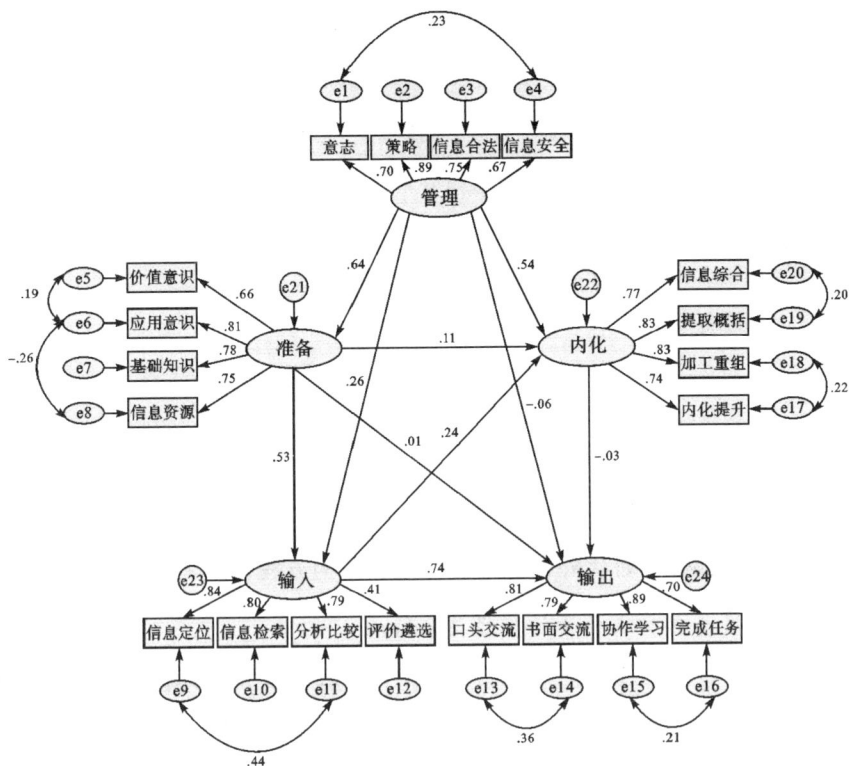

图 5-13 "互联网＋"时代外语学习信息素养结构方程模型

表 5-21 结构方程模型适配度指标

拟合指数	绝对适配统计量			增值适配统计量			简约适配统计量		
	RMR	RMSEA	GFI	NFI	IFI	CFI	PGFI	PNFI	PCFI
参考值	<0.05	<0.08	>0.9	>0.9	>0.9	>0.9	>0.5	>0.5	>0.5
结果值	0.049	0.076	0.912	0.925	0.927	0.927	0.660	0.740	0.742

表 5-22 结构方程模型效应分解结果

内生变量	外源变量	直接效应		间接效应		总效应
		路径	系数	路径	系数	
准备（F1）	输入（F2）	F1→F2	0.53	—	—	0.53
	内化（F3）	F1→F3	0.11	F1→F2→F3	0.13	0.24
	输出（F4）	F1→F4	0.01	F1→F2→F4	0.39	0.4

（续表）

内生变量	外源变量	直接效应		间接效应		总效应
		路径	系数	路径	系数	
输入（F2）	内化（F3）	F2→F3	0.24	—	—	0.24
	输出（F4）	F2→F4	0.74	F2→F3→F4	−0.01	0.73
内化（F3）	输出（F4）	F3→F4	−0.03	—	—	−0.03
管理（F5）	准备（F1）	F5→F1	0.64	—	—	0.64
	输入（F2）	F5→F2	0.26	F5→F1→F2	0.34	0.6
	内化（F3）	F5→F3	0.54	F5→F1→F3	0.07	0.61
	输出（F4）	F5→F4	−0.06	F5→F2→F4	0.19	0.13

（二）"互联网＋"时代外语学习信息素养结构方程模型路径关系特点

1. 各维度与其构成要素的路径关系特点

研究结果显示，"互联网＋"时代外语学习信息素养指标体系的 5 个测量模型中，20 个要素（评价遴选外）的因子负荷值大于 0.60（0.66～0.89），路径系数均达显著（$p＝0.000$），表示因素构念的聚敛效度能够被接受，说明每个要素作为潜在变量的测量指标均可以反映其对应维度的潜在特质（任庆梅，2018）。

在准备的测量模型中，应用意识、基础知识、信息资源的因子负荷值均在 0.75 以上，表明这三个要素对准备维度都有较大贡献。其中应用意识的因子负荷值最大，其次是基础知识，说明应用意识与基础知识是形成准备构念的主导因素，即学生的应用意识越强，对应用英文信息的认知需求越强，内部动机水平越高，越有助于学习准备维度的有效构建。知识的获得不管其形式如何，都是一种积极的过程。这种积极的学习过程显然受到学生强烈的认知需求的驱使。应用意识与价值意识类似"神"备，基础知识与信息资源类似"形"备，形神兼备，为后续信息获取做好准备。

在输入的测量模型中，信息定位的因素负荷值最大（0.84），其次为信息检索（0.80）、分析比较（0.79），表示这三个要素是输入构念的主导要素，因此，学习者提升信息输入的能力，需要从确定所需英语信息的性质和范围、确定关键词、组织与实施有效的检索策略、分析比较不同信息源的英文信息等方面能力着手。这与已有研究相符，互联网时代信息爆炸引发信息过载，准确有效地搜

索和定位信息，比较和评估多种来源的技能是很重要的(Mihailidis & Viotty,
2017；Jones et al.，2021)，同样也是应对海量英文信息的有效对策。

在内化的测量模型中，信息综合、提取概括、加工重组、内化提升的因素负
荷值都在 0.74 以上，表示这 4 个变量共同反映了内化阶段的特点，对内化维度
都有较大贡献，即以上几个方面能力越强，越有助于内化维度的有效构建。4
个因素中内化提升的因素负荷值最低，这与以前研究一致。学生存在认知跳
跃方面困难(Dawes，2019；Hendrigan et al.，2020)，在接触大学的研究环境之
前，学生很少有时间练习批判性思维，他们必须迅速适应从反刍事实、数据到
批判性思考、推断、复述和总结。学生获得的这些信息素养技能是可转移的，
适用于任何需要评估、需要批判性分析的情况(Neely，2006)，因此应该着力培
训学生批判性思维、创新思维，让学生以开放的视角，将学习视为一个永无止
境的过程，为终生学习做准备(Maughan，2001；Griffin et al.，2014；Landøy et
al.，2020)。

在输出的测量模型中，口头交流(0.81)、书面交流(0.79)和协作学习
(0.89)的因素负荷值较大，表示这 3 个变量最能反映输出阶段的特点，是输出
构念的主导因素，即学生口头、书面交流越多，协作学习意愿越强，越有助于输
出维度的有效构建。而任务完成的因素负荷值相对较低，即学生在利用获取
的英文信息完成具体任务的过程中，实践能力、行动转化力较弱，因此应提高
大学生利用信息解决具体问题的能力(孙平、曾晓牧，2005)，尤其是将新信息
应用于专业学术项目研究和产品规划创造等方面的能力，这些属于信息素养
的高阶能力，应该被关注和加强(Maughan，2001；Neely，2006)。

在管理的测量模型中，策略的因素负荷值最大(0.89)，表示策略对管理构
念的贡献最大，即学生获取英语信息过程中时，注意、鼓励、监控、目标设置、行
动控制等策略应用越得当，自我监控越趋于正面，越有助于管理维度的有效构
建。国外研究表明，鼓励等策略可以提升信心，激发个体自我效能感，推动信
息素养技能的发展(Gross & Latham，2009；Michalak，2017)；自我监控成为影
响线上学习质量的关键因素(Long et al.，1994；Zimmerman & Schunk，
2001)；在混合式和远程学习中，自我调节能力的作用更为突出，是学习过程的
重要组成部分(Blau，2020)，因此可以通过提高学习者的自我管理能力来改善
学习效果。

2. 各维度之间的路径关系特点

研究结果显示，"互联网＋"时代外语学习信息素养指标体系的 4 个维度呈现相互协同、共同支持的影响机制（任庆梅，2018）。结构方程模型潜变量之间的作用效应，一般分为直接效应、间接效应、总效应三个层面探讨（荣泰生，2010）。

第一，对输入的作用效应。直接效应方面：对输入作用最大的是准备（0.53），其次是管理（0.26），表明准备和管理对输入有直接影响作用；间接效应方面：管理对输入具有很强的间接影响作用，间接效应值为 0.34，管理对输入的间接效应的路径为：管理→准备→输入，其中准备起到了中介作用。准备与管理对输入的总效应分别为 0.53、0.60，二者合力影响了输入的质与量。准备维度包含信息意识和信息知识两个方面，信息意识能够激发和维系学习者信息输入的动机，而动机是学习者信息搜索行为中最重要的变量，直接影响语言输入效果。而信息基础知识是信息获取的技术支撑，英语学习的信息源和工具是英语学习的载体，以上因素共同促成了语言输入的完成。作为管理维度主导因素的策略，若从学习者的角度予以解读，包括培养学习者自信心、提升自我效能、降低学习焦虑、设置合理学习目标、培养正确归因。这些策略的合理应用最终会推动动机和自主学习能力的提升（Dornyei，1994；高越，2014）。这也印证了管理通过准备对输入产生的间接影响。

第二，对内化的作用效应。管理、准备、输入都对内化产生正向影响力，总效应分别为 0.61、024、0.24，其中准备对内化的总效应包括通过输入对内化产生的间接效应（0.12），由此，管理与输入对内化有较好预测力。内化包含的综合、概括、整合新信息和先前知识的能力都属于信息素养中的高阶技能，可能更具有挑战性（Neely，2006）。因此，学习者需要进行良好的自我调控才能完成内化。若从二语习得的角度考察，所有当代二语习得理论都不否认输入在二语学习的关键作用，输入是学习者建立语言系统的主要数据基础（Benati，2017），没有输入，学习者就不能习得一门语言，改变学习者处理输入的方式和丰富他们的内化吸收可能会对语言学习系统的发展产生影响（VanPatten，2015）。

第三，对输出的作用效应。输入对输出的直接作用效应为 0.74，准备对输出的间接效应为 0.39，总效应为 0.4，间接效应占比 97％，说明准备对输出的影响主要通过输入完成。因此,输入与输出紧密相关,是输出的主要影响力。在输入任务阶段,学生已经专注于某个主题或观点,相关的图式已经被激活,因此使得输出任务更容易,并且为完成更具挑战性的任务提供了可能性(Leeming & Harris,2020)。"互联网十"环境下,丰富的网络资源、便捷的智能移动终端改变了英语学习者的认知模式,因此应充分考虑语言输入的媒质(视觉输入还是听觉输入)、输入的维度(单边的接受性输入还是双边或多边的交互式输入)、输入的频率和复现率、输入语言的真实性和交际性等因素对加工和产出造成的影响(马志强,2005),提升语言输出效能。

(三)"互联网十"时代外语学习信息素养路径关系研究启示

本研究对"互联网十"环境下大学生英语学习有如下启示:第一,根据信息意识及学习资源维度在外语学习信息素养的重要作用,教师应积极引导,激发学生认知需求与内部动机,提高学生自主学习热情,利用先进的信息技术,汇聚并整合外语信息资源,创设高效、开放的学习环境,为学生个性化自主学习和知识建构提供多元的外语信息资源保障(陈坚林、张笛,2014)。第二,依据信息定位、信息检索、分析比较在输入过程中的主导作用,应将信息素养教学渗透学科,将专业信息素养的培养融入英语语言教学,整合语言能力提升与信息技能培养,提升英语教师学科信息管理能力,与学生专业适配,完善课程设置,创新课程内容,赋予英语学科发展新内涵。第三,依据批判性思维和创造性思维在内化与输出中的重要作用,在教学中应设置讨论探究式、反思性学习任务,锻炼学生准确筛查信息、分析概括、合理决策等信息素养高阶能力,同时鼓励学生勤于思考、敢于质疑,加强师生之间、生生之间的信息交流与协作,突破思维定式,多角度、多方位分析问题,创造性地解决问题。教师还应注意测评方式的多样性,激发学生思辨能力发展的内在动力,提高学生自身的认知成熟度,尤其应使学生意识到批判性思维和创造性思维在互联网时代海量英文信息处理中的意义,引导学生开展有利于相关能力发展的语言学习行为。第四,依据管理对输入及内化产生正向影响力,教师应激发学生的良性情感维持语言学习,提高输入的转化率,同时加强元认知策略的培训,促使学生实施有效的意志、策略、情绪等方面的自我监控,提高自主学习能力,培养终身学习的良好习惯。本研究尚有局限之处,如研究基于问卷调查数据分析、信息技能的实际运用考察不够全面,后续可以就易于操作的客观测试量具及涵盖真实英语学习过程的动态评价系统的开发展开进一步研究。

小结

"互联网＋"时代外语学习信息素养调查问卷依据外语学习信息素养指标体系框架，借鉴国外具有高度权威性和影响力的评价标准开发，经过两轮试测，项目分析、因素分析检验，据以删除不适当题项，形成正式量表。各项指标均为良好以上，问卷共有 5 个维度，包含的 10 个因子能很好地解释问卷中的变量，说明"互联网＋"时代外语学习信息素养调查科学、可信。项目组选取我国东部、中部、西部 10 个省份的 4 676 名大学生作为受试开展问卷调查，结果显示大学生外语学习信息素养现状总体情况有待提高。在 5 个维度中，输出和输入的得分较低，处于"一般"档次。从具体各维度看，信息意识认可度尚可，能力提升亟须教师指导；学生有学习更多信息知识意愿，认可与依赖电子型信息源；信息获取整体水平较低，需全面提高；评价信息的准确性及时效性有困难；对信息的综合、概括、整合有一定认知，但深度思维能力的培养不可忽视；认可信息重构的过程对高阶思维能力培养的作用；信息交流是短板，需创设更多情境，激发效能感；分享信息，协作学习意愿较强，实际解决问题能力尚需提高；自我监控方面的计划执行、任务完成等行为策略有待加强。在群体差异分析方面，本研究运用独立样本 T 检验或单因素方差分析的方法进行差异分析。分析结果显示：学生在性别、学科背景、年级、生源地类型、是否考研、经济状况、四级成绩、六级成绩以及学习满意度等信息方面存在普遍的极显著性差异。为厘清"互联网＋"时代外语学习信息素养构成要素，多维透视其内涵，本研究使用 AMOS 软件构建结构方程模型，探索"互联网＋"时代外语学习信息素养指标体系各维度之间以及维度与各构成要素之间的影响机制。结果显示：每个要素都反映其对应维度的潜在特质，外语学习信息素养指标体系的 5 个维度呈现相互协同、共同支持的影响机制。准备对输入产生直接正向影响，管理对输入产生直接和间接影响作用，管理、准备、输入都对内化产生正向影响力，输入是输出的主要影响力。

第六章
外语学习信息素养定性研究

在混合研究方法中,研究者使用定量和定性的方法来收集资料、分析问题。为了进一步了解"互联网+"时代外语学习信息素养的情况,除问卷调查外,本研究还使用了半结构化访谈法,以个人访谈的形式对学生进行与研究主题相关的调查。半结构访谈方法需要研究者依照研究需要制定粗略的访谈提纲,对访谈方向有一定把控,在对受访者进行提问时会根据具体情况灵活调整问题顺序或修改问题。因此,半结构化访谈方法的关键是研究者通过提示和引导,获取比问卷更细腻的受访者体验,挖掘隐藏在定量数据后面的深层原因。

第一节 外语学习信息素养访谈过程

一、访谈对象的选取

本研究利用半结构化访谈提纲针对大学生外语学习信息素养进行深度访谈,获取质性研究资料。研究者通过周围关系人联系到受访者,本研究的参与者为普通全日制本科大一到大三年级学生。为了保证抽样具有代表性,在充分考虑大学生的性别、年龄、学校层次、学校所在地、生源地、专业等因素的分布情况后,研究者共邀请了广东省、山东省、河南省、浙江省、天津市的 20 名大学生参与访谈。其中男生与女生比例为 11：9;大一、大二、大三学生的比例为 6：7：7。访谈对象中 17 位受试生源地为山东省,其他 3 位受试的生源地为北京市、河北省和广西壮族自治区。受试所学专业涵盖医学、文学、经济学、计算机科学等专业。访谈对象姓名由 S 加数字表示,具体信息如表 6-1 所示。

表 6-1 访谈对象基本情况

编号	年级	性别	学校层次	学校所在地	专业	生源地
S1	大一	男	部属高校	广东省	汉语言文学	山东省
S2	大一	男	部属高校	广东省	海洋科学	山东省
S3	大二	男	部属高校	山东省	经济学	山东省
S4	大二	女	部属高校	山东省	马克思主义基本原理	北京市
S5	大二	女	部属高校	山东省	思想政治教育	河北省
S6	大三	男	部属高校	江苏省	自动化	山东省
S7	大三	男	部属高校	广东省	机械工程	山东省
S8	大三	女	部属高校	浙江省	农业工程	广西壮族自治区
S9	大一	女	省部共建高校	天津市	服装设计	山东省
S10	大一	女	省部共建高校	山东省	计算机	山东省
S11	大二	女	省部共建高校	山东省	数学	山东省

（续表）

编号	年级	性别	学校层次	学校所在地	专业	生源地
S12	大二	女	省部共建高校	河南省	计算机	山东省
S13	大二	男	省部共建高校	山东省	金融工程	山东省
S14	大一	女	其他本科院校	山东省	中药学	山东省
S15	大一	女	其他本科院校	山东省	临床药学	山东省
S16	大二	男	其他本科院校	山东省	临床医学	山东省
S17	大二	男	其他本科院校	山东省	食品营养	山东省
S18	大三	男	其他本科院校	山东省	临床医学	山东省
S19	大三	男	其他本科院校	山东省	临床医学	山东省
S20	大三	男	其他本科院校	山东省	临床医学	山东省

二、访谈提纲的设计

本研究根据"互联网＋"外语学习信息素养指标体系框架设计主要访谈问题，从准备、输入、内化、输出、管理等5个维度出发，拟定访谈问题，形成了本研究的半结构化访谈提纲。进行正式访谈前，研究者首先寻找了3名大一、大二学生进行预访谈，征求学生的意见，根据其反应修改访谈问题。之后通过与专家的讨论，进一步完善访谈问题，形成最终版的访谈提纲。

提纲中的准备维度包含信息意识和信息知识，共4个问题；输入维度包含信息获取和信息评价；输出维度包含加工重构和交流利用，管理维度包括自我监控和信息伦理。具体访谈问题如表6-2所示。

表6-2　访谈提纲

维度	二级指标	访谈问题
准备	信息意识	英语信息重要吗？在你的生活、学习中起到什么作用？ 你更喜欢用书本学习英语还是用手机 App？
	信息知识	你了解哪些学习英语的工具（比如书籍、网站、手机 App）？ 你如何评价这些英语学习工具？

(续表)

维度	二级指标	访谈问题
输入	信息获取	你通常如何搜索英语信息？ 你时常关注哪些领域的英语信息？ 你通常如何利用信息资源练习口语/阅读/听力/写作？ 你愿意付费了解的英语信息有哪些？
	信息评价	你会注意挑选英语阅读或听力的内容吗？ 当你看到和你的观点或立场不一致的英语信息，你会怎样思考？ 根据你的观点，评价英语信息是否可靠的衡量标准是什么？
内化	信息加工	你会不会整理搜索到的英语信息？ 你会如何记忆生词（词根、联想）？ 在什么情况下你会把英语和汉语进行比较（比如发音、结构、意义等）？
	信息重组	练习英语写作时，网络资源对于你的文章架构和用词造句有什么帮助？ 当你学到新的英语词汇、短语、句型或者篇章时，你会如何应用到口语练习中？
输出	信息交流	学英语遇到困难时，你会怎样解决问题？ 你会和同学分享一些什么样的英语学习资源？ 你会帮助英语学习有困难的同学吗？
	信息利用	在英语课堂上你参加过需要同学们合作完成的活动吗？怎样分工？你担任什么角色？感觉如何？
管理	自我监控	在网上学英语时，你如何自我约束？ 你每天花多少时间在英语学习工具（比如书籍、网站、手机 App）上学习英语？ 在网上学英语前，你会如何计划？ 在网上学英语后，你会怎样评估自己的学习效果？
	信息伦理	需要引用搜索到的英语信息时，你会怎样做？ 你了解哪些和英语网络相关的法律法规？

三、访谈的实施步骤

研究者通过周围关系人联系各院校大一至大三的大学生，访谈前都会与访谈对象在微信上沟通，告知研究目的、访谈时间、访谈主题等，说明访谈内容仅用于研究，会对他们的个人信息和访谈内容进行严格保密，征得同意后开始访谈。正式访谈阶段时间为 2020 年 12 月至 2021 年 2 月，由于新冠疫情影响无法跨省面对面访谈，研究者主要使用电话或微信语音功能进行访谈并录音，时长 30～45 分钟。大部分受访学生与研究者从未谋面，为了避免访谈时的尴尬，研究者每次进入主题前都会与学生谈一些与访谈无关的话题活跃气氛，比如受访者所在院校开设英语课程的大致情况、寒假时间、四级考试和六级考试的情况等，逐渐过渡到访谈的主题。学生都比较愿意与研究者分享外语学习信息素养方面的心得。

由于访谈时间跨越了期末和寒假，加之许多学校提前放假，部分学生已经回到家中，研究者与访谈对象联系选取空闲时间进行访谈，受访者状态比较轻松自然，有利于表达出最真实的情况。访谈时研究者基本按照提纲的顺序提问，注重倾听参与者的回答，在把握提纲的基础上根据参与者回答调整访谈问题，比如改变问题顺序、增减一些问题。为了不遗漏信息，研究者还会在访谈的不同阶段设置重复性问题，通过不同的方式询问同样的问题，以获得更详细、全面的资料。在访谈时，一方面对访谈内容进行录音；另一方面，对特别重要的信息进行着重记录。在访谈结束后，再次与访谈对象确认，若访谈记录出现问题将再次与其联系。

四、资料整理和分析

研究者用手机通话或微信语音功能进行访谈，同时用电脑录音功能进行录音，获得录音文件。对于访谈录音，研究者首先用 i 笛云听写 App 将其初步转为文字稿，再进行人工校对整理，最终获得万字的资料。访谈记录核对完成后，研究者将其导入 Nvivo 12 plus，反复阅读，归纳每一部分的意义，生成自由节点和树节点，以便对具有相似意义的资料分类整合。

第二节　外语学习信息素养访谈资料分析

通过分析访谈资料,研究者在细化层面探究准备、输入、内化、输出、管理等维度的大学生外语学习信息素养情况。

一、准备

准备维度分为信息意识和信息知识两个二级指标,即大学生处理英文信息所需的思想准备和知识储备。

(一)信息意识

课题组开展量化研究时发现,"应用意识与基础知识是形成准备构念的主导因素,即学生的应用意识越强,对应用英文信息的认知需求越强,内部动机水平越高,越有助于学习准备维度的有效构建"(尹晓琴等,2021)。在访谈中,受试普遍认可英语作为国际通用语言的重要性,部分对于英语信息在将来工作、学习、升学和对外交流中的重要性有较深刻的认识。这种意识是学习者尝试英语学习新技术的动力之一。例如:"我觉得挺重要的,因为好多考试都得用到,而且以后进了公司也会用到的";"学习英语对以后阅读外国文献、出国、同外国友人交流有很大的帮助";"蛮重要的。一门国际语言,很多地方,很多标识都用了英语。对外交流之类的,应用范围也很广";"毕竟现在英语是国际通用语言,在对外交流方面,英语也是有着不可替代的作用。"(S1)"首先是因为英语是全世界使用最广泛的一种语言,再就是我学英语,很有利于去查一些国外的文献资料。最后就是可以把它当作一种交流的工具,就是和外国人进行交流啊什么的。"(S5)

受访者意识到英语水平高可以促进某些专业的学习,比如计算机、医学、经济学。一位计算机专业的学生说:"因为计算机专业的很多东西都发源于国外,包括一些英文原版的专业书,我们学习的代码还有一些专业的词汇,所以说掌握英语这门语言在以后的学习中还是会加分很多的"。S20 是一名临床医学专业大三学生,他说:"我感觉英语很重要,因为我本身英语挺好的,然后上了大三,发现确实就是没办法,你要查询一些国外的文献,那必须得英语好,所以就是想要获得第一手的国外资料文献是必需的,对学医的学生来说是非常重要的。就算不学医,英语的思维和汉语的思维也不一样,思维变通就会更加的灵活。而且我觉得英语它本身挺有趣的,包括更好地欣赏一些外国的电影和歌曲,也能增加乐趣吧。反正在我学习生活中,专业课肯定是第一位的,英语就应该差不多是第二位左右。"S2 是一名经济学专业的部属高校大二学生,非常健谈,对研究者提出的问题做了许多深度回答。关于英文信息对专业学习和阅读文献的作用,他评价道:"其实有一个问题,我们用的很多教材是西方的教材翻译过来,然后就是因为人家原来外国人写了,然后就是好多词。那本书虽然是翻译了,但是有些名词,它其实是保留着那个原有的英文意思……你看经济学里还掺和点杂志类型的,最好还是去读原汁原味的,因为翻译确实会损失很多含义,有一个含义、语义上的损失。那你直接去读各种杂志类的,或者说你更专业点,你直接去看英文文献。这个专业相关的文献,你的英语水平肯定是能支撑你没有障碍地把这篇文献给读完,更好理解,这样是最好的。"

此外,许多受访学生对新技术在获取英文信息中的作用有一定认知。无论生源地是城市还是农村,许多大学生在高中时就开始使用新技术学英语。新技术已经成为大学生学习英语不可或缺的部分。例如,S17 说:"通过软件和信息技术,我们可以更好地同外国人在不同的时空进行对话,还会有一定的激励作用,可以使我们更好地坚持学英语。"S6 曾评价百词斩 App:"也是从高中开始留意的,然后就觉得对背单词记忆比较有帮助吧,就一直在用。"S19 来自农村,他说高中老师曾教育他们,想要学好一门课程必须先掌握学习工具。工欲善其事,必先利其器,当代的大学生处于信息爆炸、技术迅速迭代的时代,在英语学习中掌握新技术符合学生的学习需要。

(二)信息知识

信息知识是外语学习信息素养的重要组成部分,涵盖了外语学习所需的基础科技知识和相关信息资源。首先,具备信息知识的大学生应掌握基本的信息技术,能够操作常见的电脑办公软件、手机应用等。如今,无论课上还是课下的外语学习都离不开信息技术,在课堂展示、报告撰写、课下自主学习等场景中使用信息技术已然很普遍。因此,熟练掌握信息技能对大学生英语学习具有极大促进作用。在本研究中，许多受访者掌握了多种英语学习平台或设备的使用方法，比如手机、iPad。不仅如此，由于单个平台或设备的局限性，有些受试学习英语时将多种平台和设备联合使用。S5 同时使用手机和 iPad 上面的英语学习平台，她说："不背单词这个 App，手机端和 iPad 端都有，因为它有那个随说写的功能，我用这个 iPad 比较多，比较方便。另一个就是会在上边记笔记，然后用 iPad 比较多。"有的学生甚至明知软件使用难度大，为了满足自己独特的学习需求，也会花时间攻克难关。例如，S19 背英语单词时没有使用带有词库的词汇学习软件，而是利用移动平台自编词库。他说："我还发现有个叫 Ankidroid 的一个 App，它类似于提词器，里面的内容由你自己设计。你可以把一些词组的汉语意思当成卡片做进去，这样来复习。它的上手难度还是蛮大的，我疫情期间在家有空就练习了怎么用。每学一章就录几个卡片进去。"受访者对新技术的广泛了解和灵活应用充分体现了大学生外语信息知识所具有的广度和深度。

具有较高外语学习信息素养的学习者还应了解各种形式的外语学习信息源，并且能够比较不同信息源的优劣。本研究受访者展示出对信息源的广泛了解，并根据自己的学习需求、学习习惯、学习风格等因素对不同信息源进行评价。大学英语学习者使用的信息源包括纸质和电子资源两类，电子资源又分为手机 App、微信公众号、网站资源等类型。表 6-3 展示了访谈中大学生使用的部分英语学习信息源。

表 6-3　英语学习信息源示例

学习类目	电子信息源				纸质信息源
	手机 App	微信公众号	iPad 应用	网站资源	
英语词汇	百词斩、墨墨背单词、Ankidroid、有道词典、不背单词、扇贝单词、拓词、金山词霸、恋练有词	英语兔		搜索引擎	四级词汇书、六级词汇书、考研真题
英语口语	英语流利说、Fif 口语训练平台				
英语听力	轻听英语、有道词典（付费听力课程）				四级听力参考书

（续表）

学习类目	电子信息源				纸质信息源
	手机 App	微信公众号	iPad 应用	网站资源	
英语阅读	西梅、英语流利说、薄荷英语、韦林（网课）	China Daily、英语逃脱计划、薄荷英语			中英对照小说、四六级阅读题
英语写作	有道词典（拍照批改作文）、批改网、百度翻译				
教材配套练习	U 校园、WeLearn、新理念英语	词达人			大学英语阅读教程
英语电影、音乐、漫画	新浪微博、网易云音乐			爱奇艺	
综合	新浪微博、知乎				
英汉汉英翻译	有道词典、百度翻译				
英语信息搜索				百度、谷歌	
英语直播课	钉钉				
考试真题	星火英语四六级真题配套App				星火英语
英语论文				百度、知网	
专业英语	Bilibili				课本

由表 6-3 可以看出，大学生英语学习者掌握了较为广泛的信息知识，使用的英语学习工具既有传统纸质书籍又有电子平台，电子平台涵盖国内外英语学习专用信息源与综合性信息源。受访者既了解如百词斩、西梅等英语学习专用资源，也能从非搜索引擎类的综合性平台中发掘与英语学习相关的信息，

比如微博、知乎、B站。与此同时，受访者在使用英语学习资源时能够发掘同一平台的多种功能。例如有道词典是大学生普遍使用的电子词典App，除了利用查词功能，有的学生还学习了软件提供的付费听力网课，有的学生习惯使用其拍照功能批改英语作文。英语流利说是一款英语口语训练App，几位受访者用它阅读英语文章。S15曾评价道："我觉得那个App主要是练阅读能力的，会给你一些文章，然后有的时候会给你读文章，或者说你可以对照中英翻译去看文章。"在五花八门的软件功能中，大学英语学习者能够灵活地选择满足学习需求的功能。

对于不同信息资源，大学生英语学习者能够做出符合学习需求的评价。有的大学生喜欢用移动平台背单词。S17说："我个人觉得还是软件更加好用，软件上有每个单词的发音和一些用法，并且根据记忆曲线来调整单词出现的频率，可以不断加深对单词的记忆。"手机的便携性和智能性吸引了许多学习者使用手机背英语单词、练习听力、阅读等。与此同时，还有许多英语学习者选择用纸质信息源学习英语，原因是"在App上第一个就是手机对人吸引力有点大，第二个就是觉得App也是需要付费"(S11)；"用书的话效率会比较高"(S12)。甚至有的大学生读英语文章前会把电子版的文章打印在纸上。S17说："就是感觉像那种网页新闻一样，我当时看着记住了，然后到了第二天再看好像印象就不太深刻了，就没有传统的纸质的书给我要学习的感受。"由此可见，大学生能够评价电子或纸质信息资源的优缺点，从而选择对英语学习有利的工具。

学校的外语信息化教学条件是影响大学生信息知识的重要因素。访谈中，研究者了解到有些高校为学生配备了英语课程配套学习平台。这些平台通常由教师推荐给学生，让学生在上面完成与课程相关的练习。而有些高校的学生只能自己寻找学习材料，英语课程的课后练习只有纸质书上的课后题。缺少配套练习平台的后果是教师无法精确地了解到每个学生的学习情况，学生的英语课程学习缺乏拓展资料，教学效果受到影响。因此，教材配套学习平台对于教师教学和学生学习起到了重要的促进作用，推动了学生线上、线下混合式学习。有的英语老师会在平台上发布任务，让学生完成听音频、回答课后问题、做练习题等任务。学生看学习视频时一定要有足够的时长才能得分，许多学生对这种学习方式很认可。S1使用课程配套移动学习平台练习听力，他说:"我们的作业上就有很多听力,不过还是有难度的,刚开始不太适应,后来就好很多。"同校的 S2 评价说:"我觉得还不错,里面也可以加入自己的班级,然后老师也能实时了解学生们的学习进度,进行一些任务的布置,学生方面平时可以看一些课外书,观看英语学习视频,规律性学习。"因此,教材配套学习平台的功能大致符合学生的学习需要,为课外英语学习提供了丰富素材。

同时有些学习平台又存在一些缺陷,例如使用不便、题目质量不高、口语打分机械等问题。S2 评价说:"我觉得在做题的时候,输入单词不是很方便。然后有些题目重复,质量不是很好。还有一个 speaking 的版块,是机器进行评分,标准过于单一。如果有些同学音色音调差异比较大的话,系统就会认为不合格,但他们的发音都挺标准。"S1 的学习 App 上有背单词模块,然而效果不尽如人意,说:"它不像四、六级单词那样有清晰的难易递增递减。它里面有的单词特别难,很让人摸不着头脑。"对于平台提供的微课视频,若学生缺乏学习兴趣就会敷衍了事,仅仅刷时长应付一下。一些学生甚至利用其他 App 在学习平台上作弊。有的学生找到一个有全部网课答案的 App,把那个 App 上的答案复制粘贴到学习平台上。因此,相关企业需要改善产品内容,提升平台服务,满足教与学的需求。

除了高校外语信息化教学条件,高中信息化教学条件也影响了大学生信息知识的多寡和英语学习平台的选择。有些学校不允许高中学生携带手机或平板电脑入校,限制学生接触电子产品的时间,从这些学校毕业的学生英语信息知识相对匮乏,有的到了大学才开始使用英语学习平台,有的已经形成了使用纸质书籍学习的习惯,在大学依然不使用电子平台。与此相反的是,有些学校允许高中学生使用移动平台学习英语,比如 S4 从高二开始就用网上英语 App 阅读英文小说。有的学校鼓励高中学生掌握学习相关的信息技术。进入大学后,学生延续了高中形成的学习习惯和选择的学习平台。因此,高校需要关注大学生的外语学习信息素养差异,因材施教,并倡导学生之间的互助学习。

二、输入

输入维度涵盖了信息获取和信息评价两个二级指标。

(一)信息获取

信息获取能力包含信息定位和信息检索能力。访谈记录显示:受访者为了解决在英语学习中遇到的问题,或为了完成老师布置的任务,会主动搜索所需信息直到满意为止。搜索内容包括生词、作文模板、学习方法、课堂展示内容等。信息获取能力是大学生自主学习所需的基础能力之一。学习英语遇到困难时,许多受访者的第一反应不是询问老师,而是去网上自行搜索解决问题。英语学习者遇到的大部分问题是通过这种方法解决的。受访者查询生词较常用的是手机上的电子词典,比如有道词典、金山词霸,如果词典也搜不到就会去诸如百度等搜索引擎上寻找。有的受访者会在综合性 App 上搜索英语学习方法,例如 S17 在四级考试前,曾在知乎 App 上搜索如何背单词和过四级的方法。除了自主学习,一些受访者为了完成课堂展示任务,会与同学合作在网上搜索收集信息。S17 回忆说:"我负责单词部分。然后这个单词,我想通过这个图片,更加形象生动地把它展示出来。我就会在网上搜一些图片,或把两个小的视频放在上面。"该学生具有获取信息的基本技术应用能力,遇到问题能够采用一定的策略解决问题。

在访谈中,大多数受访者像 S17 一样展示出较好的信息技术应用能力。然而在完成英语课后任务时,许多受访者不愿意使用一手英语信息。许多英语学习者倾向于使用汉语进行信息定位和检索。S14 曾为了做 PPT,在网上搜索关于李子柒的英语文章,下面是研究者与她的对话。

S14:"我当时是在一个网站上找的。我搜索了'李子柒',然后出现了一篇文章。"

研究者:"是英文的文章吗?你怎么搜索'李子柒'才能得到英文的文章呢?"

S14:"因为那个文章很出名,在百度上如果搜索的话它就会出现那个,好像是关于李子柒的一个英文报道。搜索'李子柒'的英文报道就会有英文新闻。"

从对话中可以看出受访者确定信息需求后,能够在搜索引擎上用检索词寻找英文信息。她寻找英文信息时并未使用英文检索词,也没在英文搜索引擎上检索,而是使用了汉语检索词,在以中文为主的搜索引擎上寻找。情况相似的还有 S11,她说:"其实有一些信息用英语搜是不好搜的,所以我们一般会说汉语,然后再翻译成英语,课上做一个汇报……一般的话,我们差不多就自己人工翻译,如果是那种长篇翻译推荐使用有道翻译,因为它翻译得比较准……

我根据老师给我的汇报主题,大概想一下想要汇报什么。然后根据这一方面,再去找想要哪一方面的内容……有时候找的信息够了,我就会停止检索。一般如果选英文的网站的话,给的信息大部分是新闻稿或者是英文报刊之类的,那种比较生僻的词汇会特别多,然后这个时候就不会很倾向于使用英文原稿作为信息……我还是比较倾向于找到一篇我能看懂的那种中文的信息,尝试把它翻译成英文。"

S14 是来自山东省省属本科院校的大一学生,S11 是来自山东省省部共建院校的大二学生,两人为了获得英语信息均使用了汉语检索。与 S14 不同的是,S11 直接搜索了汉语文章再借助翻译软件译成英语。这种情况反映了学习者对于英文搜索引擎的陌生以及学习者英语水平有待提高的情况的情况。学习者在搜索时不考虑搜到的英语信息是否是一手信息,甚至对英文一手信息怀有畏难情绪。S8 是浙江省部属学校农业工程大三学生,她这样描述当时如何完成生物生产机器人课程英语作业:"比如说课上讲了很多个机器人的模型,然后向我们提出一种蔬菜或者水果,用哪个模型比较好,然后说明理由。之后我们就每个人写不同的水果,根据如何采摘的问题,选择一个模型进行英语解释再发送给老师……开始都是直接用英语的,然后发现好多语法错误,之后会传到百度翻译上去看一下有没有语法错误。我们发现错误很多,后来就直接写中文了,再用百度翻译翻译成英文。我们还会再看有没有要改正的词语……会通过论文寻找一些专业知识,其实与英语没有多大关系,主要是专业的知识。"部属学校通常在学生大一时就允许其参加四、六级英语考试。这位大三的学生没有通过六级考试,英语水平不是特别高,而且老师布置的任务较为复杂,因此学生完成英语作业时会使用汉译英的模式。

与此相反的是来自广东一所省部属高校的 S1。该校在学生大一时实施英语分层教学,经过筛选 S1 被分到了英语水平较高的 A 班学习学术交流英语。在课后,老师将学生分组,让每个小组合作写一篇报告,说明对某文章的看法。下面是 S1 就该作业与研究者的对话。

S1:然后就确立分工。我们组是每个人收集一条论据,然后将这些论据统编成议论文的形式,最后由做演讲的同学表达出来。

研究者:你们是怎么收集论据的呢?

S1:有些难的,印象深的是,我们做的"心理状况和身体状况"的

presentation，就会到知网上找相关的论文来支撑我们的论点。简单一点的，在文章中就可以找到。

研究者：你找到的这个论据是汉语的吗？

S1：不一定，有一些是外语的。

研究者：知网上也能下载外语的文章吗？

S1：可以的。

研究者：你是如何知道知网的呢？

S1：开始上课的时候，老师说过知网、资料库之类的。平时也会在上面看老师发布的一些论文。

这位大一中文专业学生的英语基础扎实，对自己的英文水平比较自信，课余时间会去图书馆阅读双语版的中文小说，搜索英文信息的主动性较强；完成课后小组任务时遇到问题，会与助教联系，与老师的沟通渠道通畅。这些条件保证了学生搜索一手英文信息时积极的心态。

综上所述，大学英语学习者的信息获取能力受学习者的英语水平和信息知识水平的影响较大，信息获取策略的使用与学习任务的内容和难度有关。作为二语学习者，在完成英语搜索任务时，许多学生感觉一手英语材料生词多、内容复杂，从而采取先搜汉语再翻译成英语的策略。如果老师布置任务时适当启发引导，例如布置适合学生水平的任务、向学生提供一手英语信息源或带领学生讨论一手英语资料，增加学生用英语交流的机会，可减少学生面对一手英语信息的畏难情绪。

（二）信息评价

信息评价能力指学习者对获取的英文信息进行分析比较和评价遴选能力。学习者能够比较不同来源的英语信息，并且评价信息的可信性、有效性、准确性、权威性、时效性，遴选能给主题提供证据的信息。受访者通常会谈到自主学习过程中阅读英文文章时的体会，具有一定判断信息权威性的能力，知道来自官方媒体的英文信息比较权威可靠。阅读英文文章时如果遇到与自己观点不一致的英文信息，许多受访者会意识到该信息的异常，但通常不会刻意思考信息的可信性、有效性、时效性。比如，S9说："有的时候会去思考一些，但是大部分的时候不会去思考的。"S19说："很有争议的问题，我一般不会去管它，只关注这些词本身的含义。我感觉作为一个局外人很难去知道这个事件的真相，一般不会去挖掘这个事情。"S5 说："英语文章大部分是能懂的。然后观点方面有一些就不敢苟同，就读的时候可能会有一些自己的理解吧……可能是跟我的了解，或者是我的思想有一些出入。另外就是，可能跟我的那些想法是不太一样的……有的时候就会产生冲突……我觉得所有的这种新闻都不能说百分百可靠。因为它都是经过人为加工的，每个人可能都有不同的想法吧。我注重的其实是英语的工具性，而不是去看文章表达的一些观点。我可能不是想用它做我获取思想或者获取知识的一个方面，只想用它提高我的英语阅读能力。"国内大学生大多重视英语的工具性，在阅读这种被动接受英文信息的活动中，较少对英文信息进行评价。当英文信息与已有知识或世界观矛盾时，学习者选择将冲突搁置，不予深思。究其原因，许多大学生学英语的动机为考试，而大学英语阅读理解题主要考察学习者对文章语篇的理解，不会出现测试学习者信息评价能力的问题。平时阅读练习中学习者侧重于词句理解，而非信息甄别。例如 S17 说他会去寻找原文中的思路，一般不会考虑自己的联想。

尽管如此，并非所有的中国大学生对于英语文章中的立场或可靠性无动于衷。比如 S18 说："最近看 BBC 的新闻，有些都很有政治色彩。有些事以我们的观点来看，一看就不是很正确。有的时候遇到感兴趣的话题就会思考一下，看看怎样做是对的。"受访者中一位比较特殊的学生是 S4，这位来自北京的大学生，高中时为了准备高考和出国考试，一学期能读三四本英文小说，并且经常与同学交流英语学习经验。上大学后她读小说的数量减少，但是有时会看 BBC 或 CNN 手机软件上的新闻。她说看新闻时，如果遇到与自己观点出入比较大的信息会与同学讨论。她说："比如一些报道主流价值观不太相同，我会和同学讨论，或者看到的一些有趣的新闻，也会跟同学分享。"至于这些文章是否会影响她的价值观，她说会用自己的价值观去看待，所以没什么影响。笔者推测大学英语学习者的信息评价能力与学习者的学习策略和阅读能力具有关联性，在前期学习中阅读广泛、积极思考或在批判性思维方面受过训练的学习者，对英文信息的可信性、权威性等特征，敏感度更高。

由于访谈方法的局限性，研究者很难通过开展具体任务判断英语学习者的信息分析、评价和选择能力，只能询问学习者如何完成课下作业，以了解学习者在任务中的情况。如笔者在上一节讨论受访者信息获取能力时提到的，许多英语学习者完成英语任务时倾向于先搜索汉语关键词,获取资料后翻译成英语。相对于二、三手资料甚至翻译成汉语的材料,一手英语资料具有较高的可信性、权威性、准确性。但是许多受访者采纳信息检索结果时,并不以信息的可靠性为标准,而是根据信息的难易度进行选择,说明这些英语学习者对于英文信息的认识还停留在工具的层面,信息评价能力有待提高。

三、内化

内化维度涵盖了信息加工和信息重构两个二级指标。

(一)信息加工

信息加工能力包括信息综合和提取概括能力,即对新旧英文信息和知识进行归纳、整合、理解、吸收,并从所搜集的信息中提取、概括主要观点与思想的能力。研究者发现,许多受访者具有归纳整合所需学习的英文信息的习惯。有的学生为了复习方便而记笔记,比如 S14 会每天用笔记本记录四级词汇,看起来更有条理。有的学生抄写单词的目的是让记忆更加深刻,比如 S17 使用百词斩 App 记单词时,会先看一遍生词,然后第二遍的时候就跟着去写、去记。可见每个大学生都有独特的英文信息加工策略。

除了纸质笔记本,手机、iPad 等工具也是帮助大学生学习英语时整理资料、归纳信息的工具。S19 具有很强的信息技术学习能力,他喜欢用叫作AnkiDroid 的手机 App,把单词和语法整理到一起,看起来很方便。据 S19 的评论,还有好多同学都在用 iPad 上的应用 OneNote 记笔记,在手机、电脑还有平板上都能同步使用。大学生掌握的信息技术对于信息加工起到了推动作用。

关于英语词汇记忆策略,S3 使用了词根记忆法:"我就是一般在软件上碰到生词,都会去有道词典查一下,然后往下翻。我一般去看这个词根的意思,就是因为好多词的词根是一个基础上变形的,变一变元音字母,或者说辅音字母变一变,它的语义是差不多的,意思差不多。我背单词也是这样。虽然我好久不背了,但是现在让我背,我的习惯还是建立在词根这个意思的基础上,然后去做一个逻辑推理、联想。"这种方法将词根、词缀变为旧知识,当学习者遇到新词时用已经记住的词根、词缀加上新的部分就合成了新的意思。这种将新旧知识整合记忆的方法减少了学习者的记忆负担,受到许多受试的青睐。

整合、归纳、提取、概括等信息加工过程是学习行为也是心理活动,有时无法通过访谈体现出来。语言学习分为外显学习和内隐学习:外显学习是学习者有意识的学习过程,学习结果能够被学习者知晓;内隐学习指学习者无意识的学习过程,这种过程隐藏在深层心理活动中,不能够被意识感觉到,学习的结果会在未来的使用中体现出来。深度访谈法只能探究受访者对英语学习经历的记忆,无法分析出学习者无意识的深层次心理工作机制。即便关于语言外显学习,很少有受试能把理解英语的心理过程说清楚,只有 S3 能清晰地叙述出来,说:"我当时报那个课的时候,是有作业的。比如说,听说那个就是一个自然的检验。你得听,就当你把那个东西,每个词甚至它的语音现象,都听得很清楚。那段听力音频放出来,你的脑中既能形成那串文字,又可以迅速地把它翻译成汉语,就是这么一个效果。"S3 把听力理解描述得十分形象,展示了他听英文时理解的过程。由此可以看出,这位受访者理解英文时需要借助汉语翻译。关于提取、概括英文信息,S15 诉说了看一篇英文文章的感受:"这个犯罪,这个人的一些行为,我觉得也挺引人思考的,就是能感受到大家很抵制这种人。"受试能提炼出英文文章的大意,并理解文章的写作目的。因此 S3 和 S15 都具有一定的英文信息加工能力,若要精确测试大学生信息加工水平和分析更深层次的信息加工过程,需要后续研究使用其他方法进行探索。

(二)信息重构

信息重构能力包涵加工重组和内化提升能力,即加工、重组、融合多种英文信息,通过系列理性思维、批判性思维和创造性思维,生成有效新信息。大学生写英文作文或用英文对话时会用到信息重构技能。因此研究者尝试询问受试写作文时使用新学习的英文信息的情况,S14 说:"我想用,有时候用不上,但有时候也可以用上。就比如在课本学到的一些词语写作文时就可以用上。"另一位受试说:"当时布置一个写说明文,然后就找过怎么写说明文,我看了一下别人写的说明文。"两位受试对于信息重构的过程陈述得都不详细。与信息加工能力类似,信息重构能力的许多方面为内隐学习过程,深度访谈方法难以展现其详细原理,希望后续研究用其他方法对其进行深入探讨。

四、输出

输出维度包含信息交流和信息利用两个二级指标。

(一)信息交流

信息交流能力包括口头交流能力和书面交流能力。大学生一般具有用英语进行口头交流的能力,也能就某个英语问题进行口头沟通。这种能力经常体现在英语课堂任务中。S5 曾参加过一次小组英语口试,下面是 S5 与研究者的对话。

S5:我参与过,我们期末考试会有一个小组讨论的一个形式。我们大一上英语课的时候,也会有这种课堂上讨论的形式,还要做展示之类的。

研究者:那你印象比较深刻的一次是什么时候? 是哪一次呢?

S5:就是大一上的期末考试吧。我们期末考试是分口语的,一个是自己读课文,另一个就是小组讨论。老师会有题,然后你抽一个题。你们小组对这个话题展开一个讨论,回答老师纸条上的两个问题。当时我们组是四个人,然后推选我当了组长。组长就要开始的时候,引入这个话题,然后要做一个总结,给这个立意做一个升华。可能这个组的得分,这个讨论会比较好。我们的准备时间好像只有十分钟,我当时又是组长,就觉得大家是一个组,我应该承担起组长这个责任,然后压力比较大。

研究者:那你觉得这种合作形式,对你的英语学习有帮助吗?

S5:还是非常有帮助的,一个是有思维上的碰撞,就是别人想到的点可能是你没想到的,有一个相互补充完善的过程;另一个就是在讨论过程中,其实有很多英语口语的交流,我觉得对提高口语能力有一定的帮助。

S5 在小组中起到引导的作用,还需要对小组讨论进行总结,说明她掌握了英语小组会议的主持方法。S5 对于这个任务评价比较积极,交流过程尽管有些压力但仍然很愉快。相似的例子还有 S7,参加小组英语口语活动后同样给出了正面的评价。除了小组口语交流任务,许多大学生还参加过英语课堂展示活动,例如英语演讲或 PPT 汇报,属于口头交流的范畴。因此,大学生对于英语口语交流任务虽然会产生一定的心理压力,但是明显提升了自身的英语交流能力。

书面沟通是以文字为媒体的信息传递。与口语交流相反,书面沟通不一定是面对面的即时交流而是间接沟通手段。各位受访者参与过的英语书面交流形式为老师布置的英语作文、PPT 汇报等。受访者普遍反映没花很多时间练过英语写作,对于批改网等写作 App 也是老师要求才去用。因此英文书面沟通能力是信息交流二级指标中较薄弱的一项。

综上所述,大学生具有一定的英文信息交流能力,能够完成英语课程任务。但是大学生英语信息交流的对象多为中国同学或老师,访谈中的受试均未与外国人交流过,大部分因为没有接触过外国人。即使本院系有外国留学生,学生也仍然没有与其进行过沟通。有的受试说大环境中英语口语用得较少,就不怎么说英语。英语是国际通用语之一,使用英语信息进行交流的终极意义是与不同国家的人沟通,交流知识,开阔眼界,提升自身的素养。因此,只有加强跨文化交际能力才能让英语信息交流能力有用武之地。

(二)信息利用

信息利用能力指学习者能够利用英文信息协作学习、完成任务。受访的大学生普遍有这方面经历。协作学习的第一种方式是资源分享,许多受试都曾把自己喜欢的英文资源与同学分享,或者接受了别人推荐的英文信息,因而有助于彼此对英文资源的选择。英语学习者协作学习的第二种方式是信息交流。除了给老师交作文的情况,英语学习者的信息交流对象大多为同学,此过程可以称为协作学习。在协作完成任务的过程中,大学生会遇到沟通方面的困难,比如 S11 说:"我们四个人时间还是挺难协调的,有学数学的,有学物理,那我们要选一个周末找下午的时间,然后约在图书馆。有人因为出去玩回不来。"但是同学们会协调处理出现的矛盾,最后愉快地完成任务,体现了协作精神。90%的受访者都有合作完成英语任务的经历,只有一位受试从没做过相关的任务,因为老师没有布置。外语教师对于"互联网+"时代外语学习信息素养的培养起着主导作用。当教师对外语学习信息素养重视度不够时,学生就会失去在课程中利用英文信息的机会,对外语学习信息素养的培育十分不利。

五、管理

管理维度包含自我监控和信息伦理两个二级指标。

(一)自我监控

自我监控有两层含义,第一层含义是主动地、不断探索地、持续地学习英语,自我更新,学以致用;第二层含义为大学生学习英语时使用有效的学习策略,实施有效的意志、策略、情绪等方面的自我监控。许多大学生考试前学习英语的热情通常特别高,考完试就不再学习英语,直到下一场考试来临。有的大学生有毕业后出国留学的计划,在考完四、六级英语考试之后继续使用移动英语学习平台学习。如果考过了英语等级考试,却没有下一个英语目标,学生就会陷入迷茫。S3 询问研究者:"我不会对西方文化多么感兴趣,所以我没大有一个很强的原生动力推着我学英语。没有养成习惯,越长时间不练,惰性会越强,越不想背单词。我现在考完试就会没有这个动力去学习,实际上四、六级英语考试,好多自律性强的同学,也会逼着自己每天学习英语,因为到了研究生阶段,确实要求是很高的。但是,可能我自律性差。上大学后,我学习英语的积极性、动力是比较弱的。你们可以在这个问题上调查一下学生是不是惰性比较强,然后怎么养成自律的习惯之类的。这个东西你落下了,无论是从客观的难度上,还是主观的意愿上,都不太容易捡起来。拖的时间越长,越是这样。"S3 面临的问题具有相当的典型性,大学生清晰地知道语言学习如逆水行舟,不进则退,但是要求大学生具有持续学习英语的自律性何其困难,特别是当结束了大学英语课程之后,没有老师的督促,若对英语本身没有兴趣,学生很容易放弃学习。

在学习英语的自我监控方面,不同大学生的策略有所差异。有的大学生感觉在移动平台上学习英语效果较好,平台提供的内容足以让他们专注地学习半个小时到一小时,不存在走神的现象。有的学生意识到了其他手机软件的诱惑,但是能够先学习,学完了再去看微信、微博上的消息。还有的学生管不住自己,总是不由自主地看其他与学习英语无关的内容。于是他们就不使用手机学习英语,改用传统的纸质书籍,也获得了不错的学习效果。也许因为参加访谈的 20 名学生是由别人推荐而来,展现的学习态度大多比较积极。后续研究可以使用其他方法探索大学生英语学习的自我监控能力。

(二)信息伦理

信息伦理包含信息合法性和信息安全性两方面的内容。信息合法性要求学习者能够尊重知识产权,懂得构成剽窃的成分,不把属于他人的成果据为己有;遵守网络行为规范,不传播虚假、有害信息,自觉抵制违法、不健康的信息行为。信息安全性指的是学习者具有信息安全防护意识,掌握基本的信息安全防范手段。关于英文信息相关的法律法规,有些受试表示不了解,有些知道不能宣传虚假信息,不浏览不健康信息,不乱发表评论。具体的法律法规,如

《信息安全法》《个人信息保护法》,所有受试都不了解。许多受访者不认为在线学习英语中会有侵害自身权益的事情发生。因此大学生能遵守基本的网络行为准则,但是对于信息安全领域的认识较为薄弱。

关于知识产权问题,通常学生接触到学术英语写作课程后才知道引用别人的作品时需要加注释,因此有些大一和大二的学生对这一方面不了解,大三学生基本都知晓。但是大学生在做日常的英语报告展示时,若需引用他人的观点则不会详细标注。学生认为不发表的材料不引用出处也没关系。这与我国的知识产权教育缺失有很大关系,应推动大学生知识产权教育,增强大学生知识产权意识,严厉打击学术剽窃行为。

第三节　外语学习信息素养访谈结果讨论

一、研究结论

本研究以信息素养理论为理论依据,通过文献回顾、问卷调查和半结构化访谈,确定了研究的指标框架,根据三层指标框架设计调查问卷,对全国多个省份学生进行大规模数据调查,并采用混合研究方法,对来自不同层次大学的20名受试进行半结构化深度访谈,充分调查了我国大学生外语学习信息素养的情况。

首先,本研究对关于"互联网＋"时代外语学习信息素养水平访谈总体情况进行了描述性分析,讨论了我国大学生外语学习信息素养的强项和弱项。研究从"互联网＋"时代外语学习信息素养框架中的准备、输入、内化、输出、管理在内的一级指标维度出发,在每个维度设置访谈问题。访谈分析显示,总体上当前大学生具有一定的外语学习信息素养,具有较强的信息意识和较丰富的信息知识。从访谈分析中看出,在一级指标维度上,大学生在准备、输入、输出、管理等方面表现都较好,但在二级指标层面,大学生在信息意识、信息知识、自我监控等7个指标的表现较好,而在信息评价、信息交流、信息伦理等6个指标上表现较弱。由于访谈方法的局限,受试在信息重构指标上提供的信息较少,需要在后续研究中使用任务法继续探究。

我国大学生外语学习信息素养的强势层面体现在信息意识、信息知识和自我监控。大学生英语学习信息意识比较强烈,认识到英文信息的重要作用,对层出不穷的新技术有极强的学习欲望,意识到信息技术对英语学习的促进作用。强烈的信息意识推动英语学习者获取了丰富的信息知识。不管是传统的纸本图书,还是网络上的搜索引擎、手机 App 等都是大学生获取英文信息的重要渠道。在自我监控维度,许多大学生能够利用移动平台在零碎时间进行碎片化学习,许多英语学习 App 的学习管理功能也对学生的英语学习起到了督促作用。

访谈分析显示,我国大学生外语学习信息素养的弱势层面体现在学生的信息评价、信息交流和信息伦理等维度。大学生对英文信息的工具意识较强,对英文信息本身的分析评价意识较弱,信息分析评价能力参差不齐。大学英语学习者的英文信息交流行为局限在课堂交流及课下作业,欠缺脱离课程自发用英语交流的意愿和能力。多数大学生了解基本的信息伦理,但是缺乏对信息伦理的精确把握。

第二,通过分析访谈记录,本研究讨论了我国大学生外语学习信息素养的影响因素。访谈分析结果显示,首先,大学生在初、高中阶段的信息技术使用行为极大地影响了在大学阶段对英文信息的态度以及信息技术使用习惯。许多大学生对英语学习信息技术的意识来自高中老师的教导,对英语的兴趣来自初中甚至小学的学习,在大学中使用的英语学习工具,无论是传统纸质书还是移动平台,在很大程度上延续了高中时的使用习惯。其次,"互联网+"时代外语学习信息素养受到社会因素的影响,社会因素包括同学、教师、亲属和网络。许多大学生选择使用的英语学习工具起始于同学、教师和网络的推荐。外语学习信息素养较强的学生通常会接触较多信息源,获得资源后又加强了信息素养,增强了信息效能感。第三,外语学习信息素养受到学生自身信息素养的影响。外语学习信息素养是信息素养的一个分支,学习者掌握的信息技术和信息知识最终会应用于外语学习。最后,外语学习信息素养受到学习者第二外语水平的影响,例如英文信息获取能力要求学习者具有能读懂英文文章的能力,英文信息评价能力需要学习者在理解英文信息的基础上对英文信息进行分析比较,了解信息的可靠性和立场。若学习者第二外语水平不足则不会具有优秀的外语学习信息素养。

第三,研究讨论了"互联网+"时代外语学习信息素养在不同群体中的差异性,主要体现在生源地与学校英语课程建设。经过高考的筛选,进入大学的学生都具有基本能完成学习任务的信息素养。即便农村与城市的生源英语基础不同,但是通过大学阶段与同学的交流及网络的影响,外语学习信息素养都能达到相当的水平。然而如果大学生初中、高中阶段英语学习经历差异过大,外语学习信息素养会产生较大差异。比如北京与山东的学生初中、高中英语学习任务、同学和老师的信息素养皆有较大差异,进入大学之后的英语学习习惯与英文信息评价、交流能力均有很大差别。此外,学校对大学英语课程的建设与生源地影响有互补作用。在访谈中许多受访者表示所在的大学购买了移动英语学习平台以配合大学英语课程,这些学校通常为部属或省部共建院校。教师在大学英语课上对学生外语学习信息素养的重视程度也不尽相同。受访的大部分学生都有参加小组展示任务的经历,也有个别大学生表示老师从未布置过小组任务,缺乏英文交流利用方面的经验。因此,学校对大学英语课程的建设投入可以促进大学生外语学习信息素养的发展。

二、结论分析

(一)大学生信息素养各维度水平参差不齐

在信息技术飞速发展、国内外交流日益频繁的“互联网＋”时代,外语学习信息素养是大学生应对未来生活、学习、工作所必备的核心素养之一。然而研究分析显示,当前我国大学生外语学习信息素养虽有所提升,但在各维度上水平参差不齐。外语学习信息素养在准备维度上表现优秀,在输入、输出、管理维度的二级指标中各有不足,其中信息评价、信息交流、信息伦理等二级指标维度表现不尽如人意。一方面信息技术渗透到大学生日常学习的各个领域,另一方面英文信息广泛应用于科技研发、生活生产中,大学生普遍意识到了英文信息的重要性,也意识到了信息技术对于英语学习的重要性,具备了较强的利用信息技术解决英语学习中问题的意识。同时,受到中学的信息技术教育与社会大环境的影响,大学生普遍具有广泛的信息知识,并积极地将信息技术应用于英语学习,自主学习能力得到极大提高,完成英语课程任务时,也能将信息技术运用自如并乐于分享。但由于非英语专业大学生很少接受批判性思维训练,并且英语学习内容很多局限于考题、课文或经过编辑的二手英文信息,大学生的英文信息评价能力偏低,主动使用英语交流的机会不多、意愿不高,对上网浏览英文信息时需要遵守的法律道德认识模糊。因此,大学生虽在信息意识和信息知识方面表现较好,但还不能有效应用与评价。

(二)“互联网＋”时代外语学习信息素养教育缺失

传统大学英语课堂重在传授英语知识,对于外语学习信息素养的教育重视不足。教育部高等学校大学外语教学指导委员会《大学英语教学指南》(2020版)提出“现代教学手段的使用要主动适应新时代大学生的学习特点和学习方式,密切关注移动学习理论与技术的最新发展"。然而局限于大学英语教师自身的外语学习信息素养以及沿袭于传统的英语教学体系,系统的外语学习信息素养教育在大学英语课堂上并未得到体现。如研究所显示的,除了教师推荐的一些英语学习手机 App、网站以及布置的课堂展示任务,大学生在英语课堂上受到的信息素养教育少之又少,在课下自主学习过程更得不到老师的指导。大部分教师会关注学生完成课堂展示任务的结果,即学生在课堂上展示的作品,而不是讨论学生收集整合材料、合作完成任务的过程合理性。在做英语考试题目或日常阅读训练中,大学生受到的外语学习信息素养教育也严重不足。大学生重视英语的工具属性而不重视思辨的习惯是在大学英语课堂中日积月累形成的。长此以往,大学英语课程无法培养具有国际化视野与批判性思维的人才,无法满足大学生自我成长的需要。大学生的外语学习信息素养水平决定了他们在涉及外语的领域终身学习能力和创造力。为达到这一目标,大学英语课程体系应与信息素养教育有机结合。

(三)大学英语课程信息化建设投入不均衡

由访谈可知,各高校英语课程信息化建设水平并不均衡。比如为了实现线上、线下混合式教学,许多部属或省部共建院校给大学生购买了英语课程配套移动学习平台。教师在平台上布置作业检查学生掌握知识的情况,或者在平台上进行考试。而有的高校并没有这样的条件,缺少针对课程的练习讲解平台。大学生的英语学习模式以课堂学习和课下自学为主,教师也无从了解学生的学习情况。若利用吴砥(2018)等构建的教育信息化评估框架测评各高校的大学英语课程信息化建设,不同高校的大学英语教学基础设施、教育资源、教学应用、管理信息化、保障机制也有差距。关于课程信息化建设与学生信息素养的关系,蒋龙艳(2021)发现学校信息化建设如学校互联网接入水平、多媒体教室比例,对学生的信息素养水平有显著正向影响,即学校信息化建设水平越高,学生信息素养水平越高。因此不同层次高校对大学外语信息化建设的投入影响了该校学生的外语学习信息素养,各高校不均衡的投入令我国大学生的外语学习信息素养远未达到理想水平。加大外语课程信息化薄弱院校的投入,保障这些院校的外语教学软硬件设施,可促进教育公平,提高大学生外语学习信息素养水平。

（四）大学外语教师的信息素养亟待提高

研究发现，导致大学生外语学习信息素养过低的原因之一是外语教师本身的信息素养偏低，鲜有培养外语学习信息素养的意识，缺少培育外语学习信息素养的方法，课下与学生的沟通渠道不畅。虽然现在的高校普遍开设信息技术与文献检索课程，但是许多大学生无法将这些课程内容灵活运用到外语学习中。况且外语学习信息素养的内涵远远超出了信息技术和文献检索的内容。在大学英语课堂上，教师会向学生推荐一些英语学习网站、手机 App 等资源，但是缺乏对信息素养的系统指导。没有信息化学习方法的系统指导，大学生在自主学习英语过程中无法解决遇到的问题，最后导致英语学习效率低下、信息评价水平不高。这与张国颖（2017）等的研究结论不谋而合，即大学英语教师缺乏专业的信息素养培训，阅读教学信息媒介单一，教师间的信息素养能力不均衡。主观方面，许多大学英语教师自身的信息素养不高，未曾受过信息素养相关培训，不知道如何将信息素养教育融入英语教学中。外语学习信息素养教学需要大学英语教师将信息意识、信息知识、信息搜寻、信息整理、信息伦理等知识传授给学生，并且提供英文信息交流利用的机会和平台，而不仅仅是碎片化的信息知识。客观方面，受限于大学英语每个教学班一周一到两次的课时量，且大学英语教师负责的教学班往往较多，学生与英语老师不熟悉，遇到困难也不与老师交流。加之学生英语水平参差不齐，对英文信息的理解能力和交流沟通能力都有差异，这些情况对信息素养教育与大学英语课程相结合形成了挑战。因此大学英语教师亟须提高自身的信息素养，同时探索信息素养进课堂的系统实现方法。

（五）大学英语学习与教学信息平台亟须优化

在推进大学英语课程信息化的进程中，科技研发企业起到了重要的促进作用，推出了包含自主学习与课程配套内容的移动英语学习平台，让大学英语课程能够在一定程度上实现线上、线下混合式教学。然而参与本研究的部分受访者反映某些大学英语移动学习平台效果不尽如人意，英语学习 App 中的某些环节趣味性、互动性不高，内容陈旧，不能吸引学生持续学习。大学生对某些移动平台产生了抵触心理，甚至促使掌握了信息技术的学生利用"外挂"程序完成任务，既浪费了学校的资源、学生的时间，又欺骗了英语教师，使教师无法掌握学生在移动平台上学习的真实水平。

另一方面,外语教师在教学中可以利用的信息平台种类较少,功能尚不丰富。学生对于英语课堂中使用的信息技术印象不深、兴趣不浓。新冠肺炎疫情期间全国许多高校开展了线上教学,然而学生能够记住的大多为"钉钉""腾讯会议""雨课堂"等直播平台,在访谈中未提到其他线上教学新功能和远程交互性教学活动,在平时的线下教学中,英语教师也较少使用网络平台作为课堂活动的内容。作为连接大学英语课上与课下、线上与线下的重要节点,大学英语学习与教学信息平台亟须优化与丰富。

(六)中学信息素养教育差异是导致外语学习信息素养群体差异的重要因素

大学生在中学所培养出的信息素养极大影响了进入大学之后的外语学习信息素养,导致了不同学生大学外语学习习惯差异。这种教育差异体现在中学英语教学目标、中学英语教师信息素养等方面。例如,访谈中来自山东省的一些大学生外语学习信息素养与一位来自北京的学生外语学习信息素养具有明显差别。前者的高中以应试为中学英语学习的主要目标,有些中学生在校没有接触电子设备的渠道,高中英语的学习方法以做题、背单词为主。后者从初中开始,英语老师就鼓励学生阅读优秀英文小说,在高中许多同学毕业后要出国,交流英语学习的热情高涨,练习口语的机会多,整体英语学习氛围好。前者进入大学后延续了高中的学习方法,学习英语的动机以应试为主,英语学习媒介也延续了高中的习惯,在大学才开始使用英语学习移动平台。后者进入大学后虽然因为学习任务繁重,阅读英语小说数量减少,但是仍然基本保持了高中的英语学习习惯,也愿意与同学交流英语学习中遇到的问题。

但是并非所有来自不发达地区的学生信息素养都偏弱。有一位来自山东某乡镇的受试也具有较高的外语学习信息素养水平,他的中学英语老师重视学生信息技术教育,对学生的信息素养提高起到了重要作用。因此,虽然大学新生的外语学习信息素养与地区经济水平和中学教学方式有关,但个体的信息素养不是一成不变。大学生的可塑性极强,信息素养较为薄弱的大学新生需要打破原有观念,在信息技术学习、信息评价与交流方面多下功夫。

小结

本章回顾了"互联网＋"时代外语学习信息素养研究中采用的半结构访谈法,根据收集的语料,从准备、输入、内化、输出等维度入手,分析了大学生外语学习信息素养情况，发现大学生在信息知识方面表现较好，而在信息评价、交流利用方面能力较为薄弱。导致这些特征形成的部分原因是中学英语学习习惯。大学外语教学普遍对信息素养重视不足，大学外语教师的信息素养参差不齐。在教学支持方面，外语信息化教学设备投入不够，外语信息化学习与教学软件的功能需要改进，种类亟待丰富。以上问题需要政府、学校、社会和师生共同努力解决。

第七章
外语学习信息素养提升路径

大学生是中华民族未来建设的中流砥柱，大学生的外语学习信息素养关乎中国未来的人才培养和科技振兴。因此，提出切实可行的大学生外语学习信息素养提升策略是大学生信息素养研究的重中之重。本研究通过问卷调查与深度访谈，发现了大学生外语学习信息素养教育中的亮点与问题。研究者认为大学生外语学习信息素养教育应以大学生为中心，以大学外语教师为支持，以大学教育为重点，以政府政策为主导，由社会多元主体参与辅助，使用政策、机制等对相关主体进行管理和激励，以达到促进大学生外语学习信息素养教育的目的。

第一节　政府主导

一、建立国家信息素养教育指导中心，加强信息素养顶层设计

大数据、人工智能、虚拟现实等技术快速发展，不仅替代了人的部分智能，还改变了人的思维方式、学习方式，未来的教师、学生都更应该增强运用信息技术分析问题、解决问题、创新创造的能力。为推动"互联网＋教育"发展，教育部发布了《教育信息化 2.0 行动计划》。教育信息化是教育系统性变革的内生力量（教育部，2018）。虽然当前部分高校已开展了信息素养相关课程教育，大学课程信息化教学手段日益提升，信息素养在高校整体教育中依然未得到充分重视。罗艺（2021）对国内 12 所大学进行调查后发现，政府、高校和家庭对大学生信息素养的重视度不高，专业师资缺乏，社会未形成信息素养教育氛围。因此，首先要从政府层面提高信息认识，加强对信息素养教育的政策规划。然而，目前国内出台的较完整的信息素养标准框架只有《北京地区高校信息素质能力指标体系》，是 2005 年清华大学图书馆与北京航空航天大学图书馆在北京地区高校信息素质教育研究会的配合下设计的北京地区高校信息素质能力指标体系（曾晓牧等，2006）。其研发基础是当时北京地区高校图书馆信息素质教育情况，覆盖面仅限于北京地区高校。而美国、澳大利亚、新西兰、英国等国家早已颁布全国高校信息素养指标体系且经历了若干次修订。

2021 年 11 月 5 日，中共中央网络安全和信息化委员会办公室与中华人民共和国国家互联网信息办公室发布《提升全民数字素养与技能行动纲要》，指出"数字素养与技能是数字社会公民学习工作生活应具备的数字获取、制作、使用、评价、交互、分享、创新、安全保障、伦理道德等一系列素质与能力的集合"。2021 年 12 月 27 日，中央网信委发布《"十四五"国家信息化规划》，将"全民数字素养与技能提升行动"作为十大优先行动之首。由此可见，我国已将提升公民的信息素养/数字素养上升为国家战略，亟须制定符合中国国情的信息

素养指标体系,如此才能科学评价公民信息素养水平,促进国家信息化产业发展,在全球竞争中立于不败之地。

第一,教育部需要成立信息素养教育指导中心,负责全国基础教育至高等教育阶段信息素养教育管理工作。美国有大学与图书馆协会,澳大利亚与新西兰有高校信息素养联合工作组(ANZIIL),英国有国家与高校图书馆协会(SCONUL)。这些组织机构在制定高校信息素养标准框架时起到关键作用,推动各国信息素养研究与标准框架升级。对于我国教育领域缺少信息化教育管理机构的问题,教育部可与中央网络安全和信息化委员会合作建立隶属于教育部的信息素养教育指导中心,借鉴国内外信息素养教育管理先进经验,指导各级各类学校信息素养教育,统筹协调信息化教学资源,积极推动国家信息素养教育水平。

第二,信息素养教育指导中心需要开展全国范围内的高校信息素养情况调查,从我国大学生信息素养实际出发,重新定义信息素养的内涵和外延,尽快制定中国高校信息素养指标体系。高校信息素养指标体系是开展高校信息素养评估和实施教育的基础,只依赖国外的指标体系不能满足国内需求。应根据国家发展需要和人民信息素养实际水平,确立大学生信息素养培养目标,联系相关科学理论,建立具有中国特色的信息素养模型,并出台基于指标体系的具体教育政策和指导说明。

第三,根据制定的中国高校信息素养指标体系研发大学生信息素养评估工具。信息素养评估工具是用于测试信息素养水平、设定教育目标、提供可操作标准以及优化项目的重要手段(明蔚、刘凯恒,2021)。目前,国外已开发多种信息素养评估工具,如国际教育成绩评估协会启动的国家计算机及信息素养研究评估系统(ICILS)、澳大利亚课程评估报告局开发的全国中小学生 ICT素养评估工具、美国肯特州立大学开发的信息素养技能实时评估工具(TRAILS)(唱婷婷等,2021)。国外信息素养测评工具经历了评估阶段、参与主体、测评内容和评估手段从单一向多元的发展,使用范围普及全球多个国家和地区(明蔚等,2021)。国外的一些评估工具使用非常便利,比如 TRAILS 可以登录后免费测试、即时打分。我国信息素养测评工具研发起步晚、发展慢,目前只有北京大学图书馆开发的大学生信息素养能力评测平台。由于知识背景、发展阶段的差异,国外的信息素养评价工具大多不能翻译成汉语后直接利用,需要组织专家研发面向我国师生的多元信息素养综合评价工具,配合学生发展的初、中、高阶段,覆盖信息意识、信息知识、信息能力、信息法律与伦理等多维度,同时开发针对某一维度的专项测评工具,比如我国大学生较薄弱的信息法律与道德维度。研制成熟后可与其他范畴的评价工具相结合,如批判性思维评价工具,测评并发展大学师生的综合能力。

二、完善并推广“互联网＋”外语学习信息素养评价指标体系,加强大学生外语学习信息素养评价

大学生信息素养综合能力最终体现在学科学习和研究中,各学科所需的信息素养兼具共性与个性,因此除了研究信息素养综合能力还需要关注不同学科中的大学生信息素养培育,制定学科信息素养标准体系。国外学科信息素养教育起步较早,已完成主要学科信息素养指标体系。美国大学与图书馆协会制定了针对科学与工程技术学科(2006)、人类学与社会学(2008)、心理学(2010)、新闻学(2011)、护理学(2013)等多学科的信息素养指标体系。

大学英语是我国大学生的必修课之一,对英文信息的正确获取、评价、交流、创新是大学生学习英语时需要培养的综合能力,是大学生用英语讲好中国故事、传播中国文化的必备能力,也是未来中国人才能够立足本国、放眼世界的基础。外语学习信息素养作为大学生信息素养的重要组成部分,目前还没有受到应有的重视,未强调高校各学科中融入信息素养教育的必要性和重要性,培养学生在具体学科学习中的自主性和创造力,如此则不能完全满足国家全面提升学生信息素养的急迫要求。所以,要进一步完善大学生外语学习信息素养教育相关政策规划,强调大学外语学习信息素养教育的必要性和重要性。相关部门应充分认识到外语学习信息素养教育的重要性和紧迫性,将外语学习信息素养逐渐加入大学英语的教育目标和评价体系当中,颁布提升大学生外语学习信息素养的相关政策与规划,明确大学生外语学习信息素养培育的重要性,并制定相关培育措施推进大学生外语学习信息素养教育。

本研究制定了“互联网＋”外语学习信息素养指标体系,需要有关部门根据框架明确大学生外语学习信息素养评价的主体、流程与机制,开发大学生外语学习信息素养评价工具,建立大学生外语学习信息素养的评价系统。同时,

加强大学生外语学习信息素养评价指标体系与测量工具的完善与推广应用，推进全国高校范围内大学生外语学习信息素养测评工作，了解大学生外语学习信息素养现状，厘清和破解大学生外语学习信息素养提升的重难点，达到以评价促进大学生外语学习信息素养提升的目的。

三、制定大学外语教师信息素养测评标准，建立大学外语教师信息素养培养体系

大学外语教师信息素养应包含教师自身的外语学习信息素养、信息化外语教学能力以及与学生、同事和家长就专业领域问题进行互动的能力。外语学习信息素养帮助大学外语教师融入信息社会，为外语教学提供有力支撑，提高教师职业水平和终身学习能力。目前我国缺少针对教师的信息素养框架，也没有大学外语教师的信息素养评价工具，无法准确了解全国高校大学外语教师的信息素养水平并达成提升教师外语学习信息素养的目标。国外研究者早已关注教师信息素养指标体系建设。美国大学与图书馆协会 2011 年制定了教师教育信息素养标准，为该国教师信息素养培育奠定了基础。联合国教科文组织(UNESCO)发布的教师信息素养框架包含技术素养、知识深化与知识创造，信息素养发展贯穿于教师职业发展的始终(代蕊华等，2021)。欧盟同样建立了教师信息素养评测体系，强调师生信息素养发展的一致性、特定情境的适应性、能力发展的进阶性等(李宝敏等，2021)。国外的教师信息素养模型框架为我国制定外语教师信息素养指标体系提供了参考，我国应从外语教师发展和教学需要出发设计外语教师信息素养框架。

因此，为了提高高校外语信息化教学水平，提升大学生外语学习信息素养，首先需要制定适应我国国情的大学外语教师信息素养指标体系，让大学外语教师信息素养评价和大学外语教师信息素养发展有据可依。制定大学教师外语学习信息素养指标体系应参考大学生外语学习信息素养指标框架，确定外语教师信息素养要素，协同大学生外语学习信息素养培养目标，为大学生外语学习信息素养教育赋能。其次，研究外语教师信息素养等级测评工具，使大学外语教师信息素养测评制度化、规范化，以评促学、以评促改，达到提升大学外语教师信息素养的目的。

四、建立健全英文信息安全法律法规，普及英文信息安全知识

习近平总书记于 2014 年中央网络安全和信息化领导小组第一次会议上指出："没有网络安全就没有国家安全，没有信息化就没有现代化。"全球化发展加速，英文信息渗透到社会的各个层面。若无对英文信息安全的敏感，就会阻碍大学生外语学习信息素养的培育，也会对社会甚至国家安全造成威胁。比如，某些别有用心的人利用消费者对英文信息的无知，在童装上印刷不雅英文。更有甚者，有些境外不法分子引诱大学生泄露国家机密，或者窃取大学生个人信息。提高大学生对英文信息安全的重视度和敏感度，可以提升大学生外语学习信息素养，提高公民素质，更与国家安全有着密切关系。保障英文信息安全，要有优秀的大学外语教师队伍，但更离不开相关法律法规的制定和执行。许多发达国家已逐步建立起适应信息化发展的法律体系，用信息化法律体系保障信息安全和个人信息。为推动大学生外语学习信息素养教育，必须建立健全英文信息安全法律法规，结合《国家安全法》《反分裂国家法》将《数据安全法》《民法》《个人信息保护法》《网络安全法》等法律法规中与英文信息安全相关的条目细化，规范各行各业的英文用语，从法律层面确保英文信息环境安全，提升社会对英文信息安全的认识，树立大学生英文信息安全责任意识与英文信息安全生态价值观，形成大学生英文信息安全行为模式。

第二节　高校教育

一、推进大学英语课程改革,建立适应科技社会发展的创新型大学英语教学模式

目前的时代正在经历以人工智能、大数据、云计算等为代表的全面科技变革,当科学技术与教育方法充分融合时,大学教育迈入教育 4.0 时代。世界经济论坛于 2020 年提出教育 4.0 的 8 个关键特征:全球公民技能、创新创造技能、技术技能、人际关系技能、可及性和包容性学习、基于问题和协作的学习、个性化和自定进度的学习、终身学习和学生自驱动的学习。教育 4.0 的目标与外语学习信息素养教育诉求高度吻合,因此提高大学生外语学习信息素养不但是高校教育与学生学习的内在需要,也是时代的必然要求。为了适应科技与社会的变革,大学英语课程需要进行如下改革。

第一,将外语学习信息素养教育纳入大学英语教学大纲,在大学英语教学中充分体现信息素养元素。根据 2020 版《大学英语教学指南》,各高校应推进建设"智慧"英语课堂,为大学生创设具有科技性和人文性的外语学习环境。大学英语教师应将信息的准备、输入、输出、管理等维度渗透于英语教学中,培养大学生英文信息检索能力,鼓励大学生对英文信息进行批判思考,将英文信息用于日常交流,加强大学生英文信息相关法律道德意识,积极引导大学生正确使用英文信息,提高大学生利用英文信息解决问题的能力和创新能力。

第二,改变英语教学"以教师为中心"的传统模式,推广"以学生为中心"的信息化新型教学方法,重视学生的学习反馈;改变传统的填鸭式教学方法,利用大数据、移动互联技术、人工智能等高科技手段形成输入、输出均衡的英语教学模式。一方面,尊重大学生的个体发展,尽可能为学生提供适于外语学习信息素养发展的海量学习资源与技术手段,鼓励学生根据学习需要接触多层级、多领域的英文信息,熟悉英文信息获取、整理、交流、利用等方面的多种信息技术。另一方面,根据外语学习信息素养培养目标要求,培养学生的英文信

息搜索、甄别、分析、整理能力,创设有意义的英语使用情境,帮助学生将所学英语知识创造性地应用于信息化环境中,提升学生英语的交流应用能力。最后,在技术手段的协助下将形成性评价与终结性评价相结合,形成完整的教学闭环。

第三,重视高中与大学外语学习信息素养教育衔接,分层次落实外语学习信息素养教育。加强大学新生外语学习信息素养测评,在高中信息素养教育的基础上制定大学外语学习信息素养教育细则。重视大学生外语学习信息素养的个体差异,对外语学习信息素养教育不搞"一刀切",倾听大学生对外语学习信息素养教育的建议,有条件的高校可以进行分层次的外语学习信息素养教育。充分发挥大学生外语学习自主性与合作性,鼓励大学生之间的外语学习信息交流与互帮互助,建立以学生为中心的外语教学模式与学习平台。

第四,疏通大学生与英语教师的沟通渠道,为大学生交流利用英文信息提供更多机会。由于课外学习是大学英语学习的重要组成部分,鼓励大学生增加与英语教师线上、线下的交流。有条件的高校可以为英语教师设置专门的办公时间与学生沟通,并计入工作量,或组织助教协调大学英语教师与学生的沟通。同时,增加大学生利用英文信息与外界交流的机会,帮助大学生在真实的英语环境中利用英文信息完成任务。

第五,加强课程思政与大学外语学习信息素养教育的融合。面对纷繁复杂的英文信息表现出的不同的体制和信仰,大学生应当如何思考与处理才能保持应有的家国情怀与民族自信,大学英语教师需要采用适当的教学方法引导学生形成正确的政治态度和思辨能力。

二、加强高校外语信息化教学支持环境,推动大学英语课程信息化研究

学校是大学生信息素养教育的主要场所,而信息化教学设备是有效开展大学生信息素养培育的前提基础,因而需要加强对高校教育信息基础设施条件的配备与完善,增加大学英语信息化教学资金投入,为学生提供多样的信息化教学平台和使用机会。首先,大学英语信息化教学薄弱的高校应提高信息化教学意识,完善大学英语信息化教学支持环境,为教师教学和学生学习提供必要的常规软硬件,保障信息化英语教学条件。许多大学配备了"智慧教室",外语教师却没有机会在日常教学中利用。还有高校购买了电子白板等教学硬

件,却仅于教学比赛示范课中使用。国内的教学硬件往往随着商务会议配套而发展,譬如电子白板领域已经有希沃白板、华为 Idea Hub 等产品进入。这些产品在国内中小学教学中屡见不鲜,相关的教学研究也比较丰富,而在大学教学研究中却较为罕见。在国外,美国谷歌公司在 2016 年开发的电子白板 Jamboard 现已应用于世界其他国家的大学教学,比如英国邓迪大学和贝尔法斯特大学将 Jamboard 与 Zoom、Blackboard Collaborate、Microsoft Teams 等软件平台联合应用于解剖学远程教学中(Sweeney et,al.,2021)。因此,高校需要加强对大学外语学科的重视,加大在外语信息化教学中的投入,控制合理的师生比,弥补各种因素带来的大学生信息素养水平的差异。

另外,大学作为知识发展的前沿阵地,应适时地将当前最新科技发展引入大学英语课堂,如移动学习技术、虚拟现实技术(VR)、人工智能、大数据,丰富大学外语教师教学手段,拓宽大学生视野。移动学习技术应用已相当广泛,虚拟现实、人工智能、大数据等教育技术应用还在尝试探索中。国际上又掀起元宇宙(Metaverse)开发的热潮,我国多个省市区政府将元宇宙项目纳入"十四五"专项规划(杨丹辉,2022)。在英语教学中,虚拟现实可提高大学生英语学习兴趣和动机,增强临场感(郑春萍等,2021)。元宇宙的技术内涵远大于虚拟现实(VR),待发展成熟之时,元宇宙技术参与外语教育未来可期。

第三,适度收集各维度大学生外语信息化学习与外语教师教学数据,建立大学生外语学习信息素养数据库、高校外语教师信息化教学数据库。通过收集与分析数据可以探究教师教学与学生学习规律,发现其中的不足并加以改进。同时要保护师生的数据安全,防止数据泄露。

三、建立大学外语教师信息素养提升机制,激发大学外语教师信息化教学热情

信息化教学环境建设要紧紧围绕教师专业能力的提升和信息技术素养的培养这个重心,贯彻教师信息技术意识、信息技术教学应用和自我发展相结合的教育理念,整合现有的信息化环境,结合学校的地域特色、学科特色和教师现状,以信息技术与教育教学的深度融合发展为核心思路,建设简单实用、功能完善、促进教师学科教学能力和信息技术素养全面提升的教学实践环境。在具体操作上,首先要制定相关的制度、措施与激励机制,从政策层面推动;同

时,要建设网络化、开放式的信息化软、硬件环境,以便教师开展信息化教学和自我学习实践的综合应用。

因此,各高校需要完善外语教师信息素养提升机制。第一,组织专家进行外语教师信息素养分级培训,为外语教师发展信息素养提供学习机会。鼓励外语教师进修信息技术相关课程,提高信息设备应用水平。目前,各高校已通过多种形式开展面向全校的信息技术培训,并在疫情期间抓住了教师使用新技术教学的契机发展教师的信息技术使用能力。此外,在大学英语课程教学方面,应分析教师教学面临的问题,将信息素养课程分为初、中、高三个层次,从教学基本信息技术、思辨性外语授课、以问题为导向的外语授课技术到语言研究信息技术、基于语料库的外语教学技术,让不同信息素养水平的教师按照自身水平选择适合自身发展的课程并修满所需学分,从而实现全体大学外语教师信息素养的提升。

第二,将外语学习信息素养发展纳入大学外语教师奖评机制。目前许多高校开展了线上、线下混合式教学,提倡外语教师在课堂中采用信息技术,并以此为依据评价教学质量。还应对在外语课程中善于使用新技术教学的老师进行物质奖励,将教师完成培训情况和使用信息技术教学的情况体现在教师绩效中,对教师信息素养发展形成正向激励,激发外语教师信息化教学热情。

第三,建立校内的外语教师信息素养发展互助小组,鼓励教师之间的信息技术交流。高校内部发挥教师小组的"传帮带"效应,信息素养水平较高的教师帮助信息化教学有困难的教师。这种小组可以打破学院的限制,实现全校教师的互帮互助。

第四,建立高校教师信息素养联盟,鼓励高校之间的信息素养发展交流。"双一流"高校与非"双一流"高校外语教师信息素养差距明显,为了提高全国大学外语教师信息素养水平,各高校不能各自为政,可以组建高校教师信息素养联盟,对于外语教师信息素养较薄弱的大学进行帮扶,实现地区和学校之间的资源有效利用。

四、推动高校图书馆参与大学英语课程信息素养教育,普及嵌入式外语学习信息素养教育

高校图书馆是高校信息素养教育不可或缺的参与者。目前,国内高校图

书馆除了提供学习空间服务和资料借阅,还设置了信息素养相关教育服务,对师生的学习和科研进行支持,如新生入馆培训、信息技术与信息检索等方面课程、线上线下报告、慕课、信息检索比赛、信息素养手机游戏(李梅娟,吴建华,2020)。由于近年来移动技术的普及,许多大学图书馆开发了图书馆手机应用软件,并开通图书馆微信公众号以方便学生随时随地查询信息、学习课程。在课程教学支持方面,山东大学、华东师范大学等国内高校图书馆设置了与院系联系的负责人,专门解答院系师生的问题。嵌入式信息素养教育在国内方兴未艾,除了各高校设置的学院馆员外,上海交通大学根据院系专业特点开设了专业信息检索、评价利用等课程,南开大学在外国语学院博士研究生中开展学术信息素养嵌入式教育探索(张蒂,2017)。国内各高校图书馆已在发展信息素养教育方面有了一定成绩,但还不够细致、完善,与课程结合的信息素养教育不够普遍。许多非"双一流"高校开展的信息素养教育内容较少,形式单一。

与国内高校图书馆的服务相比,国外高校图书馆的信息素养教育体系在宏观和微观层面都更加细致、完整,形式更加多样。在宏观层面,许多国外大学图书馆根据已制定的信息素养框架标准,如美国大学与研究图书馆协会2016年发布的《高等教育信息素养框架》,英国学院、国家和大学图书馆协会(SCONUL)发布的《信息素养的七大支柱》,对该国和世界其他国家的信息素养教育政策制定产生了巨大影响。在微观层面,国外大学图书馆除了提供教学与科研资料共享服务,同样重视教学与技术支持服务,并着眼于信息素养教育的智能化与个性化,比如英国爱丁堡大学图书馆引入了基于虚拟现实技术的互动式信息素养教学模式(李梅,2021);美国伊利诺伊大学香槟分校图书馆提供了信息素养的"一对一"教学(徐旭等,2021)。为了促进大学生的学科内学习与创新,许多国外大学图书馆实施了嵌入式教学服务,推动图书馆信息素养教育与课程教育融合,为每个学科打造适合课程发展的信息素养模块,鼓励图书馆员参与课程教学大纲制定与实际教学,并将学生信息素养水平纳入课程评价体系(李梅,2021)。大学信息素养教育若单纯依靠图书馆员,远远不能满足大学生专业学习的需求,需要以学生学习、教师科研为中心,图书馆在信息技术培训、信息资源共享方面提供支持,将信息素养教育融入课程学习中,吸纳课程教师参与到信息素养教育中,才能充分促进大学生信息素养能力培养,激发大学生的创造能力。

综上所述,信息素养教育在我国高校中还有很大提升空间,尤其是信息素养嵌入式教育在国内还未普及,仅在个别高校的个别课程中得到尝试,没有形成理论框架。在大学英语教学中,信息素养嵌入式教学同样尚未得到应用,大学英语教学未与图书馆信息素养教育同步,外语学习信息素养维度中的薄弱环节未得到图书馆的有力支持。因此鼓励图书馆与大学英语教学部门联合实施外语学习信息素养嵌入式教学,有利于提升大学生外语学习信息素养水平,有利于优化大学英语教学模式,有利于提高外语学习信息素养教育效率,也有助于探索其他学科信息素养嵌入式教学模式。

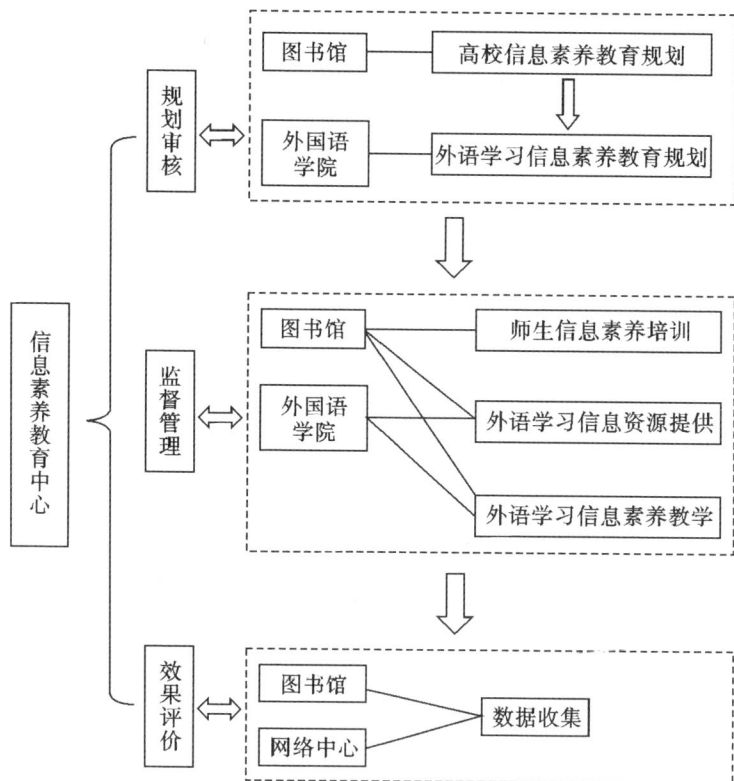

图 7-1　高校外语学习信息素养发展机制

首先,高校需要建立信息素养教学中心,联系图书馆以及开展信息素养教学的各院系,形成信息素养教育管理统筹机制。信息素养教学中心负责协调图书馆与各院系之间的交流合作,监督图书馆参与各院系的信息素养教育,对学科信息素养教育效果进行考评。许多大学设立了学科馆员制度,不同院系有专门的图书馆联系人,然而图书馆对学科教学的指导效果无法衡量。设立监督信息素养教学效果的管理中心可以打通图书馆与院系之间的交流渠道,促进高校信息素养教育统筹发展,为信息素养嵌入式教育提供制度保障。

第二,高校信息素养教学中心应联合图书馆制订适合学校发展的信息素养发展规划,用以指导、改善与评估信息素养教育与服务实践。高校图书馆制订发展规划时可参照国家信息素养发展框架、《"十四五"国家信息化规划》等纲领性文件,依据本校的专业特色,设立信息素养培养目标,指导图书馆与各院系开展适合学校的信息素养教育模式。

第三,高校外国语学院根据本校信息素养发展框架、本研究《外语信息素养能力框架》、教育部考试中心《中国英语能力等级量表》以及人才培养目标、教学大纲等文件,探索适应本校大学生外语学习信息素养发展的培养框架。大学英语教学单位应与高校图书馆共同讨论本校大学英语课程中需要培养的外语学习信息素养能力维度,确定各维度中具体的教学任务和教学方法,为双方联合开展嵌入式外语学习信息素养教学提供方便。

第四,高校图书馆网站和微信平台可以设立大学英语学习信息资源板块,提供大学英语学习所需资源和技术。付京香在 2016 年就提出要建设大学英语教学信息资源库,涵盖大学英语教学、新闻传播、中外文化等方面。目前大学英语教学资源库建设取得了长足进步,如外研在线出品的 iLearning 提供了英文电子书、云课堂和课外视听资源;外教社开发了 We Learn 和爱听外语 App,提供了课程配套练习和音视频;新东方多媒体学习库中含有国内英语考试辅导视频、出国考试辅导视频和模拟练习。许多大学图书馆购买了英文信息资源库,但是缺少专门的板块介绍这些英文信息资源在学生学习和教师教学中的利用方法以及其他可靠的英文信息资源、英语学习信息技术介绍,外语学习信息素养相关的慕课也仅限于学术研究英语写作。本研究的调查结果显示,虽然近年来大学生信息素养水平有较大提高,但是英文信息知识水平参差不齐,甄别、分析英文信息的能力较差,信息伦理道德知识缺乏。因此,高校图书馆需要丰富英语学习信息资源,针对不同年级大学生的学习需要,开发英语学习信息资源使用技巧、英文信息技术使用、分析应用、信息伦理等课程,以网页介绍、慕课、工作坊等多种方式灵活地展现给广大师生。

第五,高校图书馆可以参与英语教学,提供外语学习信息素养指导。图书馆员还可以参与制定大学英语教学大纲,将外语学习信息素养列入教学目标。

第六,高校图书馆应加强对外语教师的信息素养培训,包括慕课、研讨会、在线学习社区等形式。目前高校图书馆的信息素养培训形式主要以"一小时"微课或短期培训为主,培训内容多为信息检索、软件与数据库使用等,可探索更多教学形式与内容,对外语教师教学中的问题形成精准对接。

第七,高校图书馆应联合学校网络中心收集大学生外语学习信息素养教育效果数据。无论图书馆的外文书目借阅次数还是外语教学软件使用情况,图书馆与网络中心应合作统计学生的使用频次并反馈至教学院系,作为下一步外语信息化教学的指导以及教师信息化教学评价的依据。

第三节　社会参与

一、鼓励外语信息技术产学研协同，提高外语学习平台数量与质量

如今各科技公司研发的信息技术产品已深度介入大学英语学习，其中某些平台占据了大学生自主学习领域，另一些正在与高校合作，进入大学英语教学过程。各种产品都有一定的学习理论支撑，并聘请专家对产品内容进行指导。许多外语教研项目以信息技术平台为依托，探索创新型大学英语教学模式。然而就英语学习平台本身而言，还有很大提升空间，有关企业需要进一步完善平台内容，为师生提供更好的服务。

第一，有关企业应与高校密切合作，提高已有英语移动学习平台质量。英语学习软件要符合大学生的学习需要，与大学英语课程教学目标、教学内容相结合，为学习者的学习过程提供适当的帮助，达到提升学习效果的目的。高校根据本校学生硬件设备水平、英语水平和信息素养情况采购适合的英语教学软件，使用期间对软件效果进行及时反馈，并鼓励外语教师参与信息化教研课题。例如，智慧树通过架构学科知识图谱进行了改进软件的有益尝试。软件开发者科学地协调新旧知识体系的矛盾，激发学习者主动参与软件内的知识交互活动。如果学生对于学科框架内的知识点掌握情况不佳，则无法推进到下一知识点，由此解决传统慕课重视知识传授、忽视效果检测的问题。有关企业需要对使用英语学习平台的高校进行回访，关注一线教师的教学需要与学生的使用反馈，将教师的研究成果转化为实际应用，不断改进平台提供的英语练习、慕课、微课视频等模块，提升语音识别评价技术，优化软件功能。

第二，高校英语教学智慧平台应注重电脑、平板、手机、电子白板等硬件设备与软件平台的融合。目前高校几乎都配备了辅助大学英语教学的多媒体软硬件设备，外语教师可以借助设备上的平台展示教学内容并与学生进行即时课堂交流。目前基于多媒体教室硬件的英语学习平台与移动应用脱钩，无法

发挥移动应用的便捷性和交互性,因此有必要对多设备英语学习平台功能进行整合,形成完整的英语学习软硬件生态。

第三,相关企业与高校应在教学软件研发上发挥更多创意,增加教学软件种类。目前大学生大量使用的英语学习软件多为自主学习平台,教师在课堂上使用的软件多为诸如腾讯会议、钉钉等直播软件,教材配套软件内容一般在课前或课后作为作业布置给学生。国外英语教学相关的软件除了以上种类之外还有 Quizlet、Kahoot 等游戏化课堂教学软件或网站,将学生课下自习与课上练习有机结合,在课堂上呈现有趣的互动游戏,通过美观的界面和动画吸引学生的注意力。外语教师备课时可以把课程内容输入网站,根据教学需要调取现成的测评游戏。教学软件的研发能极大地缓解外语教师的备课压力,普及有效的英语教学模式。国内有关企业需要深入研究当今的英语教学理论,找到研发突破口,制作能够支持英语课堂的教学平台。

第四,相关企业应重视专业英语学习软件开发,支持高年级大学生的专业英语学习。非英语专业大学生学习专业英语时经常遇到没有电子学习资源的问题,只能借助纸质书背专业词汇。相比基础英语学习软件,专业英语软件开发肯定更加费时费力,编辑不仅需要精通英语还要懂得专业知识。然而专业英语学习对于医学、计算机等专业的大学高年级学生的重要性极强。软件一旦开发成功,受众会比较广泛,高年级本科生、研究生和博士生都能从中获益。除了专门设计每个专业的英语学习软件外,第二种思路是开发如 AnkiDroid 一样可以让用户编辑内容的词汇学习软件,开放各专业的学习资源包供用户下载使用。软件生产企业需要避免同质化竞争,以创新为驱动,以服务用户为第一准则,研发出更符合大学生学习需求的产品。

二、支持我国自主建设大学英语教育网络,丰富自主英语教育资源

由于英语教材篇幅有限,大学生从英语教材中获取的知识较为局限,教材中听、说、读、写、译等方面的辅助材料不能完全满足大学生的学习需要。而课外资源来源广泛,内容多样,补充了英语教材之外的知识区域,为大学生课外英语学习提供了大量资料。英语课外资源通常来自国内外英语媒体,涵盖了网站、社交网络平台与移动应用终端。其中我国自主英语媒体用英语传播中国新闻与历史文化知识,反映中国社会面貌与风土人情,蕴含的三观与主流立

场一致,非常适合用作大学英语教学材料。学习自主英语媒体上的英语资料能够增强大学生用英语表达日常生活情景的能力,加强大学生对我国地理与人文知识的理解,提升大学生的跨文化交际能力。

目前能够应用于不同层次大学英语教学的自主英语媒体内容还不够丰富。在英语教学方面,BBC、VOA 都有针对初中级英语学习者的慢速和常速英语新闻、英语词汇释义、语法解释等,节目形式多种多样,内容引人入胜。而我国英语媒体受众大多为外国读者,面向大学英语学习者的网站较少,并且没有慢速英语学习栏目。一些本土英文媒体虽然包含了新闻音频、翻译解析等内容,但是新闻音频语速过快,不适合学习者,翻译、词汇等栏目没有音频解说,视频内容不丰富,也没有帮助教师教学的资料和课件。提高大学生外语学习信息素养需要优质的英语学习资源,为了展示英语的原汁原味,一些阅读、听力 App 经常直接引用来自 BBC、VOA、《经济学人》等信息源的英文资讯。西方英语媒体中的中国相关报道时常有歪曲事实之嫌,其权威性、时效性和可信度自然较低,不宜作为大学英语学习材料。纸质英文学习杂志阅读内容质量有保证,与网络资源相比,传播性和便携性较低。外语教师备课时要在网络上寻找既符合学习者水平,又能精彩地讲述中国故事的英语资料就非常困难。笔者准备大学英语课程时,曾试图寻找我国诺贝尔生理学或医学奖获得者屠呦呦的英文生平介绍,结果只找到 BBC 制作的一段纪录片,其政治立场决定了介绍的侧重点。若只简单地给学生播放而不加以解说、辨析,会使学生产生疑问,影响学生的历史观。虽然在本次调查中,大学生反映,看到与认知相悖的英文信息不会影响自己的世界观,但是日积月累、潜移默化的影响也不容小视。2021 年 6 月,习近平总书记指出:"要下大气力加强国际传播能力建设,形成同我国综合国力和国际地位相匹配的国际话语权。"大学生只有通过比较不同角度、不同立场的英文信息才能逐渐提高理解甄别信息的能力,发展与不同国家的国民交流的能力。

首先,需要加强本土英文网络媒体建设,特别要扩充适合不同水平英语学习者的网络资源。与外国媒体相比,本土英文媒体更了解我国的社会热点和读者需求,节目内容贴近大学生现实生活,能够激发大学生学习兴趣。当前网络上有一些深受大学师生欢迎的本土英语学习资料,比如 CGTN 的纪录片《Amazing China》以其短小精悍的内容、优美简练的英语、美轮美奂的画面吸引了大学师生的目光。"中国网"上与时事紧密联系的英语短视频经常被大学外语教师选为课程思政资料。本土英文媒体可以提供更多符合大学生英语水平原创资料,包括阅读文章、词汇语法微课、音视频学习资料等,其中的音视频资料需要根据学习者水平进行难度分级并配有中英文原稿。外语教师可以将不同国家媒体的材料与我国本土英语媒体报道进行对比,带领学生思考英文信息背后的价值观和政治立场,培养学生的批判性思维能力,增强学生思考英语文章隐藏含义的自觉性。

其次,本土英语媒体应提供更多课堂教学支持,为外语教师的教学提供框架与素材。外语教师备课时常会为寻找素材而发愁,如果课本配套课件不能满足教学需要就只能在网上寻找,而网上的课件质量良莠不齐,搜索的时间多但收获很小。虽然还有如"中国大学 MOOC"这样的慕课平台,但是慕课通常只是学生课下学习的补充,不能作为课堂的主要内容。对比国内,国外网站有各种英语教学辅助资源,覆盖了该国教育的初、中、高阶段,内容有活页练习题和词汇、语法、阅读教案等。由于学情差异,这些教案一般不能直接应用于大学英语课堂。若拥有丰富的本地网络教学资源,外语教师就能将更多精力投入引导学生自主学习与创新教学方法方面,师生的外语学习信息素养也能得到相应的提高。

第四节　个人提升

一、外语教师

(一)掌握英语信息技术,关注教学信息动态

教师是知识的传授者、学生学习的引路人,教学水平取决于教师个人素养。为了应对时代发展的挑战,大学外语教师要主动为学生树立外语学习信息素养典范。一方面,教师要通过自主学习,不断提升个人的外语学习信息素养,为学生做出表率。大学外语教师应具备终身学习的意识,不仅督促学生提升外语学习信息素养,还要以身作则,在信息技术知识储备、英语知识积累上多下功夫,提高自身的批判性思维水平,掌握更多信息化教学技术。互联网上丰富的慕课资源、短视频 App、英语教学微信公众号等为外语教师提供了绝佳的英语知识、信息技术和教学方法自学资源。除了学习知识技术,外语教师需要具备强烈的信息敏感性,平时密切关注各类英语资讯和国内热点,从浩如烟海的信息资源库中挖掘教学所需信息,认真分析、甄别英文信息,将合适的内容应用于教学实践。另一方面,外语教师应重视学生在教学中表现出的学习需求,善于利用信息技术收集学生学习问题,跟随、掌握大学生熟悉的信息技术,并且注意对网络中英语学习者交流信息的搜集与整理,积极与学生和其他教师讨论英语教学中存在的问题。随着图书馆与外语系联动的加强,大学外语教师应积极参加信息素养培训活动,与负责嵌入式教学的图书馆员深入研讨英语授课方式,共同制定外语学习信息素养教学方案。

(二)确定外语学习信息素养教学目标,熟悉不同层级信息技术

另一方面,外语教师需要明确大学外语学习信息素养教学目标,在准备、输入、内化、输出、管理等一级指标维度中探索有效的外语学习信息素养教育方法。外语学习信息素养的目标设立要围绕大学生核心素养进行,以立德树人为根本任务,并为学生在每个范畴中的外语学习活动提供必要的帮助,促进

学生外语学习信息素养均衡发展。大学生外语学习过程中 5 个一级指标对应的学习活动如表 7-1 所示。

表 7-1　学习过程例词

一级指标	二级指标	学习过程例词
准备	信息意识	注意认同
	信息知识	定位检索记录整理展示构建浏览分享
输入	信息获取	定位检索阅读观看倾听记录保存
	信息评价	分析比较选择批判辩论判断支持
内化	信息加工	理解整理归纳概括回忆描述复述翻译
	信息重构	创新构建设计发明写作
输出	信息交流	对话报告写作讨论演讲展示
	信息利用	分享合作任务
管理	自我监控	计时计划控制调整坚持
	信息伦理	引用加密保护

除了准备和管理指标，其他一级指标都分别具有各自独特的学习活动，而准备和管理贯穿了整个英文信息输入、内化、输出过程。关于学习中的思维活动，1956 年，美国认知心理学家布鲁姆(B. S. Bloom)首先将其分为以下几类：知识 (knowledge)、理解 (comprehension)、应用 (application)、分析 (analysis)、综合 (synthesis) 和评估 (evaluation)。2001

图 7-2　外语学习信息素养认知活动层级

年，安德森(L. W. Anderson)等将布鲁姆的教育目标分类修改为记忆、理解、应用、分析、评价、创新等层次(如图 7-2 所示)。根据前人的教育目标分类，外语学习信息素养框架一级指标输入、内化、输出中的二级指标也可按照认知难度层级从低到高排序。

随着信息技术发展和学习模式的改变，2008 年，Churches 提出"数字布鲁姆"概念，将布鲁姆教学目标分类的各个层次的教学目标赋予了具体教学与学习行为和与教学目标匹配的软件。基于数字布鲁姆和中国大学生英语学习行为,笔者制作出中国大学生外语学习信息素养数字布鲁姆(如图 7-3 所示)。图中的 5 个层级对应了外语学习信息素养认知活动层级,每一层对应的软件是这种学习行为中大学生常用的软件。其中大部分软件为手机应用,也可以在电脑上操作,只有一种为平板电脑应用(OneNote)。外语教学数字布鲁姆可以帮助外语教师了解外语学习信息素养教学目标,选择教学任务中适合学生使用的软件。

图 7-3　中国大学生英语学习数字布鲁姆

(三)创新英语教学过程,重视信息素养融合

　　除了学生学习使用的软件,还有一些软件可以应用在英语教学过程中,如雨课堂、微信、钉钉、中国大学 MOOC 等。教师应完善教学内容、融入教学技术、改进教学方法,鼓励学生尝试最新的英语学习信息科技,为学生提供多样化的信息和技术资源,在保证输入的前提下鼓励学生输出英语、创新内容,并引导学生自我管理英语学习进程。例如讲授《全新版大学英语综合教程 4(第二版)》Unit 5 时,笔者给学生布置了课前搜集文章作者信息并准备课堂汇报的任务,展示形式由学生自行确定。由于平时学生经常进行课堂英语汇报,自由组合形成团队,轮流参与活动,教师并未专门挑选小组。在本次任务中,三组学生积极参与任务,表现出了很高的热情,投入了较大的精力,发挥自身特长,分别用 PowerPoint、MindMaster 和视频剪辑软件制作了不同形式的展示

材料,如图 7-4、7-5、7-6 所示。该任务提升了大学生外语的准备、输入、内化、输出、管理等维度素养,展现了学生根据主题搜集材料后的整理、理解过程,提高了学生利用科技加工信息、传播信息的能力,同时促进了学生合作学习和自我管理效能,为其他同学形成榜样示范。教师在英语课堂上,还可以采用其他教学手段培养学生的外语学习信息素养,从课堂辩论、演讲、文章分析归纳、分享作文,到制作英文海报、制作英文电子书、在海外网站上虚拟购物等。

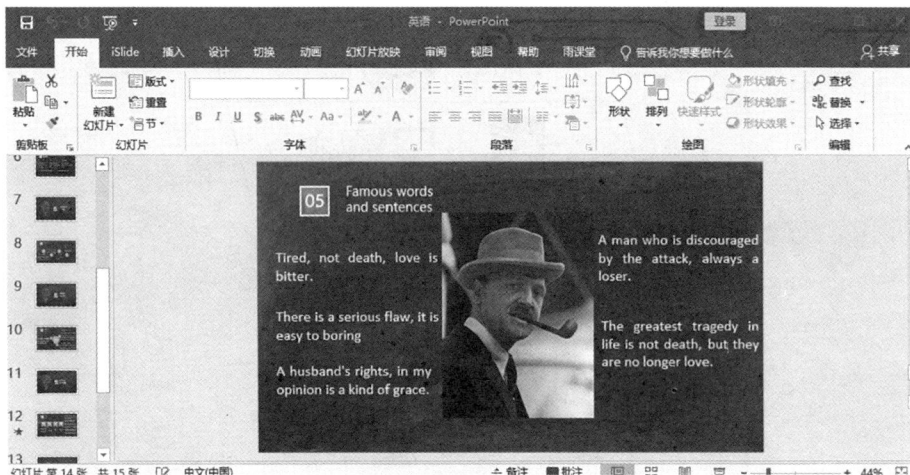

图 7-4　学生展示 PPT

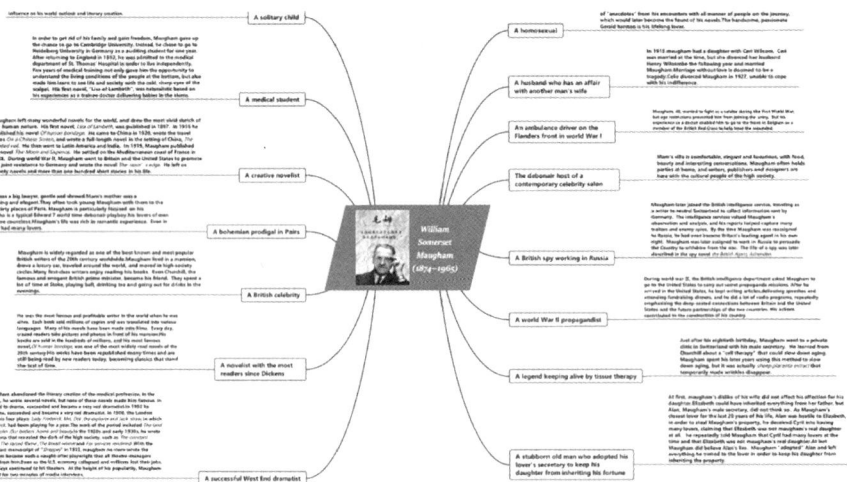

图 7-5　学生展示思维导图

图 7-6　学生展示视频

　　正如叶冬连等(2019)指出的,布鲁姆认知目标分类是对认知过程的复杂程度的排序,而非对教学顺序的排序。针对教学目标与教学顺序的错位,2012年,加拿大教师赖特(Shelley Wright)提出了翻转布鲁姆(同上)。布鲁姆教学目标分类仅仅分析了认知层次,并未在各层次规定具体学习内容,而对于不同的语言学习内容难度各有不同。因此,外语学习信息素养教学不一定要按照布鲁姆认知层级从低到高或者相反的顺序进行,而是要根据具体的教学内容和学情来安排学习任务。以外语教育与研究出版社《全新版大学英语综合教程 4(第二版)》Unit 4 Globalization 的教学过程为例进行说明。

表 7-2　基于外语学习信息素养框架的大学英语教学设计示例

课前自主学习		
教学环节	教学活动	设计意图
课前预习	1. 课前让一组学生利用网络资源查阅关于达沃斯论坛的背景知识。小组协作准备课堂英文演讲(可用 PPT 或 MindMaster 等形式) 2. 将全班学生分成两个阵营,以小组为单位查阅关于全球化利弊的资料,准备课堂英文辩论	练习英文信息定位、检索等英文信息获取能力,掌握 PPT、思维导图等多种信息技术,锻炼学生自我监控能力

（续表）

主题导入		
教学环节	教学活动	设计意图
启发讨论	1. 小组汇报演讲，教师点评 2. 利用雨课堂弹幕和词云功能，引导学生进行头脑风暴：Can you list some key words about globalization? How does globalization affect our lives?	1. 提高学生英语交流能力 2. 通过榜样引领效应激发学生对信息科技的兴趣 3. 利用科技平台进行信息交流
语篇分析		
教学环节	教学活动	设计意图
快速阅读	1. 快速阅读，理顺文章结构，领会主题思想 2. 通过提问、定位关键词，引导学生把握文章大意	启发学生利用关键信息把握文章的大意，提高对英文信息的加工速度和能力
深入阅读	1. 篇章理解 ①从文章的关键部分抽取信息让学生填空，使学生进一步加深对文章的理解 ②设置连线题，引导学生熟悉不同人物的观点 ③引导学生分组合作，总结归纳： Sum up the differences between William Browder and Alex Mandle. Sum up the differences between the attitudes of Samuel Huntington and Klaus Schwab. Sum up the development process of globalization. 2. 写作技巧 ①介绍客观的写作方法 objective writing ②学生分组讨论文章各部分是否达到了客观标准，根据分发的电子量表给每个部分打分 3. 主题辩论 Is globalization welcome?	1. 通过处理文章的细节，进一步提高学生英文信息加工能力 2. 引导学生了解英文写作中的主观与客观性，提升英文信息评价能力 3. 锻炼学生英文信息交流能力

（续表）

教学环节	教学活动	设计意图
总结升华	1. 联系文章内容,进一步加深对文章的主旨的理解 Should China support globalization? 2. 再次总结客观的写作方式	帮助学生进一步理解、吸收所学知识,为信息重构与利用做准备
课后拓展		
教学环节	教学活动	设计意图
实践延伸	基于主题的写作练习:How does globalization influence Chinese culture? 学生通过批改网进行写作,须注意写作的客观性	指导学生利用已学知识进行信息重构与交流,掌握批改网的作文修改功能

　　由此可见,基于信息素养提升的英语教学重视有效输入、内化前提下的输出,利用信息技术调动学生的学习积极性,并且检验学生的知识掌握情况,尽可能地将最多的学生纳入输出的范围,有利于解决国内高校大班英语教学课堂沉闷、学生英语输出困难的问题。课程思政也是外语学习信息素养教学的重要组成部分,比如表7-2中深入阅读部分,通过讨论文章每个部分的客观性帮助学生认识到某些与中国相关的英语信息透露出的政治立场,从而培养学生的批判性思维与爱国精神。外语教师需要尊重学生的表达意愿,课堂教学以学生为中心,根据学生的英语和思维水平制定教学方案,鼓励学生利用英语进行交流。对于不敢或不愿说英语的学生,需要照顾到学生的自尊和情绪,在教学中使用学生感兴趣的材料,讨论学生感兴趣的话题,适当加入母语,发挥同伴"传帮带"效应,激发学生学习英语的主动性,带领学生摆脱为了学英语而学英语的怪圈。

（四）认真研究外语学习信息素养框架,关注学生外语学习信息素养薄弱环节

　　本研究发现大学生阅读英文信息时过于注重英语的工具性,不注意思考英文信息的内涵,以至于读了许多文章,英文信息评价能力没有任何提高。教师在指导学生搜索信息与分析信息时,应注意英文信息评价,提醒学生注意信息的权威性、准确性、时效性、客观性、逻辑性等方面。比如来自《China Daily》、新华网等官方网站的信息权威度高、可信性强,而小报和社交媒体上的消息可信性就要打折扣;著名科学家、哲学家写的英语文章比外行人写的文章可信度更强。在准确性方面,一手资料传达的信息往往比二手资料准确。因此,学生检索英语信息时尽量阅读一手英语资料,不依赖道听途说,可利用电子词典、翻译等工具查看原版英语文章。有时学生读到过去写的英语文章,其中某些观点或举例已经过时,教师需要引导学生思考这些为什么过时,是否合理,如今有哪些观点或例子可以替代。阅读说明或议论文时,需要启发学生思考作者的写作时代背景、立场是否中立、写作方式是否客观、使用的词汇是否带有情感意义。关于文章结论,学生需要思考推理过程是否具有逻辑谬误、自己是否同意作者的观点。大学生在基础教育阶段中大多数缺乏英文信息评价训练,外语教师应加强信息评价教学,启发学生的质疑精神,去伪存真,不盲从、不迷信英文信息。

此外,大学生的信息伦理知识较为薄弱,外语教师应在课堂中以身作则,课件中凡是引用他人的著作和言论应正确标注,同时教育学生在作文中和PPT展示中引用他人言论的部分需要标注,对于不能正确标注引用的行为进行批评指正,倡导学生发表原创思想。关于网络安全,学生需要知道,根据《中华人民共和国计算机信息网络国际联网管理暂行规定》,擅自使用 VPN 浏览境外网站属于违法行为,未来若因工作需要进行国际联网,不得散布危害国家和人民的言论。外语教师可与图书馆共同努力,开展大学生英文信息安全教育。

二、大学生外语学习信息素养提升途径

大学生是外语学习信息素养的主体,提升外语学习信息素养,需要大学生发挥主观能动性,在外语学习信息素养的准备、输入、内化、输出、管理等维度全面提升。

第一,提升信息意识。大学生需要为英文信息的输入做好准备,培养长久的、持续的自主学习意识。本次调研发现,许多大学生往往着眼于眼前的考试需要,对于未来英语学习的重要性有所感知但持续学习动力不足。尤其是大学新生的自主学习意识无法满足大学英语学习的需要,如果不注意加强,在一到两年的大学英语学习过程中会严重影响学习效率。大学英语学习目标不能只是通过考试,大学生要意识到英语信息对目前和将来学习、工作、生活的作用,认识到多语言、多视角的信息对于逻辑思维提升和视野拓展的益处,培养

对英语学习的内在兴趣。可以多参加英语比赛、与英语相关的社会活动,激发学习成就感。此外,大学生的英语学习方法要与时俱进,增强利用信息技术学习的意识。新冠疫情期间,许多高校开展网络授课,大学生应利用此机会接触国内外多样化的英语学习技术和资源,探索适合自身的智慧学习方式,提升解决网络英语学习问题的能力,以达到促进自主学习的目的。

第二,提升基础英语水平。大学生英语水平是甄别、利用英文信息的基础,因此大学生应努力提升英语水平,夯实词汇、语法基础。英语学习也是利用信息技术不断输入、内化英文信息,与外语学习信息素养提升相辅相成。基础英语水平的提升为实现更高级的英文信息交流、利用与创造提供了保障。

第三,提高信息评价水平。大学生在学英语时应督促自己多思考、多提问,在完成课程计划之外有目的地阅读课外资料。大学生可挑选自身感兴趣的、具有思想性的、有现实意义的文章,筛选价值较高的、较为可信的信息,看懂字面意思的同时思考文字背后的含义和立场,并适时对看过的信息进行归纳整理。

第四,加强信息交流。大学生应加强与教师和同学的沟通交流。学生多与老师沟通,一方面可以解答学生的问题,另一方面有利于教师掌握学情、修改教学方案。此外,本次研究结果显示,朋辈因素对大学生外语学习信息素养发展具有重要影响。在很大程度上,大学生的英文信息意识和信息知识来自同学之间的交流,英文信息利用也需要同学们的协作。因此大学生需要克服"不好意思"的心态,积极地与同学讨论英语学习,采用口头或书面的方式交流,形成英语学习互帮互助的氛围。

第五,提高自我管理能力。学生自身应不断加强自控能力,在海量的网络信息里时刻保持清醒的头脑,合理分配时间,高效完成任务;尊重他人知识产权,利用他人创造的英文信息时使用规范的引用格式,同时注意保护自己的知识产权;遵守互联网行业英文信息相关规则,在丰富的英文资源库里浏览的同时,抵制有损国家利益的英文信息,规避不良英文信息,不浏览色情、暴力英文网站;保护自身信息安全,在登录英文网站时不泄露个人关键信息;了解信息安全相关法律,在自身利益遭受侵害时能够诉诸法律途径解决。

外语学习信息素养不仅是大学生需要提高的素质,也是终身学习能力的重要组成部分。面对未来多变的形势,公民需要培养甄别英文信息与利用英文信息进行交流、创新的能力。2019 年，中共中央、国务院印发了《中国教育现代化 2035》，提出要"构建服务全民的终身学习体系"。大学生毕业后要将外语学习信息素养提升贯穿终身学习过程，提高工作效率，实现个人成长，促进社会发展。

小结

本章从政府、学校、社会、个人的角度阐释了大学生外语学习信息素养教育提升策略。政府作为顶层管理机构，在外语学习信息素养政策规划制订方面起到主导作用，引领各高校根据政策框架进行合理的教学资源配置，联合学校图书馆共同帮助高校外语教师完成外语学习信息素养教学。外语教师一方面需要不断提升自身外语学习信息素养，同时要注意在教学中融入信息素养元素，加强学生的英文信息分析评价与交流利用等信息能力的培养。学生要配合学校与老师的要求，在"互联网＋"外语学习信息素养指标框架指导下审视自身的不足，不断提高认识世界、管理自我的能力，为终身学习打下坚实基础。

参考文献

[1] American Association of School Librarians(AASL) and the Association for Educational Communications and Technology(AECT). *Information Literacy Standards for Student Learning* [M]. Chicago and London: ALA editions of American Library Association,1998.

[2] Anderson L. W.,Krathwohl D. R.,Airasian P. W.,Cruikshank K. A., Mayer R. E. A Taxonomy for Learning,Teaching,and Assessing: A Revision of Bloom's Taxonomy of Educational Objectives,Abridged Edition [J]. *European Legacy*,2000,114(458):1013-1014.

[3] Anderson J. R. *Cognitive Psychology and Its Implications*[M]. Fourth Edition. New York: W. H. Freeman and Company,1995.

[4] Anton M. The Discourse of a Learner-centered Classroom: Sociocultural Perspectives on Teacher-learner Interaction in the Second Language Classroom [J]. *The Modern Language Journal*,1999,83(3): 303-347.

[5] Association of College and Research Libraries (ACRL). American Library Association Presidential Committee on Information Literacy: Final Report[EB/OL]. [1989-01-10]. https://www.ala.org/acrl/publications/ whitepapers/presidential.

[6] Association of College and Research Libraries(ACRL). Information Literacy Competency Standards for Higher Education[EB/OL]. [2000-01-18]. http://www.ala.org/ala/acrl/acrlstandards/informationliteracycompetency.html.

[7] Association of College and Research Libraries (ACRL). Information Lit-

eracy Standards for Science and Technology[EB/OL]. [2006-06]. https://www. ala. org/acrl/sites/ala. org. acrl/files/content/standards/il-scitech_chinese.pdf.

[8] Association of College and Research Libraries(ACRL). Research Competency Guidelines for Literatures in English[EB/OL]. [2006-09-15]. http://www.ala.org/acrl/standards/researchcompetenciesles.

[9] Association of College and Research Libraries (ACRL). Information Literacy Standards for Anthropology and Sociology Students[EB/OL]. [2008-01-15]. https://www. ala. org/acrl/standards/anthro_soc_standards.

[10] Association of College and Research Libraries (ACRL). Political Science Research Competency Guidelines[EB/OL]. [2008-07-01]. http://www.ala.org/acrl/sites/ala.org.acrl/files/content/standards/PoliSciGuide.pdf.

[11] Association of College and Research Libraries(ACRL). Psychology Information Literacy Standards[EB/OL]. [2010-06]. https://www. ala. org/acrl/standards/psych_info_lit.

[12] Association of College and Research Libraries(ACRL). Information Literacy Standards for Teacher Education[EB/OL]. [2011-5-11]. https://www. ala. org/acrl/sites/ala. org. acrl/files/content/standards/ilstandards_te.pdf.

[13] Association of College and Research Libraries(ACRL). Information Literacy Competency Standards for Journalism Students and Professionals[EB/OL]. [2011-10]. https://www. ala. org/acrl/sites/ala. org. acrl/files/content/standards/il_journalism.pdf.

[14] Association of College and Research Libraries(ACRL). Information Literacy Competency Standards for Nursing[EB/OL]. [2013-10]. https://www. ala. org/acrl/sites/ala. org. acrl/files/content/standards/il-scitech_chinese.pdf.

[15] Association of College & Research Libraries(ACRL). Framework for

Information Literacy for Higher Education[EB/OL]. [2015-02-02]. https：//www. ala. org/acrl/sites/ala. org. acrl/files/content/issues/infolit/framework1.pdf.

[16] Baker J. W. *The "Classroom Flip"：Using Web Course Management Tools to Become the Guide by the Side*[R]. Jacksonville：the 11th International Conference on College Teaching and Learning,2000.

[17] Bembenutty H.,Mckeachie W. J.,Karabenick S. A.,Lin Y. G. The Relationship Between Test Anxiety and Self-regulation on Students' Motivation and Learning[J]. *College Students*,1998：12.

[18] Benati A. The Role of Input and Output Tasks in Grammar Instruction：Theoretical,Empirical and Pedagogical Considerations[J]. *Studies in Second Language Learning and Teaching*,2017(3)：377-396.

[19] Bent M.,Stubbings R.,SCONUL. The SCONUL Seven Pillars of Information Literacy：Core Model for Higher Education[EB/OL]. [2011-04-01]. https：//www. sconul. ac. uk/sites/default/files/documents/core-model.pdf.

[20] Best J. B. 认知心理学[M]. 黄希庭,译. 北京：中国轻工业出版社,2000.

[21] Bialystok E. A Theoretical Model of Second Language Learning[J]. *Language Learning*,1978,28(1)：69-83.

[22] Blau I.,Shamir-Inbal T.,Avdiel O. How does the Pedagogical Design of A Technology-enhanced Collaborative Academic Course Promote Digital Literacies,Self-regulation,and Perceived Learning of Students? [J]. *The Internet and Higher Education*,2020,45：100722.

[23] Bloom B. S.,Engelhart M. D.,Furst E. J.,Hill W. J.,Krathwohl D. S. *Taxonomy of Educational Objectives,Handbook I：The Cognitive Domain*[M]. New York：David McKay Co Inc.,1956.

[24] Brown B. *Delphi Process：A Methodology Used for the Elicitation of Opinions of Experts*[M]. The Rand Corporation,1969.

[25] Brown H. *Teaching by Principles：An Interactive Approach to Language Pedagogy*[M]. White Plains,New York：Addison Wesley Long-

man,2001.

[26] Bruce C. *Seven Faces of Information Literacy in Higher Education* [M]. Adelaide：Auslib Press,1997.

[27] Bundy A. Australian and New Zealand Information Literacy Framework [J]. *Principles,Standards and Practice*,2004,2.

[28] Chambers G. Taking the 'de' out of Demotivation [J]. *Language Learning Journal*,1993,7(1):13-16.

[29] Chartered Institute of Library and Information Professionals (CILIP). Information Literacy Skills[EB/OL]. [2013-10]. https://infolit.org. uk/wp-content/uploads/2021/09/information_literacy_skills.pdf.

[30] Cook V. *Linguistics and Second Language Acquisition*[M]. Beijing：Foreign Language Teaching and Research Press. 2000.

[31] Corder S. P. The Significance of Learner's Errors[J]. *IRAL-International Review of Applied Linguistics in Language Teaching*,1967,5 (1-4):161-170.

[32] Churches A. Bloom's Digital Taxonomy[J]. *Review of Metaphysics*, 2008.

[33] Dawes L. Through Faculty's Eyes：Teaching Threshold Concepts and the Framework[J]. *Portal：Libraries and the Academy*,2019,19(1): 127-153.

[34] Dörnyei Z. Motivation and Motivating in the Foreign Language Classroom[J]. *The Modern Language Journal*,1994,78(3):273-284.

[35] Dörnyei Z. *Motivational Strategies in the Language Classroom* [M]. Cambridge：Cambridge University Press,2001.

[36] Dörnyei Z.,Ushioda E. *Teaching and Researching Motivation* [M]. Harlow：Longman,2011.

[37] Doiz A. CLIL and Motivation：The Effect of Individual and Contextual Variables[J]. *Language Learning Journal*,2014,42(2):209-224.

[38] Domer D. E. Understanding Educational Satisfaction. AIR 1983 Annual Forum Paper[J]. *Alumni*,1983:22.

［39］ Ellis R. *The Study of Second Language Acquisition*［M］. 上海：上海外语教育出版社,1999.

［40］ Erlinger A. Outcomes Assessment in Undergraduate Information Literacy Instruction：A Systematic Review［J］. *College & Research Libraries*,2018,79（4）：442-479.

［41］ Falout J.,Maruyama M. A Comparative Study of Proficiency and Learner Demotivation［J］. *The Language Teacher*,2004（28）：3-9.

［42］ Falout J., Elwood J., Hood M. Demotivation：Affective States and Learning Outcomes［J］. *System*,2009,37（3）:403-417.

［43］ Falout J. Coping with Demotivation：EFL Learners' Remotivation Processes［J］. *TESL-EJ*,2012,16（3）:n3.

［44］ Gagné R. M. *Essentials of Learning for Instruction*［M］. New York：Holt,Rinehart and Winston,1974.

［45］ Gagné R. M.,Briggs L. J.,Wager W. W. *Principles of Instructional Design（4th ed.）*［M］. New York：Harcourt Brace Jovanovich College Publishers,1992.

［46］ Gagné R. M.,White R. T. Memory Structures and Learning Outcomes［J］. *Review of Educational Research*,1978,48（2）：187-222.

［47］ Gagné R. M. *The Conditions of Learning and Theory of Instruction*［M］. New York：Holt,Rinehart and Winston,1985.

［48］ Gagné R. M. 学习的条件和教学论［M］. 皮连生,王映学,郑葳等译. 上海：华东师范大学出版社,1999.

［49］ Gardner R. C. Integrative Motivation and Second Language Acquisition［J］. *Motivation and Second Language Acquisition*,2001,23（1）：1-19.

［50］ Gass S. M. Integrating Research Areas：A Framework for Second Language Studies［J］. *Applied Linguistics*,1988,9（2）:198-217.

［51］ Gass S. M.,Mackey A.,Pica T. The Role of Input and Interaction in Second Language Acquisition：Introduction to the Special Issue［J］. *Modern Language Journal*,1998：299-307.

［52］ Grafstein A. A Discipline-based Approach to Information Literacy［J］.

互联网+"时代
外语学习信息素养

The Journal of Academic Librarianship,2002,28(4)：197-204.

[53] Griffin P.,Care E. *Assessment and Teaching of 21st Century Skills：Methods and Approach*[M]. Springer,2015.

[54] Gross M.,Latham D. Undergraduate Perceptions of Information Literacy：Defining, Attaining, and Self-assessing Skills[J]. *College & Research Libraries*,2009,70(4):336-350.

[55] Hasegawa A. Student Demotivation in the Foreign Language Classroom [J]. *Takushoku Language Studies*,2004,107(11)：119-136.

[56] Hendrigan H.,Mukunda K.,Cukierman D. A Case Study and Call to Action：Incorporating the ACRL Framework for Information Literacy in Undergraduate CS Courses[C]//Proceedings of the 2020 ACM Conference on Innovation and Technology in Computer Science Education,2020.

[57] Holec H. *Autonomy and Foreign Language Learning*[M]. Oxford：Pergamon Press,1981.

[58] Hunt M. W. Video and Sound Production：Flip out! Game on! [J]. *Techniques：Connecting Education and Careers*,2013,88(1):36-38.

[59] Hunt R. R.,Ellis H. C. *Fundamentals of Cognitive Psychology*[M]. New York：McGraw-Hill,1999.

[60] Johnston N.,Partridge H.,Hughes H. Understanding the Information Literacy Experiences of EFL (English as a foreign language) Students [J]. *Reference Services Review*,2014(4):552-568.

[61] Jones-Jang S. M.,Mortensen T.,Liu J. Does Media Literacy Help Identification of Fake News? Information Literacy Helps,But Other Literacies don't[J]. *American Behavioral Scientist*,2021,65(2)：371-388.

[62] Kahneman D. Maps of Bounded Rationality：a Perspective on Intuitive Judgment and Choice [J]. *Nobel Prize Lecture*,2002(8)：351-401.

[63] Kahneman D. A Perspective on Judgment and Choice：Mapping Bounded Rationality [J]. *American Psychologist*,2003,58(9)：697-720.

[64] Krashen S. D. *The Input Hypothesis：Issues and Implication*[M].

London: Longman, 1985.

[65] Landøy A., Popa D., Repanovici A. *Collaboration in Designing a Pedagogical Approach in Information Literacy* [M]. Gewerbestrasse, Switzerland: Springer Nature, 2020.

[66] Larsen-Freeman D. Second Language Acquisition Research: Staking out the Territory[J]. *TESOL Quarterly*, 1991, 25(2): 315-350.

[67] Larsen-Freeman D. Chaos/Complexity Science and Second Language Acquisition[J]. *Applied Linguistics*, 1997, 18(2): 141-165.

[68] Lau J., Bonilla J. L., Gárate A. Diving Into Deep Water: Development of An Information Literacy Rubric for Undergraduate Course Syllabi[C]// European Conference on Information Literacy. Springer, Cham, 2014: 570-579.

[69] Leeming P., Harris J. Expanding on Willis' TBL Framework: the Integrated Input Output Framework[J]. *Journal of Asia TEFL*, 2020, 17(1): 215.

[70] Levine A. A Model for Health Projections Using Knowledgeable Informants[J]. *World Health Stats Quarterly Rapport Trimestriel De Statistiques Sanitaires Mondiales*, 1984, 37(3): 306-317.

[71] Long J. D., Gaynor P., Erwin A., Williams R. L. The Relationship of Self-management to Academic Motivation, Study Efficiency, Academic Satisfaction, and Grade Point Average Among Prospective Education Majors[J]. *Psychology: A Journal of Human Behavior*, 1994(1).

[72] Markee N. Zones of Interactional Transition in ESL classes [J]. *Modern Language Journal*, 2004(88): 583-596.

[73] Maughan P. D. Assessing Information Literacy Among Undergraduates: A Discussion of the Literature and the University of California-Berkeley Assessment Experience[J]. *College & Research Libraries*, 2001, 62(1): 71-85.

[74] Mazur E. Can We Teach Computers to Teach? Computers Have yet to Cause the Revolution in Physics Education that Has Long been Expec-

ted[J]. *Computers in Physics*,1991,5(1)：31-38.

[75] McLaughlin B.,Rossman T.,McLeod B. Second Language Learning：an Information-processing Perspective 1[J]. *Language Learning*,1983,33 (2)：135-158.

[76] Mclaughlin B. The Monitor Model：Some Methodological Considerations [J]. *Language Learning*,1978,28(2):309-332.

[77] McLaughlin B. Restructuring[J]. *Applied Linguistics*,1990,11(2)：113-128.

[78] Michalak R.,Rysavy M. D. T.,Wessel A. Students' Perceptions of Their Information Literacy Skills：the Confidence Gap Between Male and Female International Graduate Students[J]. *The Journal of Academic Librarianship*,2017,43(2)：100-104.

[79] Mihailidis P.,Viotty S. Spreadable Spectacle in Digital Culture：Civic Expression,Fake News,and the Role of Media Literacies in "Post-fact" Society[J]. *American Behavioral Scientist*,2017,61(4)：441-454.

[80] Miller C. TRAILS：Tool for Real-time Assessment of Information Literacy Skills[J]. *The Charleston Advisor*,2016,17(3)：43-48.

[81] Neely T. Y. *Information Literacy Assessment：Standards-based Tools and Assignments*[M]. Chicago：American Library Association,2006.

[82] Peterson G. W.,Sampson Jr J. P.,Reardon R. C. *Career Development and Services：A Cognitive Approach*[M]. Thomson Brooks/Cole Publishing Co,1991.

[83] Schwab K. The Fourth Industrial Revolution：What it Means,How to Respond[EB/OL]. [2020-02-22]. https：//www3. weforum. org/docs/WEF_Schools_of_the_Future_Report_2019.pdf.

[84] Selinker L. Interlanguage[J]. *International Review of Applied Linguistics in Language Teaching*,1972(10):209-241.

[85] Selinker L.,Gass S. M. *Second Language Acquisition*[M]. New Jersey：Lawrence Erlhaum Associates,2008.

[86] Shao X.,Purpur G. Effects of Information Literacy Skills on Student

Writing and Course Performance[J]. *The Journal of Academic Librar-ianship*,2016,42(6): 670-678.

[87] Strayer J. F. How Learning in an Inverted Classroom Influences Coop-eration, Innovation and Task Orientation[J]. *Learning Environments Research*,2012,15(2):171-193.

[88] SUNY Council of Library Directors Information Literacy Initiative, Fi-nal Report[EB/OL]. [1997-9-30]. http://www.sunyconnect.suny.edu/ili/final.htm.

[89] Swain M. Communicative Competence: Some Roles of Comprehensible input and Comprehensible Output in its Development[J]. *Input in Sec-ond Language Acquisition*,1985,15: 165-179.

[90] Swain M., Lapkin S. Problems in Output and the Cognitive Processes They Generate: A Step Towards Second Language Learning[J]. *Ap-plied Linguistics*,1995,16(3): 371-391.

[91] Sweeney E. M., Beger A. W., Reid L. Google Jamboard for Virtual Anatomy Education[J]. *Clinical Teacher*,2021,18(4): 341-347.

[92] Tough A. Some Major Reasons for Learning[J]. *Eric Document Repro-duction Service*,1982,33: 251.

[93] Tsuchiya M. Japanese University Students' Demotivation to Study Eng-lish[J]. *The Chugoku Academic Society of English Language Educa-tion Kenkyukiyo*,2004,34:57-66.

[94] UNESCO, NCLIS. The Prague Declaration Towards an Information Lit-eracy Society[EB/OL]. [2003-09-2]. http://portal.unesco.org/ci/en/ev.php-URL_ID=19636&URL_DO=DO_TOPIC&URL_SECTION=201.html.

[95] UNESCO, IFLA, NFIL. Beacons of the Information Society: The Alex-andria Proclamation on Information Literacy and Lifelong Learning, High-Level International Colloquium Information Literacy and Lifelong Learning[EB/OL]. [2005-09-0]. https://www.ifla.org/publications/beacons-of-the-information-society-the-alexandria-proclamation-on-informa-

tion-literacy-and-lifelong-learning/.

[96] UNESCO. Media and Information Literacy：Policy and Strategy Guide-lines［EB/OL］.［2013-12-11］. http：//www. unesco. org/new/en/com-munication-and-information/resources/publications-and-communication-ma-terials/publications/full-list/media-and-information-literacy-policy-and-strategy-guidelines/.

[97] VanPatten B. Input Processing in Adult Second Language Acquisition ［C］. // VanPatten B.，Williams J. Theories in Second Language Acqui-sition (2nd ed.). New York：Routledge. 2015.

[98] Weiner B. Intrapersonal and Interpersonal Theories of Motivation from an Attributional Perspective［J］. *Educational Psychology Review*. 2000，*12*(1)：1-14.

[99] Wheeler A. C. *Building Information Literacy*：*A Case Comparison Study*［D］. New York City：Teachers College，Columbia University，2011.

[100] Yeh M. L. Assessing the Reliability and Validity of the Chinese Ver-sion of the California Critical Thinking Disposition Inventory［J］. *In-ternational Journal of Nursing Studies*，2002，*39*(2)：123-132.

[101] Zimmerman B. J.，Schunk D. H. *Self-regulated Learning and Aca-demic Achievement*：*Theoretical Perspectives*［M］. New York & Lon-don：Routledge，2001.

[102] Zurkowski P. G. *The Information Service Environment Relationships and Priorities*［R］. Washington D. C.：National Commission on Li-braries and Information Science，1974.

[103] 北京地区高校信息素质能力指标体系［EB/OL］.［2005-12-11］. http：//edu. lib. tsinghua. edu. cn/InformationLiteracy/informationliteracy com-petencystandards. doc. 2021-3-8.

[104] 蔡基刚. 大学英语生存危机及其学科地位研究［J］. 中国大学教学，2013(2)：10-14.

[105] 常李艳，陈思璐，刘婧，黄崇. 信息碎片化环境下大学生移动学习行为影

响因素研究[J]. 中国教育信息化,2022,28(5):50-58.

[106] 唱婷婷,杨新涯,沈敏,曹京. 高校图书馆多层级知识产权素养教育模式研究——以重庆大学图书馆为例[J]. 大学图书馆学报,2021,39(4):73-80.

[107] 陈坚林,张笛. 外语信息资源的整合与优化建设——一项基于部分高校信息资源建设的调查研究[J]. 外语学刊,2014(5):95-100.

[108] 陈勤. 护理专业大学生英语学习需求及策略使用研究[J]. 中华医学写作杂志,2005(10):888-891.

[109] 陈文勇,杨晓光. 国外信息素养的定义和信息素养标准研究成果概述[J]. 图书情报工作,2000(2):19-20+60.

[110] 陈晓红. 大数据时代的信息素养教育理论与实践[M]. 西安:西南交通大学出版社,2017.

[111] 戴建东,史慧. Bialystok 二语学习模型和外语教学四项原则[J]. 解放军外国语学院学报,2010,33(6):51.

[112] 代蕊华,皇甫林晓. UNESCO 教师 ICT 能力框架的演进、特征及启示[J]. 教师教育研究,2021,33(5):109-121.

[113] 戴朝晖,陈坚林. 基于慕课理念的大学英语翻转课堂影响因素研究[J]. 外语电化教学,2016(6):35-41.

[114] 邓灵斌,余玲. 美国信息素养新标准:元素养解读及其启迪[J]. 情报理论与实践,2015,38(9):130-133.

[115] 冯霞,黄芳. 基于自主学习的外语信息资源整合优化研究[J]. 外语电化教学,2013(2):47-52.

[116] 付京香. 新媒体环境下大学英语教学信息资源库建设构想[J]. 现代传播(中国传媒大学学报),2016,38(10):161-163.

[117] 符绍宏,高冉. 《高等教育信息素养框架》指导下的信息素养教育改革[J]. 图书情报知识,2016(3):26-32.

[118] 高旭东. 健康管理服务效果评价指标体系的构建及其应用[D]. 武汉:武汉大学,2017.

[119] 高一虹,程英,赵媛,周燕. 本科生英语学习动机强度与自我认同变化[J]. 外语与外语教学,2003(5):25-28+35.

[120] 高越,刘宏刚.非英语专业大学生二语动机调控策略实证研究[J].解放军外国语学院学报,2014,37(2):33-42.

[121] 高越,刘宏刚.英语学习动机减退实证研究 20 年:回顾与展望[J].北方工业大学学报,2015,27(2):69-73+34.

[122] 高照,李京南.中国学习者英语课堂焦虑情绪对比:翻转 vs. 传统[J].外语电化教学,2016(1):37-42.

[123] 关勋强,李瑞兴,刘运成.医学研究生教育评价研究与实践[M].北京:北京军事医学科学出版社,2000.

[124] 郭丹宜,朱嘉慧,刘常青,徐超.应用型高校大学生二外学习内动力调查分析——基于 Bialystok 二语学习理论模型的研究[J].教书育人(高教论坛),2020(9):110-112.

[125] 郭云飞.McLaughlin 的信息处理模式在二语词汇习得中的应用[J].校园英语,2016(13):203.

[126] 韩丽风,王茜,李津,管翠中,郭兰芳,王媛.高等教育信息素养框架[J].大学图书馆学报,2015,33(6):118-126.

[127] 韩正彪,周鹏.基于德尔菲法的我国情报学哲学理论实证研究[J].图书情报工作,2014,58(11):89-96.

[128] 何高大."美国高等教育信息素养能力标准"及其启示[J].现代教育技术,2002(3):24-29+78.

[129] 胡杰辉,伍忠杰.基于 MOOC 的大学英语翻转课堂教学模式研究[J].外语电化教学,2014(6):40-45.

[130] 胡卫星,蔡金亭.英语学习动机减退的模型构建[J].外语教学,2010,31(3):41-44+49.

[131] 黄鹂强,王刊良.信息加工模式采用的影响因素及其交互作用:双加工理论的视角[J].管理工程学报,2021,35(6):1-9.

[132] 黄骞,韩玉萍.基于结构方程模型的大学生英语学习动机监控策略研究[J].外国语文.2014,30(2):173-178

[133] 黄晓斌,彭佳芳,张明鑫.新环境下大学生信息素养评价标准的构建[J].图书馆学研究,2019(24):25-33.

[134] 贾彦彦.临床护理教师教学能力评价指标系统的研究[D].太原:山西医

科大学,2008.

[135] 贾友军,綦群高. 中国高校教师教学能力研究:历史、现状及发展趋势
[J]. 中国农业教育,2014(1):10-15.

[136] 蒋龙艳. 中学生信息素养影响因素研究[D]. 武汉:华中师范大学,2021.

[137] 教育部高等教育司. 大学英语课程教学要求[Z]. 北京:外语教学与研究
出版社,2007.

[138] 李宝敏,余青,于东兴. 教师信息素养评测欧盟经验的启示[J]. 教师教
育研究,2021,33(5):101-108.

[139] 李舰君. 动态系统理论视阈下的二语阅读课堂学习动机研究[J]. 黑龙
江教育(理论与实践),2017(10):56-57.

[140] 李建霖. 学习满意度之定义及相关理论研究[J]. 屏东教大体育,2010
(13):101-107.

[141] 李康弟,孙书洋等. 中美关于大学生学习满意度研究的比较论述[J]. 新
课程研究,2015(3):12-14.

[142] 李琳. 大学英语学习者负动机内部影响因素实证研究[J]. 解放军外国
语学院学报,2013,36(2):65-69+128.

[143] 李梅. 爱丁堡大学图书馆学习支持服务的实现路径与启示[J]. 图书馆
学研究,2021(23):95-101.

[144] 李梅娟,吴建华. 基于概念图理论的信息素质教育游戏设计——以《文
献关系网》为例[J]. 数字图书馆论坛,2020(2):37-43.

[145] 李文丽. 医学生英语自主学习过程中的问题及应对[J]. 太原城市职业
技术学院学报,2016(8):108-110.

[146] 李宪美. 护理本科生英语听力焦虑与策略使用评估及对策[J]. 护理学
杂志,2015,30(10):83-85.

[147] 李荫华,夏国佐. 全新版大学英语综合教程4(第二版,学生用书,附网络
教学资源)/"十二五"普通高等教育本科国家级规划教材(New College
English Integrated Course)[M]. 上海:上海外语教育出版社,2020.

[148] 梁正华,张国臣. 日本高等教育信息素养标准及启示[J]. 情报理论与实
践,2015,38(8):141-144.

[149] 林小琴. 加涅信息加工学习理论与教学设计[J]. 福建论坛(人文社会科

学版),2010(S1):100-101.

[150] 刘宏刚.中国学习者英语学习动机减退实证研究述评[J].山东外语教学,2014,35(5):68-72.

[151] 卢海燕.基于微课的"翻转课堂"模式在大学英语教学中应用的可行性分析[J].外语电化教学,2014(4):33-36.

[152] 陆敏,刘霞.基于学科的信息素质评价标准研究[J].图书情报知识,2008(6):110-113＋122.

[153] 栾伟,陆丽清,钱益萍,钱珺.双语教学及其在本科护理教学中的应用[J].护理学杂志.2012,27(6):94-96.

[154] 罗玛."证据推理"科学能力的实证研究[D].上海:华东师范大学,2018.

[155] 罗艺.大学生信息素养及其教育支持研究[D].上海:华东师范大学,2021.

[156] 马费成,丁韧,李卓卓.案例研究:武汉地区高校学生信息素养现状分析[J].图书情报知识,2009(1):24-29.

[157] 马海群.论信息素质教育[J].中国图书馆学报,1997,23(2):5.

[158] 马燕.大学生信息素养评价标准的研究及构建[J].知识经济,2012(17):147-148.

[159] 马艳霞.信息素养评价标准研究[J].情报资料工作,2010(3):102-106.

[160] 马志强.从信息加工模式看影响二语输入的机遇与条件[J].甘肃联合大学学报(社会科学版),2005(1):84-88.

[161] 明蔚,刘凯恒.大学生信息素养评估工具研究——基于国外已有工具的内容分析[J].图书馆学研究,2021(24):15-21＋30.

[162] 彭立伟,高洁.国际信息素养范式演变[J].图书情报工作,2020,64(9):133-141.

[163] 彭斯伟,丁华占,袁继春.外语专业大学生信息素养方面问题及其归因探析[J].海南广播电视大学学报,2017,18(2):143-147.

[164] 秦晓晴.外语教学问卷调查法[M].北京:外语教学与研究出版社,2009.

[165] 任庆梅.大学英语有效课堂环境构建及评价的影响机制[J].外语教学与研究,2018,50(5):703-714＋800.

[166] 任星瑶.大学生在线学习满意度影响因素研究[D].昆明:云南师范大

学,2021.

[167] 任友群. 美国《学生学习的信息素养标准》述评[J]. 全球教育展望,2001 (5):42-47.

[168] 任友群,随晓筱,刘新阳. 欧盟数字素养框架研究[J]. 现代远程教育研究,2014(5):3-12.

[169] 荣泰生. AMOS 与研究方法[M]. 重庆:重庆大学出版社,2010.

[170] 单岩. 中国外语学习动机减退十年研究:属性、热点与启示[J]. 外语电化教学,2015(4):10-16.

[171] 孙平,曾晓牧. 面向信息素养论纲[J]. 图书馆论坛,2005(4):8-11+106.

[172] 孙旭,丁乔. 数字经济时代"新服务工人"数字劳动信息素养培育研究[J]. 情报科学,2022,40(5):27-35.

[173] 孙云梅,雷蕾. 大学英语学习动机衰退影响因素研究[J]. 外语研究,2013(5):57-65.

[174] 孙振球,徐勇勇. 医学统计学[M]. 北京:人民卫生出版社,2002.

[175] 索兴梅. 民族院校少数民族大学生信息素养影响因素研究[D]. 北京:中央民族大学,2018.

[176] 汤闻励. 非英语专业大学生英语学习"动机缺失"研究分析[J]. 外语教学,2012,33(1):73-75.

[177] 汤先萍. 专业性家庭护理服务质量评价指标体系的构建与实证研究[D]. 上海:第二军医大学,2017.

[178] 中央网络和信息化安全委员会. 提升全民数字素养与技能行动纲要[EB/OL].[2021-11-05]. http://www.cac.gov.cn/2021-11/05/c_1637708867754305.htm.

[179] 王勃然. 项目学习模式对大学英语学习动机的影响因素分析[J]. 外语电化教学,2013(1):37-41+68.

[180] 王芳. 社区卫生服务绩效评价指标体系研究[D]. 武汉:华中科技大学,2006.

[181] 王洪林. 翻转课堂理念对英语教学的启示[J]. 山东师范大学外国语学院学报(基础英语教育),2014,16(3):9-15.

[182] 王吉庆. 信息素养论[M]. 上海:上海教育出版社,2002:53-68.

[183] 王瑞雪,张艳雷,汪志涛. 外语学习者信息素养研究[J]. 边疆经济与文化,2015(6):106-107.

[184] 王守仁.《大学英语教学指南》要点解读[J]. 外语界,2016(3):2-10.

[185] 王莹. 军队院校本科生信息素养标准研究[D]. 西安:第四军医大学,2008.

[186] 韦怡彤. 初中生信息素养影响因素及其提升策略研究[D]. 武汉:华中师范大学,2018.

[187] 文静,史秋衡. 大学生学习满意度的要素与结构探析[J]. 宏观质量研究,2013(12):87-94.

[188] 文秋芳.“输出驱动—输入促成假设”:构建大学外语课堂教学理论的尝试[J]. 中国外语教育,2014,7(2).

[189] 文秋芳. 大学英语教学中通用英语与专用英语之争:问题与对策[J]. 外语与外语教学,2014(1):1-8.

[190] 文秋芳.“输出驱动—输入促成假设”:构建大学外语课堂教学理论的尝试[J]. 中国外语教育,2014,7(2).

[191] 文秋芳等. 二语习得重点问题研究[M]. 北京:外语教学与研究出版社,2010.

[192] 文秋芳. 构建“产出导向法”理论体系[J]. 外语教学与研究,2015,47(4):547-558＋640.

[193] 吴丹,李秀园,徐爽,董晶,樊舒,桂丹云. 近十年信息素养理论的使用与发展研究[J]. 图书馆杂志,2020,39(1):26-35.

[194] 吴砥,余丽芹,李枞枞,吴磊. 教育信息化评估:研究、实践与反思[J]. 电化教育研究,2018,39(4):12-18.

[195] 吴明隆. 问卷统计分析实务[M]. 重庆:重庆大学出版社,2010.

[196] 肖珑,赵飞. 面向学习环境的大学生信息素养体系研究[J]. 大学图书馆学报,2015,33(5):50-57＋38.

[197] 谢桂梅. 从动机到动机衰竭再到“动机重建”——动机主题研究的“新路径”[J]. 外语教学,2015,36(2):61-65.

[198] 新华社. 中共中央、国务院印发《中国教育现代化 2035》[EB/OL].[2019-02-23]. http://www.gov.cn/xinwen/2019-02/23/content_

5367987.htm.

[199] 新华社. 习近平主持中共中央政治局第三十次集体学习并讲话[EB/OL]. [2021-06-01]. http://www.gov.cn/xinwen/2021-06/01/content_5614684.htm.

[200] 徐锦芬,曹忠凯. 不同结对模式对大学英语课堂生生互动影响的实证研究[J]. 中国外语,2012,9(5):67-77.

[201] 徐锦芬,彭仁忠,吴卫平. 非英语专业大学生自主性英语学习能力调查与分析[J]. 外语教学与研究,2004(1):64-68.

[202] 徐琳. 基于负动机的"SPOC＋翻转课堂"教学模式构建[J]. 外语教学,2018,39(5):81-84＋89.

[203] 徐旭,张俊,都哲如. 美国伊利诺伊大学香槟分校图书馆信息素养教育与服务研究[J]. 图书馆学研究,2021(23):88-94＋10.

[204] 许珂,卢海. 基于logistic回归模型的房地产上市公司财务危机预警研究[J]. 常州工学院学报,2014,25(4):61-66.

[205] 杨丹辉. 元宇宙热潮:缘起、影响与展望[J]. 人民论坛,2022(7):16-20.

[206] 杨鹤林. 英国高校信息素养标准的改进与启示——信息素养七要素新标准解读[J]. 图书情报工作,2013,57(2):143-148.

[207] 杨莉,张依兮. 信息素养教育与新生写作课整合式教学研究——以南方科技大学"写作与交流"课为例[J]. 图书馆杂志,2022,41(1):91-97＋113.

[208] 杨永峰. 社会网络与市场信息对技术创业企业战略柔性的驱动机制研究[D]. 天津:南开大学,2014.

[209] 叶冬连,杨继林,胡国庆. 布鲁姆认知目标分类学的信息化教学应用与发展趋势[J]. 数字教育,2019,5(1):15-21.

[210] 尹晓琴,安洪庆. 护理本科生英语学习满意度及其影响因素研究[J]. 护士进修杂志,2018,33(7):650-654.

[211] 尹晓琴,付有龙,安洪庆. 不同二语水平学习者动机减退及重建研究[J]. 外语电化教学,2019(3):103-109.

[212] 尹晓琴,付有龙,李颖,马广斌. 基于结构方程模型的英语学习信息素养研究[J]. 外语电化教学,2021(4):86-92＋13.

[213] 尹晓琴. 翻转课堂在英语教学中的构建策略研究[J]. 疯狂英语(理论版),2018(1):70-72.

[214] 袁红军,袁一帆. "双一流"高校图书馆信息素养教育现状调查与分析[J]. 图书馆学研究,2020(19):20-28＋35.

[215] 曾光. 现代流行病学方法与应用[M]. 北京:北京医科大协和医科大学联合出版社,1996.

[216] 曾晓牧,孙平,王梦丽,杜慰纯. 北京地区高校信息素质能力指标体系研究[J]. 大学图书馆学报,2006(3):64-67.

[217] 曾粤亮,谈大军. 多学科背景下美国高校学生信息素养标准研究[J]. 图书馆学研究,2015(10):12-17＋11.

[218] 张蒂. 基于 ACRL《高等教育信息素养框架》的实践路径探讨——以南开大学图书馆为例[J]. 图书情报工作,2017,61(1):47-55.

[219] 张国颖,王晓军. 高校英语教师信息素养现状与对策[J]. 图书馆理论与实践,2017(6):34-37.

[220] 郑春萍,卢志鸿,刘涵泳,王丽丽,韩小华. 虚拟现实环境中大学生英语学习观与学习投入研究[J]. 外语电化教学,2021(2):85-92＋101＋13.

[221] 中华人民共和国教育部. 教育部关于印发《教育信息化十年发展规划(2011—2020 年)》的通知[EB/OL]. [2012-03-1]. http://www.moe.gov.cn/srcsite/A16/s3342/201203/t20120313_133322.html.

[222] 中华人民共和国教育部,国家语言文字工作委员会. 语言文字规范(GF 0018—2018):中国英语能力等级量表[S]. 北京:高等教育出版社,2018.

[223] 中华人民共和国教育部. 教育信息化 2.0 行动计划[EB/OL]. [2018-04-18]. http://www.moe.gov.cn/srcsite/A16/s3342/201804/t20180425_334188.html.

[224] 中央网络和信息化安全委员会. 提升全民数字素养与技能行动纲要[EB/OL]. [2021-11-05]. http://www.cac.gov.cn/2021-11/05/c_1637708867754305.htm.

[225] 中央网络安全和信息化委员会. "十四五"国家信息化规划[EB/OL]. [2021-12-27]. http://www.cac.gov.cn/2021-12/27/c_1642205314518676.

htm.

[226] 钟晓流,宋述强,焦丽珍. 信息化环境中基于翻转课堂理念的教学设计研究[J]. 开放教育研究,2013,19(1):58-64.

[227] 钟志贤. 面向终身学习:信息素养的内涵、演进与标准[J]. 中国远程教育,2013(8):21-29＋95.

[228] 周慈波,王文斌. 大学英语学习者负动机影响因子调查研究[J]. 中国外语,2012,9(1):48-55.

[229] 周迪,张红. 国内英语学习动机减退现象文献计量学分析[J]. 沈阳农业大学学报(社会科学版),2018,20(1):89-94.

[230] 周元元. 近年来国内外第二语言习得研究方法概述[J]. 文教资料,2010(7):39-41.

[231] 朱文彬,赵淑文. 高等教育心理学[M]. 北京:首都师范大学出版社,2007.

附录 1

第一轮"互联网+"时代外语学习信息素养的评价指标体系筛选

尊敬的专家:

您好!非常感谢您在百忙之中阅读这份调查表!由于您在英语教育或信息学领域的学术权威性和丰富经验,本课题组特邀请您做咨询专家,希望您能给出宝贵意见和建议。

本课题组对"互联网+"时代外语学习信息素养的评价指标体系进行研究,提炼了关于外语学习信息素养的 4 个一级指标、14 个二级指标、23 个三级指标。

为了保证指标体系的质量,请您对指标进行评价。我们按指标有效性、敏感性、可操作性归为重要程度划分为很不重要(1 分)、不重要(2 分)、一般重要(3 分)、比较重要(4 分)、很重要(5 分)。请选择您认为合适的选项。若您认为该项指标需要修改、删除或增加,请将您的意见填在"修改建议"栏内;若增加指标,请您予以评分。

此咨询表以匿名的形式函询,您的资料只用于统计分析,决不他用,请您放心。您的回答对我们的研究帮助很大,请您于一周内回复您的意见和建议。若您忙,稍微延期也可。

衷心感谢您的大力支持,祝您身体健康,工作顺利!

如有疑问,请与我们联系。

联系人:×××   联系电话:×××   邮箱:×××

一、专家的基本情况(单选)

您的性别:1. 男　　2. 女

您的年龄:1. ＞30 岁　　2. 30～39 岁　　3. 40～49 岁　　4. 50～59 岁
5. ＜60 岁

您的最高学位:1. 学士　　2. 硕士　　3. 博士

您的职称:1. 中级职称　　2. 副高职称　　3. 正高职称

您的专业:1. 英语　　2. 图书馆/信息　　3. 高教管理

您从事该领域的工作年限:1. ≤10 年　　2. 11～20 年　　3. 21～30 年
4. ≥30 年

二、指标体系

评分标准:有效性、敏感性、可操作性。按着三方面归为重要程度,很不重要(1 分)、不重要(2 分)、一般重要(3 分)、比较重要(4 分)、很重要(5 分)。

一级指标

评价指标	1很不重要	2不重要	3一般重要	4比较重要	5很重要
Ⅰ. 英语信息意识					
Ⅱ. 英语信息知识					
Ⅲ. 英语信息能力					
Ⅳ. 英语信息道德					
您的修改意见					

二级指标

评价指标	1 很不重要	2 不重要	3 一般重要	4 比较重要	5 很重要
Ⅰ 英语信息意识					
Ⅰ-1 价值意识					
Ⅰ-2 应用意识					
Ⅱ 英语信息知识					
Ⅱ-1 资源知识					
Ⅱ-2 工具知识					
Ⅲ 英语信息能力					
Ⅲ-1 信息定位					
Ⅲ-2 信息获取					
Ⅲ-3 信息评价					
Ⅲ-4 信息加工					
Ⅲ-5 信息重构					
Ⅲ-6 交流利用					
Ⅲ-7 信息协作					
Ⅲ-8 终身学习					
Ⅳ 英语信息道德					
Ⅳ-1 信息合法性					
Ⅳ-2 信息规范性					
您的修改意见					

三级指标

评价指标	1 很不重要	2 不重要	3 一般重要	4 比较重要	5 很重要
Ⅰ-1-1　价值意识:认识到英语信息在学习、生活方面的重要作用					
Ⅰ-2-1　利用一切可利用的英语信息资源					
Ⅱ-1-1　熟悉有关英语学习的主要信息源					
Ⅱ-1-2　辨认各种类型英语信息资源的价值和特点					
Ⅱ-2-1　积极关注信息技术的发展动态,掌握英语学习必要的新技术					
Ⅲ-1-1　确定所需英语信息的性质和范围					
Ⅲ-1-2　确定检索词,明确表达英语信息需求					
Ⅲ-2-1　选择最合适的方法和途径获取信息					
Ⅲ-2-2　组织与实施有效的检索策略					
Ⅲ-3-1　分析比较来自多个信息源的信息,评价其可信性、有效性、准确性、权威性、时效性					
Ⅲ-3-2　认识到信息中会隐含不同价值观与政治信仰					
Ⅲ-4-1　遴选能给主题提供证据的英语信息					
Ⅲ-4-2　对新旧英语信息和知识进行归纳、整合					
Ⅲ-4-3　能够从所搜集的英语信息中提取、概括主要观点与思想					
Ⅲ-5-1　补充、比较、综合多种英语信息,创造新信息					
Ⅲ-6-1　利用已有信息,用英语流畅、清晰、有逻辑地表达思想与互动					
Ⅲ-6-2　有效地利用英语信息来完成一项具体的任务					
Ⅲ-7-1　分享信息,协作学习					
Ⅲ-8-1　自主学习:网上英语学习时实施有效的自我监控					
Ⅲ-8-2　拓展创新:英语学习时不断探索,自我更新,学以致用					
Ⅳ-1-1　懂得知识产权、版权和合法使用带有版权的资料					
Ⅳ-1-2　懂得构成剽窃的成分,不把属于他人的成果吞为己有					
Ⅳ-2-1　不传播虚假、有害信息,自觉抵制违法、不健康的信息行为					

（续表）

您的修改意见

三、专家判断依据及熟悉程度

1. 以下四方面可能影响您对该问题的判断，每个方面对您判断的影响可分为大、中、小三个程度，请您根据自身情况进行选择。

判断依据	影响程度		
	大	中	小
1. 实践经验			
2. 理论分析			
3. 国内外相关资料			
4. 直观感觉			

2. 请您根据自身情况，对本英语教学或信息学的熟悉程度做出选择（请单选）

A. 很熟悉；   B. 熟悉；   C. 一般；   D. 不熟悉；   E. 很不熟悉

再次感谢您的配合！祝您身体健康、工作顺利！

附录2

第二轮"互联网+"时代外语学习信息素养的评价指标体系筛选

尊敬的专家：

您好！非常感谢您在百忙之中阅读这份调查表！由于您在英语教育或信息学领域的学术权威性和丰富经验，本课题组特邀请您做咨询专家，希望您能给出宝贵意见和建议。

本课题组对"互联网+"时代外语学习信息素养的评价指标体系进行研究，指标体系框架在一轮专家意见的基础上做了修改，突出了外语学习的要素——准备、输入、内化、输出、管理。各级指标根据第一轮的专家建议进行了增加、合并、删除、修改。

为了保证指标体系的质量，请您再次对指标进行评价。我们按指标有效性、敏感性、可操作性归为重要程度划分为很不重要(1分)、不重要(2分)、一般重要(3分)、比较重要(4分)、很重要(5分)，请选择您认为合适的选项。若您认为该项指标需要增加、合并、删除、修改，请将您的意见填在"修改建议"栏内；若增加指标，请您予以评分。

此咨询表以匿名的形式函询，您的资料只用于统计分析，决不他用，请您放心。您的回答对我们的研究帮助很大，请您于一周内回复您的意见和建议；若您忙，稍微延期也可。

衷心感谢您的大力支持，祝您身体健康，工作顺利！

如有疑问，请与我们联系。

联系人：×××　　　联系电话：×××　　　邮箱：×××

指标体系

评分标准:有效性、敏感性、可操作性。按着三方面归为重要程度,很不重要(1分)、不重要(2分)、一般重要(3分)、比较重要(4分)、很重要(5分)。

一级指标

评价指标	1很不重要	2不重要	3一般重要	4比较重要	5很重要
Ⅰ 准备					
Ⅱ 输入					
Ⅲ 内化					
Ⅳ 输出					
Ⅴ 管理					
您的修改意见					

二级指标

评价指标	1很不重要	2不重要	3一般重要	4比较重要	5很重要
Ⅰ 准备					
Ⅰ-1 信息意识					
Ⅰ-2 信息知识					
Ⅱ 输入					
Ⅱ-1 信息获取					
Ⅱ-2 信息评价					
Ⅲ 内化					
Ⅲ-1 信息加工					
Ⅲ-2 信息重构					

（续表）

评价指标	1 很不重要	2 不重要	3 一般重要	4 比较重要	5 很重要
Ⅳ 输出					
Ⅳ-1 信息交流					
Ⅳ-2 信息利用					
Ⅴ 管理					
Ⅴ-1 自我监控					
Ⅴ-2 信息伦理					
您的修改意见					

三级指标

指标内涵	1 很不重要	2 不重要	3 一般重要	4 比较重要	5 很重要
Ⅰ-1-1 价值意识:认识到英文信息在学习、生活方面的重要作用					
Ⅰ-1-2 应用意识:认识到需要尽可能多地利用英文信息资源					
Ⅰ-2-1 基础知识:掌握信息技术的基本知识和技能					
Ⅰ-2-2 信息资源:熟悉有关英语学习的主要信息源和工具					
Ⅱ-1-1 信息定位:确定所需英文信息的性质和范围					
Ⅱ-1-2 信息检索:确定检索词,选择最合适的方法、途径及检索策略获取英文信息					

(续表)

指标内涵	1 很不重要	2 不重要	3 一般重要	4 比较重要	5 很重要
Ⅱ-2-1 分析比较:分析比较来自多个英文信息源的信息					
Ⅱ-2-2 评价遴选:评价信息的可信性、有效性、准确性、权威性、时效性,遴选能给主题提供证据的信息					
Ⅲ-1-1 信息综合:对新旧英文信息和知识进行归纳、整合、理解、吸收					
Ⅲ-1-2 提取概括:能够从所搜集的信息中提取、概括主要观点与思想					
Ⅲ-2-1 加工重组:加工、重组、融合多种英文信息					
Ⅲ-2-2 内化提升:通过系列理性思维、批判性思维和创造性思维,生成有效新信息					
Ⅳ-1-1 口头交流:用英语流畅、清晰、有逻辑地表达思想,进行有效的口头交流					
Ⅳ-1-2 书面交流:用英语流畅、清晰、有逻辑地表达思想,进行有效的书面交流					
Ⅳ-2-1 协作学习:分享信息,协作学习					
Ⅳ-2-2 完成任务:利用英文信息完成一项具体的任务					
Ⅴ-1-1 意志:线上英语学习时实施有效的认知、情绪等方面的自我监控,主动地、不断探索地、持续地学习英语,自我更新,学以致用					
Ⅴ-1-2 策略:线上英语学习时使用有效的学习策略					

（续表）

指标内涵	1很不重要	2不重要	3一般重要	4比较重要	5很重要
V-2-1 信息合法:尊重知识产权,懂得构成剽窃的成分,不把属于他人的成果据为己有;遵守网络行为规范,不传播虚假、有害信息,自觉抵制违法、不健康的信息行为					
V-2-2 信息安全:具有信息安全防护意识,掌握基本的信息安全防范手段					

附录 3

"互联网＋"时代外语学习信息素养的评价指标体系权重专家咨询

尊敬的专家：

您好，本次调查主要确定"互联网＋"时代外语学习信息素养评价指标的相对权重，调查结果仅用作数据分析，不会泄露您的个人隐私。非常感谢您的支持和帮助！

请您根据对每个题的两个指标的相对重要性进行比较，数字标度的含义及说明如下。

指标体系框架如下：

序号	重要性程度	标度赋值
1	前者与后者同等重要	1
2	前者比后者稍微重要	3
3	前者比后者明显重要	5
4	前者比后者强烈重要	7
5	前者比后者极端重要	9
6	前者比后者稍微不重要	1/3
7	前者比后者明显不重要	1/5
8	前者比后者强烈不重要	1/7
9	前者比后者极端不重要	1/9

一级指标	二级指标	三级指标
准备	信息意识	价值意识：认识到英文信息在学习、生活方面的重要作用
		应用意识：认识到需要尽可能多地利用英文信息资源
	信息知识	基础知识：掌握信息技术的基本知识和技能
		信息资源：熟悉有关外语学习的主要信息源和工具
输入	信息获取	信息定位：确定所需英文信息的性质和范围
		信息检索：确定检索词，选择最合适的方法、途径及检索策略获取英文信息
	信息评价	分析比较：分析比较来自多个英文信息源的信息
		评价遴选：评价信息的可信性、有效性、准确性、权威性、时效性，遴选能给主题提供证据的信息
内化	信息加工	信息综合：对新旧英文信息和知识进行归纳、整合、理解、吸收
		提取概括：能够从所搜集的信息中提取、概括主要观点与思想
	信息重构	加工重组：加工、重组、融合多种英文信息
		内化提升：通过系列理性思维、批判性思维和创造性思维，生成有效新信息
输出	信息交流	口头交流：用英语流畅、清晰、有逻辑地表达思想，进行有效的口头交流
		书面交流：用英语流畅、清晰、有逻辑地表达思想，进行有效的书面交流
	信息利用	协作学习：分享信息，协作学习
		完成任务：利用英文信息完成一项具体的任务
		意志：线上英语学习时实施有效的认知、情绪等方面的自我监控；主动地、不断探索地、持续地学习英语，自我更新，学以致用
		策略：线上英语学习时使用有效的学习策略
	信息伦理	信息合法：尊重知识产权，懂得构成剽窃的成分，不把属于他人的成果据为己有；遵守网络行为规范，不传播虚假、有害信息，自觉抵制违法、不健康的信息行为
		信息安全：具有信息安全防护意识，掌握基本的信息安全防范手段

例如：

准备与输入相比较,如果您认为准备比输入明显重要,就选择5。

信息意识与信息知识相比较,如果您认为信息意识比信息知识强烈不重要,就选择1/7。

您的性别:1. 男　　2. 女

您的年龄:1. ＞30 岁　　2. 30～39 岁　　3. 40～49 岁　　4. 50～59 岁
5. ＜60 岁

您的最高学位:1. 学士　　2. 硕士　　3. 博士

您的职称:1. 中级职称　　2. 副高职称　　3. 正高职称

您的专业:1. 英语　　2. 图书馆/信息　　3. 高教管理

您从事该领域的工作年限:1. ≤10 年　　2. 11～20 年　　3. 21～30 年
4. ≥30 年

在"互联网＋"时代外语学习信息素养指标体系中,一级指标两两相互比较(前者与后者相比,前者越重要分数越高,越不重要分数越低)。

前者比后者	极端不重要 1/9	非常不重要 1/7	明显不重要 1/5	稍微不重要 1/3	同样重要 1	稍微重要 3	明显重要 5	非常重要 7	极端重要 9
准备/输入									
准备/内化									
准备/输出									
准备/管理									
输入/内化									
输入/输出									
输入/管理									
内化/输出									
内化/管理									
输出/管理									

在一级指标"准备"中的二级指标两两相互比较(前者与后者相比,前者越重要分数越高,越不重要分数越低)。

前者比后者	极端不重要 1/9	非常不重要 1/7	明显不重要 1/5	稍微不重要 1/3	同样重要 1	稍微重要 3	明显重要 5	非常重要 7	极端重要 9
信息意识/信息知识									

在一级指标"输入"中的二级指标两两相互比较(前者与后者相比,前者越重要分数越高,越不重要分数越低)。

前者比后者	极端不重要 1/9	非常不重要 1/7	明显不重要 1/5	稍微不重要 1/3	同样重要 1	稍微重要 3	明显重要 5	非常重要 7	极端重要 9
信息获取/信息评价									

在一级指标"内化"中的二级指标两两相互比较(前者与后者相比,前者越重要分数越高,越不重要分数越低)。

前者比后者	极端不重要 1/9	非常不重要 1/7	明显不重要 1/5	稍微不重要 1/3	同样重要 1	稍微重要 3	明显重要 5	非常重要 7	极端重要 9
信息加工/信息重构									

在一级指标"输出"中的二级指标两两相互比较(前者与后者相比,前者越重要分数越高,越不重要分数越低)。

前者比后者	极端不重要 1/9	非常不重要 1/7	明显不重要 1/5	稍微不重要 1/3	同样重要 1	稍微重要 3	明显重要 5	非常重要 7	极端重要 9
信息交流/信息利用									

在一级指标"管理"中的二级指标两两相互比较(前者与后者相比,前者越重要分数越高,越不重要分数越低)。

前者比后者	极端不重要 1/9	非常不重要 1/7	明显不重要 1/5	稍微不重要 1/3	同样重要 1	稍微重要 3	明显重要 5	非常重要 7	极端重要 9
自我监控/信息伦理									

您对本次调查的意见或建议: